'뜨거운 전쟁'과 '차가운 전쟁'

미국사 산책

7

미국사 산책 7 : '뜨거운 전쟁' 과 '차가운 전쟁'

ⓒ강준만, 2010

1판 1쇄 2010년 7월 5일 펴냄   1판 2쇄 2018년 3월 6일 펴냄

지은이 | 강준만   펴낸이 | 강준우   기획편집 | 박상문, 박효주, 김예진, 김환표
디자인 | 최원영   마케팅 | 이태준   관리 | 최수향   펴낸곳 | 인물과사상사
출판등록 | 제17-204호 1998년 3월 11일   주소 | (04037) 서울시 마포구 양화로 7길 4(서교동) 2층
전화 | 02-471-4439   팩스 | 02-474-1413   홈페이지 | www.inmul.co.kr | insa@inmul.co.kr
ISBN 978-89-5906-150-1 04900   ISBN 978-89-5906-139-6 (세트)
값 14,000원

'뜨거운 전쟁'과 '차가운 전쟁'

미국사 산책 7

강준만 지음

차례

• 일러두기

외국인의 인명은 생존한 경우 괄호 안에 본래 이름만 넣었고, 사망한 경우 본래 이름과 생몰연도를 함께 실었다.
그 외에 인명과 연도를 괄호 안에 함께 묶은 것은 책의 끝에 있는 참고문헌의 길라잡이로 밝히고자 함이다.

제1장

홀로코스트와 가미카제 광란

지상 최대의 작전
노르망디 상륙과 파리 해방

노르망디 상륙작전

1944년 6월 6일 미국 드와이트 아이젠하워(Dwight David Eisenhower, 1890~1969) 대장의 총지휘하에 미국 · 영국 · 캐나다 연합군이 프랑스의 노르망디를 목표로 삼아 사상 최대의 해군침공작전을 전개했다. 상륙 당일 수송기 2316대와 많은 글라이더를 동원하여 공수부대를 독일군 배후에 투하해 거점을 확보한 후 항공기 1만 3000대와 전함 6000척을 동원하여 7개 사단이 상륙하는 데 성공했다. 작전개시 18시간 만에 15만 명의 군인이 노르망디를 밟았으며 7월 2일까지 인원 약 100만명, 물자 약 57만 톤, 각종 차량 17만 대가 상륙했다. 상륙 초기 3주간 연합군의 인명피해는 사망자 8975명, 부상자 5만 1796명이었으며 독일군 포로는 4만 1000명에 이르렀다. 날씨가 너무 좋지 않아 높은 파도에 익사한 군인만 1000명 이상이었다.

노르망디 상륙작전 개시일인 6월 6일은 당시 'D-day'로 불렸는데

1944년 6월 5일 저녁, 아이젠하워 대장이 작전에 앞서 미 낙하산병들에게 지시를 내리고 있다.

이것이 바로 오늘날 '어떤 계획을 실시할 예정일'의 의미로 흔히 쓰이는 'D-day'의 유래가 되었다. D는 무슨 의미인가? 'H-hour'가 '작전개시 예정시간'을 표시하는 것과 같은 이치로, D는 day라는 뜻이며 'D-day'는 Day-Day를 의미한다는 설이 유력하다. 다른 설도 있다. 훗날(1964) 어떤 이가 노르망디 상륙작전을 총지휘하고 대통령까지 지낸 아이젠하워에게 'D-day'의 뜻에 대해 설명을 요청하자 슐츠 장군은 이런 답을 내놓았다. "아이젠하워 장군은 나에게 대답을 부탁했죠. 수륙양쪽의 작전에는 출발하는 날짜가 필요합니다. 출발한 날짜 (Departed Day)의 약자가 D-day로 사용된 것입니다."

노르망디 상륙작전은 2차 세계대전의 전환점이 된데다 그 규모의 방대함 때문에 자주 영화의 소재가 되곤 한다. 대표작으로는 대릴 재녁(Darryl F. Zanuck, 1902~1979)이 감독한 〈지상 최대의 작전(The Longest Day)〉(1962), 스티븐 스필버그(Steven Spielberg)의 〈라이언 일병 구하기(Saving Private Ryan)〉(1998) 등을 들 수 있다.

스필버그는 〈라이언 일병 구하기〉로 1999년 아카데미 최우수감독 상을 수상했다. 뿐만 아니라 미 국방부로부터 영화를 통해 미국에 특별히 기여한 공로를 인정받아 '최고시민' 훈장을 받았는데 국방부는 "〈라이언 일병 구하기〉가 전쟁의 비극과 휴머니즘을 적나라하게 표현, 미국 사회에 엄청난 충격과 감동을 주었다"며 스필버그를 칭찬했다. 그러나 다른 의견도 있다. 진(Zinn, 2003a)은 〈라이언 일병 구하기〉가 '군대식 영웅주의의 영광'을 부활시키는 방식으로 만들어진 것에 대해 "분노가 치밀어 올랐다"고 말한다. 연동원(2001)은 "겉으로는 휴머니즘과 애국심을 가장하고 있으나 내면적으로는 단지 '미국 찬양'만을 강조하는 것 같다"며 다음과 같이 말한다.

"예를 들어, 워싱턴의 조지 마셜 장군이 링컨 대통령의 일화를 인용하면서 적진에 있는 어린 병사를 고향으로 데리고 오라는 황당한 명령을 내리는 것이나 독일군 포로를 죽여야 할지에 대해 병사들 간에 열띤 논쟁을 벌이는 장면 등은 쓴웃음을 짓게 만든다. 독일군 포로가 미국의 온갖 대중문화를 찬양하며 목숨을 구걸하는 장면도 일종의 블랙코미디를 보는 기분이다."

히틀러와 스탈린의 공통점

나치는 연합군의 공격을 격퇴하고자 프랑스의 해안선을 따라 1만 5000여 개의 벙커를 건설해놓았지만 모두 무용지물이 되고 말았다. 독일의 노르망디 패배는 필연이었던가? 꼭 그렇진 않다. 여기에는 아돌프 히틀러(Adolf Hitler, 1889~1945)의 오판과 '히틀러 1극체제'가 큰 영향을 미쳤다. 알렉산더(Alexander 2001)는 "독일 최대의 군사적 위기 순간인 그때, 히틀러는 기갑부대를 지역 전반에 걸쳐 분산 배치시키는 우를 범하고 있었다. 게다가 그는 여전히 더욱 확고한 지휘 통솔권을 거머쥐고 있었기 때문에 그 넓은 지역에 분산 배치된 부대의 지휘관들에게는 재량권이 거의 없었다"며 다음과 같이 말한다.

"6월 10일, 롬멜은 히틀러에게 전선의 모든 장갑병력을 보병편대로 대체시키자고 건의했다. 이러한 롬멜의 건의에는 전쟁국면을 방어에서 공세로 바꾸려는 의도가 숨어 있었다. …… 만약 이때 히틀러가 롬멜의 건의에 따랐다면 이 전쟁의 국면은 전혀 다른 방향으로 흘러갔을지도 모른다. 그러나 히틀러는 그 건의를 받아들이지 않았고 독일군으로 하여금 전적으로 방어작전만 펼치도록 명령했다. …… 전투 중에 사망하는 자가 하루에 3000명에 달했고 전차의 손해 역시 엄청났는데도 보충병은 거의 없었다. 연합국 항공기는 노르망디로 통하는 철도조직망은 물론 낮 동안에 도로에서 움직이는 것은 모조리 파괴했다. …… 그런데도 히틀러는 어리석은 명령을 반복했다."

히틀러는 자신이 탐독한 전쟁 관련 서적은 거의 외우고 있을 정도로 비상한 기억력의 소유자였다. 장군들이 어떤 수치를 잘못 말하면 그 자리에서 바로잡아주곤 했는데 나중에 확인해보면 히틀러의 말이

에르빈 롬멜(Erwin Johannes Eugen Rommel, 1891~1944). 기갑사단 지휘관으로 1941년에 북아프리카에서 독일군을 훌륭히 지휘해 '사막의 여우'라는 별명을 얻었다. 히틀러 암살시도 의혹으로 자살을 강요받고 사망했다. ⓒ Deutsches Bundesarchiv

맞았다. 그래서 부하들은 히틀러를 두려워했고 이것이 종국엔 히틀러의 무덤을 판 꼴이 되고 말았다. 이와 관련해 키건(Keegan 2002)은 다음과 같이 말한다.

"히틀러는 전쟁이 시작될 때부터 전선에서 멀리 떨어진 장소에 있으면서도 의사결정을 자신에게 집중시키고, 세밀한 부분까지도 작전을 감독하려고 했다. 그가 이러한 방식을 선택한 동기는 바로 그의 '총통원칙'이었다. 그는 총통으로서 최고의 권력을 행사하기 위해서는 그렇게 해야 한다고 생각했다. 히틀러가 의사결정을 자신에게 집중시키고 모든 작전을 감독할 수 있었던 것은 기술의 진보 덕이었다. 그러므로 기술의 진보가 독일에게는 오히려 불행을 안겨준 셈이었다."

사실 히틀러의 오판은 이미 미국의 참전가능성 문제에서부터 시작되었다. 그의 외교문제 보좌관들은 히틀러에게 미국의 '고립주의'가 영원히 지속될 수 없을 것이라고 경고했지만 히틀러는 듣지 않았다. 그는 "미국은 반은 유대인화 되었고 반은 흑인화 되었다"며 "미국은 전쟁을 수행할 수 없다"고 주장했다. 히틀러의 순혈인종주의에 대한 집착과 광기가 그의 판단을 크게 그르친 셈이다.

지도자중심의 1극체제를 건설했다는 점에서 히틀러와 이오시프 스탈린(Joseph V. Stalin, 1879~1953)은 놀라울 정도로 닮은꼴이었다. 야행성인 스탈린은 초저녁부터 다음 날 새벽까지 일을 시작했는데 이 때문에 소련의 상류층은 모두 똑같이 야행성인간이 되어야만 했다. 스탈린이 언제 전화를 걸지 모르기 때문이었다. 스탈린은 자신이 우상화를 주도했던 레닌(Vladimir I. Lenin, 1870~1924)을 희생해가면서까지 모든 사람들이 자신을 숭배하도록 했다. 스탈린과 레닌은 비슷한 키였는데도 스탈린이 레닌보다 큰 것처럼 그려졌으며 스탈린이 자신 있게 서서 손에 파이프를 들고 말을 하면 레닌이 밑에서 그것을 열심히 듣는 모습으로 묘사되었다. 스탈린을 '어린아이들의 친구'로 우상화한 사진은 수억 장이 인쇄·배포되었다.

역사학자 오버리(Overy 2003)에 따르면 "모질고 악랄한 전제자 스탈린은 겁에 질려 아첨을 해대는 부하들 위에 군림했다. 그는 주위사람들을 골리고 모욕했다. 그는 그들의 공포를 감지해서 반은 익살맞게

1936년 스탈린이 당시 여섯 살이던 겔리아 마리코바(Gelya Markizova)와 함께한 사진.
스탈린은 다음 해에 겔리아의 아버지를 스파이 혐의로 총살형에 처했으며 어머니도 죽음
으로 몰았다. ⓒ 연합뉴스

반은 위협적으로 그 공포를 이용했다. …… 식사를 하다가 스탈린이
그냥 하는 말을 그의 열성적인 참모진이 율법으로 만들었다. 목격자
들은 스탈린이 위압적으로 호통을 치거나 꾸짖을 때마다 손님들이 얼
굴이 창백해지거나 붉어지고 부들부들 떨거나 진땀을 흘리는 광경을

트로츠키(가운데)가 1940년 멕시코에서 친구 부부들과 찍은 사진.

지켜보았다."

　스탈린 체제의 엽기성은 레온 트로츠키(Leon Trotsky, 1879~1940)와
의 관계에서 잘 드러난다. 1879년 우크라이나 유대인가정에서 태어난
트로츠키는 1917년 '10월혁명'을 성공시킨 뒤 소비에트 정부의 초대
외무인민위원과 전쟁인민위원을 역임했고 레닌의 후계자로 떠오른
인물 중 하나였다. 트로츠키는 1924년 말 출간한 『10월혁명의 교훈
(The Lessons of October)』에서 '세계혁명론' 또는 '영구혁명론'을 주장
했다. 자본주의가 세계 도처에서 타도되고 새로운 노동자계급이 집권
해서 소련을 지원해야 한다는 주장이었다. 처음엔 이 주장을 지지했
던 스탈린은 후에 트로츠키를 제거하기 위한 정략의 목적으로 소련만
으로도 사회주의 건설이 가능하다고 주장하는 '일국 사회주의론'을
주장하면서 '세계혁명론'을 공격했다. 스탈린과의 권력투쟁에서 패
배한 트로츠키는 1928년 카자흐스탄의 알마티(Almaty)로 쫓겨났고 1년

스타하노프(오른쪽)와 동료 광부.

뒤 국외로 영구 추방되었다.

1929년 12월 21일 스탈린의 50회 생일은 전 소련이 축하했고 공산
당기관지 『프라우다(Pravda)』는 그를 처음으로 '레닌의 승계자' 라고
불렀다. 스탈린의 일국 사회주의론이 승리하게 됨에 따라 사회주의
경제개발이 본격화되었다. 제1차 5개년계획(1928~1932)과 제2차 5개
년계획(1933~1937)을 거치며 소련은 비약적으로 발전해갔다. 스탈린
은 1934년 "생활은 훨씬 나아졌다. 삶은 더 행복해졌다"는 슬로건을
내거는 동시에 대대적인 숙청에 돌입했다. 제1차 계획 말기에는 "기
술이 모든 것을 결정한다"는 슬로건이 내걸렸지만 1935년부터 노동
자들에 대한 무자비한 노동력 착취가 시작되었다. 1935년 8월 자기에
게 할당된 채탄량을 1300매나 '초과달성' 한 탄광노동자 스타하노프
(Alexey Stakhanov, 1906~1977)가 선전의 주인공으로 등장하면서 1936년
은 '스타하노프의 해' 로 지정되었다.

그동안 터키, 프랑스, 노르웨이, 멕시코 등지를 떠돌며 반(反)스탈린주의 투쟁을 벌이던 트로츠키는 1940년 8월 20일 멕시코시티 외곽의 거주지에서 스탈린의 사주를 받은 자객에게 암살당했다. 망명시기 트로츠키는 『나의 생애(My Life)』(1930) 『소련 혁명사(History of the Russian Revolution)』(1932) 『스탈린주의 날조학(The Stalin School of Falsification)』(1937) 『배반당한 혁명(The Revolution Betrayed)』(1936)을 잇달아 발표했는데 특히 최후의 명저라 불리는 『배반당한 혁명』은 소련 인민의 정치혁명을 선동하는 내용 때문에 스탈린이 트로츠키주의를 완전히 절멸시키기로 결심한 계기가 되었다.

이같이 스탈린의 철저한 보복을 지켜본 소련의 정치인, 관료 들이 그의 1극체제를 맹종하는 것 이외에 무슨 대안이 있었겠는가. 말년의 스탈린은 최고위급 인사들을 자신의 집무실로 불러 "당신들은 나 없이 무슨 일을 할 수 있습니까? 당신들은 직접적으로는 아무것도 결정하지 못하고 실행하지 못합니다"라고 책망했다지만 그건 스탈린 자신이 구축한 체제의 결과였을 뿐이다. 스탈린을 신처럼 숭배하는 스탈린 1극체제는 독재 유지엔 도움이 되었지만 소련 사회를 극도로 경직시킴으로써 훗날 값비싼 대가를 치르도록 만든다.

파리 해방

아이젠하워의 연합군은 노르망디 상륙에 이어 1944년 8월 25일 파리를 해방시켰다. 파리 시민들은 미군을 해방자로 열렬히 환영했다. 박성익(2009)은 "미군은 물질적 풍요로움을 통해 사람들의 마음을 사로잡았다. 그들은 지프를 타고 다니며 거리의 시민과 아이들에게 담배

2009년 6월 4일, 노르망디 미군 묘지에서 열린 D-day 65주년 기념식. ⓒ 연합뉴스

와 껌을 나눠 주었다. 전쟁 동안 가난과 결핍에 시달리던 프랑스 어린이들은 미군의 부유함과 후한 인심에 놀랐다. 그들은 매사에 여유만만하고 자신감에 찬 것처럼 보였다"며 다음과 같이 말한다.

"물론 모든 프랑스인이 미군을 환영한 것은 아니었다. 미국을 인정하길 꺼리는 공산주의자들은 소련 농민들이 소련 평원에서 독일군을 격파함으로써 승리의 사전작업을 수행했고, 미군은 지리멸렬해진 독일군을 맞아 싸운 것에 불과하다고 강조했다. 물론 그런 측면도 있었지만 그렇다고 해서 파리를 해방시킨 것이 미군 제2기갑사단이었다는 사실이 변하는 것은 아니었다."

이후 노르망디와 파리 해방은 미국과 프랑스 사이에 갈등이 벌어질 때마다 미국이 프랑스를 배은망덕(背恩忘德)하다고 꾸짖는 빌미가 된다. 2003년 2월 이라크를 둘러싼 미국과 독·프·러 3국의 갈등이 깊어졌을 때 『뉴욕 포스트(New York Post)』는 1면에 2차 세계대전 당시 노르망디 상륙작전에서 죽은 병사들이 묻혀 있는 묘지사진을 크게 싣고 「그들은 프랑스를 위해 죽어갔지만 프랑스는 이를 망각했다」는 제목을 달았다. 호전적인 칼럼으로 유명한 스티브 던리비(Steve Dunleavy)는 노르망디 르포기사에서 "이제 미국의 젊은이들이 야비한 폭군 사담 후세인으로부터 세계를 구하기 위해 싸우다 죽을 각오를 하고 있는데 프랑스는 어디 갔는가"라며 프랑스를 "겁쟁이, 밀고자"라고 야유했다. 영국의 『데일리 메일(Daily Mail)』도 「어처구니없는 배은망덕」이라는 제목의 기사에서 "2차 세계대전 때 13만여 명의 미군이 유럽에서 희생 당한 것을 상기해야 한다"고 거들었다.

'브레튼우즈 협정'과 '덤바턴오크스 제안'

종전이 가까워오자 이제 먹고사는 문제가 국제적 현안으로 대두되었다. 1944년 7월 1일부터 22일까지 44개국의 대표는 미국 뉴햄프셔 주 브레튼우즈에 모여 국제부흥개발은행(IBRD; International Bank for Reconstruction and Development)과 국제통화기금(IMF; International Monetary Fund)을 각각 76억 달러와 73억 달러를 초기기금으로 삼아 수립할 것을 합의했다. 이른바 '브레튼우즈 협정(Bretton Woods system)'이다. 미국 의회는 1945년 7월, 상원은 345대 18, 하원은 61대 16으로 이 협정을 비준했다. 이로써 미국의 달러는 국제적인 주도통화이자 보유통화로서의 위상을 지니게 되었다.

국제부흥개발은행, 일명 세계은행(World Bank)은 전후 경제부흥과 후진국의 개발을 위하여 장기자금을 제공하는 것을 목적으로 1946년

덤바턴오크스 저택.

6월 업무를 개시했으며, 1945년 12월에 출범한 국제통화기금은 국제 금융결제기관으로서의 위상을 갖게 되었다. 브레튼우즈에는 44개국에서 730여 명이 모여들었지만 이 협정을 설계한 이는 영국 경제학자 존 메이너드 케인스(John Maynard Keynes, 1883~1946)와 미국 재무부 차관보 해리 덱스터 화이트(Harry Dexter White, 1892~1948)다. 케인스는 세계은행의 초대 부총재, 화이트는 국제통화기금의 초대 상무이사를 맡았다. 두 경제기구의 본부는 모두 워싱턴에 자리했으며 총재직 역시 미국인이 맡았다. 또한 미국은 두 기구에서 기금제공비율에 따라 3분의 1의 투표권을 행사할 수 있었다. 미국 경제력의 세계적 패권을 웅변하는 모습이었다.

세계평화 문제도 미리 준비하자는 뜻으로 1944년 8월 21일부터 10월 7일까지 워싱턴 교외에 있는 덤바턴오크스(Dumbarton Oaks)라는 대저

택에서 미국, 영국, 소련, 중국 4개국이 회의를 열었다. 당시 일본과 평화관계를 유지하고 있던 소련은 일본의 교전국인 중국과 회의하기를 거부하여 회의는 2기로 나누어 진행되었다. 8월 21일부터 9월 18일까지의 제1기 회의에는 미국, 영국, 소련 대표가 참석했고 9월 29일부터 10월 7일까지의 제2기 회의에는 미국, 영국, 중국 대표가 자리를 함께했다. 중국이 할 수 있는 일이라고는 다른 3개국이 이미 결정한 것들을 받아들이는 것뿐이었다. 이 회의 결과는 10월 9일 '일반 국제기구의 설립에 관한 제안'으로 발표되었다. 이른바 '4대국 경찰론'이 중심이 된 '덤바턴오크스 제안'이다. 이 제안은 장차 국제연합, 유엔(UN; United Nations)이라고 알려질 국제기구의 헌장 대부분을 포함하고 있었다.

오래전부터 유엔과 같은 기구를 구상해온 프랭클린 루스벨트(Franklin Delano Roosevelt, 1882~1945)는 이미 1943년 '새로운 국제기구 건설'에 관한 구상을 의회에 내놓았다. 처음에는 이 기구를 '열강연합(Associated Powers)'이라고 불렀으나 루스벨트가 곧 유엔이라는 이름을 생각해냈다. 그는 자신이 유엔이라는 멋진 이름을 생각해낸 것이 무척이나 기쁜 나머지 당장 동의를 얻기 위해 당시 백악관에 머물고 있던 윈스턴 처칠(Winston S. Churchill, 1874~1965)의 방문을 박차고 들어갔다. 처칠은 그때 욕실에 있었다고 한다.

독일은 어떻게 할 것인가? 1944년 가을 루스벨트와 처칠은 캐나다 퀘벡에서 만나 다시는 전쟁을 일으키지 못하게끔 독일을 농업국가로 만들기로 합의했다. 이 방안을 만든 재무장관 헨리 모겐소(Henry Morgenthau, Jr., 1891~1967)의 이름을 따 '모겐소 플랜'이라고 하지만 실제 기안자는 재무부 차관보 화이트였다. 만약 이 플랜이 새나가지만 않았다면 독일은 지금도 농업국가에 머무르고 있을지도 모른다. 그러나 이 '극비사항'이 언론을 통해 알려지면서 '비현실적이고 극단적'이라는 비판이 일었고 공화당이 "독일을 중세로 돌리는 것은 20세기를 사는 독일인을 전부 국외로 추방할 때에만 가능한 일"이라고 몰아붙이면서 계획은 취소되고 말았다. 독일의 행운이라고 해야 할까.

참고문헌 Alexander 2001, Chafe 1986, Englert 2006, Foster 2008, Galbraith 1973 · 1994, Keegan 2002, Overy 2003, Sellars 2003, Service 2007, Virilio 2004, Volkogonov 1996, Zinn 2003a, 김재중 2003, 김진우 2009, 박상익 2009, 박윤형 2000, 박제균 2003, 성일권 1999, 연동원 2001, 우에노 이타루 외 2003, 이종호 2010, 이주천 1999, 진인숙 1997, 차현진 2010

홀로코스트
600만 명 유대인 학살

유대인은 "인간의 탈을 쓴 질병"?

나치의 광기는 유대인 학살이라는 재앙을 낳았다. 나치당의 종족정책 국 책임자였던 게르하르트 바그너(Gerhard Wagner, 1888~1939)는 1935년의 당 집회에서 유대인은 "인간의 탈을 쓴 질병"이라고 말했다. 친위대 수장인 하인리히 히믈러(Heinrich Himmler, 1900~1945)는 "반유대주의는 이를 잡는 것과 똑같다"고 말했다.

1939년 8월 독소불가침조약 교섭 당시 히틀러는 조약체결 직전까지 '스탈린이 유대인은 아닌가' 하는 의문을 품고 있었다. 히틀러는 자신의 사진사를 모스크바로 급파하여 스탈린의 얼굴, 특히 귀 부분을 클로즈업하여 사진을 찍어 오라고 명령했는데 히틀러는 스탈린이 유대인이 아니라는 것을 확인하고 나서야 조약에 서명했다.

나치 독일은 1940년 아우슈비츠(Auschwitz) 수용소를 만들어 1945년 1월 27일 소련군에 의해 해방될 때까지 유대인과 폴란드 공산주의자

벨제크 수용소 담장 부근에서 독일군의 지시를 기다리는 집시들.

약 130만 명을 구금, 이중 110만여 명을 살해했다. 하루에 3000명씩 독가스로 죽여 화장한 것으로 알려졌다. 아우슈비츠에는 집시, 소련군 포로, 동성애자, 정치범 등도 수용되었지만 희생자의 90퍼센트는 유대인이었다.

소련군 진주 시 7톤의 머리털이 한 창고에서 발견되었는데 나치는 그걸로 담요를 만들었다고 한다. 수용소 의사였던 요제프 멩엘레 (Josef Mengele, 1911~1979)는 어린이 수감자를 영하 20도 이하의 추위에 맨발로 내몰아 동상에 걸리게 한다든가 남녀의 성기를 절단해보는 등 각종 생체실험을 했다.

유럽의 모든 지역에서 유대인을 끌어모아 압송하기 시작한 건 1942년 초부터였다. 하루 1만 5000명의 '살해능력'을 갖춘 벨제크(Bełżec) 수용소는 1942년 3월 17일부터 활동을 개시했으며, 뒤이어 하루 수만 명을 '처리'할 수 있는 수용소들이 곳곳에 세워졌다. 그렇게 해서 죽어간 유대인은 약 600만 명으로 추산되고 있지만, 히틀러가 원했던 건

유럽 지역의 유대인 1100만 명을 모두 다 절멸시키는 것이었다. 히틀러는 이미 『나의 투쟁(Mein Kampf)』(1925-1926)에서 유대인을 제거해야할 '기생충'으로 묘사하며 온갖 극언을 늘어놓았거니와 1930년대 초 측근들에게 '민족말살의 기술'을 개발할 것을 지시하면서 다음과 같이 말했다.

"자연은 잔인하다. 그러므로 우리도 잔인할 수 있다. 내가 독일 사람들의 피를 다가오는 전쟁의 포탄우박 속으로 보낸다면 그리고 여기서 흘리게 될 이 소중한 독일인의 피에 대해서 조금도 유감을 느끼지 않는다면, 독충처럼 번식하는 다른 열등한 종족 수백만 명을 제거할 권한을 가지지 않겠는가."

유대인 대량학살을 낳은 히틀러의 인종주의는 나름의 위계질서를 갖고 있었다. 이는 2차 세계대전 중 독일에서 강제노동에 종사한 약 770만 명의 사람들에 대한 차별대우에서도 잘 나타났다. 이 가운데 소련인은 280만 명, 폴란드인은 170만 명, 프랑스인은 130만 명이었는데 프랑스 노동자들은 독일 노동자들과 비슷한 식량배급을 받고 폴란드 및 소련 노동자들은 그다음 등급의 대우를 받았지만, 유대인들은 '과학적으로 계산된' 죽지 않을 정도의 식량을 먹고 일하다가 결국 죽게되는 대우를 받았다.

600만 명으로 추산되는 유대인 학살 이외에도 히틀러 치하에서 이루어진 인명살해 통계는 경악을 금치 못하게 한다. 1941년 6월 소련 침공 이래 적어도 1000만 명의 슬라브인들이 죽었다. 소련 포로의 60퍼센트 이상(적어도 200만 명)이 죽었는데 대부분 굶어 죽었다. 적어도 50만 명의 집시들이 살해되었으며, 6000명의 어린이들이 안락사 처리되었고, 7만 명 이상의 장애인 및 노인들이 살해되었다.

나치에 의한 유대인 학살을 가리켜 홀로코스트(Holocaust)라 한다. 구약성서에서 "희생물(짐승)을 통째로 태워버리는 특수한 제사"라는 의미를 지닌 홀로코스트는 한동안 핵전쟁으로 인한 인류섬멸의 가능성을 가리키는 상징적인 단어나 대량학살의 일반명칭으로 사용됐지만 오늘날에는 주로 유대인 학살을 가리키게 되었다.

새로운 인간을 창조한다?

히틀러의 인종주의는 자국민에게도 다른 형태로 적용되었다. 앞서도 보았듯이 그는 우수한 아리아 민족의 영광과 번영을 위한다는 미명하에 다산(多産)을 장려했다. 예술활동을 통제하는 나치스 기관 전국조형미술원은 "조형미술가는 가족을 그릴 때 예술적 조형가능성의 테두리 안에서 적어도 4명의 독일 어린이를 그려야 한다"고 명시하기까지 했다.

그런 선전활동과 더불어 결혼과 출산을 장려하기 위한 다양한 방법이 동원되었다. 결혼을 하면 지원금을 대부해주었는데 아이를 하나 낳을 때마다 지원대출금의 4분의 1이 자동적으로 삭감돼 넷을 낳으면 빌린 돈을 갚을 필요가 없게끔 했고 그 밖에도 출산 시 각종 장려금과 면세혜택을 주었다. 그 결과 1933년과 1939년 사이의 출산율은 50퍼센트 이상 높아졌다.

또 히틀러 치하에서는 질병유전방지법을 통해 총 20만 명 내지 35만 명에 이르는 사람들이 단종(斷種)되었다. 전쟁이 일어나자 1만여 명의 정신장애환자들이 '비생산적인 존재'라는 이유로 안락사되기도 했

2008년 5월에 건립된 베를린의 홀로코스트 동성애희생자 추모비.

다. 동성애자들이 감옥행은 물론이고 강제수용소에 끌려가 거세를 당하거나 생체실험에 희생되는 일도 흔했다. 나치스가 남긴 기록을 보면, 나치스 법정은 집권 12년 동안 약 5만 명을 동성애범죄자로 판정했으며 이 가운데 적게는 5000명에서 많게는 1만 5000명이 처형되었다.

히틀러가 원했던 건 '새로운 인간'이었다. 그는 다음과 같이 말했다. "국가사회주의를 단순히 정치운동이라고 이해하는 사람은 그것을 거의 제대로 이해하지 못한다. 그것은 종교 이상이다. 새로운 인간 창조를 위한 의지인 것이다." 히틀러가 원했던 '새로운 인간'은 "스파르타의 강인함과 욕심 없음, 로마인의 윤리, 영국인의 주인의식, 유대인의 종족적 모럴 등을 하나로 합친 유형"이었는데, 그는 1929년 뉘른베르크 전당대회에서 다음과 같이 선언하기도 했다. "독일이 해마다 100만 명의 아이들을 얻는다 치고 그중 70만 명에서 80만 명까지 약한 아이들을 제거한다면 마지막에는 어쩌면 힘의 상승이라는 결과를 얻을 것입니다."

그리하여 히틀러 치하 독일에서는 '좋은 피'를 지키기 위한 수많은 활동들이 전개되었다. 1999년 11월, 세계를 지배할 우수독일인종 양육이라는 나치의 계획하에 태어난 1000명 이상의 아이들에 대한 기록이 독일 연방공문서보관소에서 발견되었다. '생명의 원천(Lebensborn)'이란 이름의 이 우수인종양육 프로그램에 따라 나치는 이상적인 독일인의 조건을 갖춘 여성들을 선택된 남성과 출산원으로 위장된 장소에서 동침케 해 이른바 '총통을 위한 아이들'을 낳도록 했다. 게다가 신생아 중에서 우수인종 기준에 미달하는 아이들은 부모 이름을 감춘 채 고아원으로 보낸 것으로 밝혀졌다.

히틀러가 유대인을 대량학살한 이유

히틀러가 유대인을 대량학살한 이유에 대해선 그간 다양한 주장이 제기돼왔다. 히틀러가 아버지의 매를 맞으면서 자랐다거나, 유대인 성매매여성과의 성접촉으로 매독을 앓았다거나, 자신에게 '유대인의 피'가 흐른다고 의심했다거나, 숫염소의 입에 소변을 보려다가 성기가 절단됐다는 따위의 주장이 분분했다. 심지어 '뱀파이어설'과 '근친상간설'도 있다.

2000년 덴마크 내분비학자 에릭 페터손(Erik Peterson)은 『나치 뱀파

갓난아기 시절의 히틀러.

이어』라는 책에서 "히틀러는 인간의 피를 먹는 뱀파이어였다"며 "히틀러가 늘 피에 굶주려 있었다는 사실은 생전에 그가 독재자로서 보여줬던 괴물적인 본성이 뒷받침하고 있다"고 주장했다. 히틀러를 돌봤던 모든 의사들이 작성한 의학적 자료에 따르면 히틀러가 신체 내부의 화학적 불균형으로 인해 피를 갈망하는 인자가 서식하는 희귀한 병을 앓았다는 것이다.

한편 김삼웅(1996)은 "히틀러를 연구해온 학자들은 그의 정신적·성적 타락이 모친의 근친상간에 의한 출생 때문이라고 분석하고 있다. 그가 유대인에게 광적일 정도로 증오심을 품게 된 것도 그의 할머니가 유대인 고용주의 아들에게 추행당했기 때문이라는 지적이다. 히틀러의 아버지는 오스트리아의 세관관리였다. 한데, 어머니 클라라 히틀러(Klara Hitler, 1860~1907)는 결혼하기 전에도 이름이 똑같았다. 결혼하면 남편의 성을 따르는 게 풍습인데 결혼하기 이전과 이후의 이름이 동일하다면 이는 근친상간이 분명한 것이다"라며 다음과 같이 말한다.

"실제로 어머니 클라라 히틀러는 열여덟 살 때 삼촌인 알로이스 히틀러(Alois Hitler, 1837~1903)의 목장에 놀러갔다가 삼촌과 눈이 맞아 근친상간을 저지르고 말았다. 때문에 두 사람은 상당 기간 농촌에 숨어서 지냈다고 한다. 히틀러의 어머니는 이 일로 인해 평생 삼촌과의 관계를 스스로 저주하는 마음을 갖게 되었다. 그리고 불행한 씨앗은 더이상 낳지 말아야 한다는 강한 자의식 탓인지 그녀가 낳은 아이들은 모두 태어나자마자 죽고 말았다. 삼촌의 자식을 낳는다는 죄의식이 모태 속의 태아들을 질식사시킨 셈이다. 세 명의 아이가 죽고 네 번째 태어난 아이가 히틀러였다. 그 역시 태어나서 곧바로 죽어야 했는데 그렇게 되지 못한 것은 고환이 하나뿐인 기형아였기 때문이었다. 이렇게 본다면 히틀러가 유대인들을 그토록 증오한 것은 그의 할머니가 당한 사건 그리고 유대인들이 근친상간을 인정하면서 혈통을 매우 중요시 여기는 민족이라는 점 때문이 아닐까 싶다."

히틀러가 정말 그랬는지는 모를 일이지만 그만큼 히틀러라는 인물이 '인간'이라는 동물의 '극한점'을 보여주었다는 의미이지 않을까 싶다. 1985년 홀로코스트를 다룬 다큐멘터리 〈쇼아(Shoah)〉를 제작한 클로드 란즈만(Claude Lanzmann)은 자신에게 히틀러에 대해 설명하려는 어떤 시도도 결국은 "합리화로 귀결된다"고 일침을 가하면서 "비난받아 마땅한 일"이라고 주장한다.

정도의 차이는 분명히 있지만, 비난받아 마땅한 건 히틀러만은 아니었다. 미국을 비롯한 다른 나라들이 유대인 피란민들을 받아들임으로써 홀로코스트의 피해를 줄일 수도 있었지만 이들은 '고급인력'을 받아들이는 걸 제외하곤 홀로코스트를 사실상 방관하거나 외면하는 정책을 썼다. 유대인 출신의 재무장관 헨리 모겐소는 루스벨트 대통령을 만나 아우슈비츠 강제수용소로 이어지는 철도를 폭격해줄 것을

쿠바 아바나 항에 도착한 세인트루이스호의 유대인 난민들. 이들은 쿠바와 미국에서 입국을 거부당해 벨기에, 네덜란드 등에 정착했으나 히틀러가 유럽 전역으로 영향력을 넓히면서 수용소로 끌려갔다.

요청했고 트루먼(Harry S. Truman, 1884~1972) 대통령을 만나 부모를 잃은 어린 유대인 난민들을 실은 배가 미국에 입항할 수 있도록 허락해달라고 간청했다. 그러나 두 요청 모두 거부당했다.

7명의 비유대인과 930명의 유대인을 싣고 미국 해안까지 달려왔건만 입국을 거부당한 세인트루이스(Saint Louis)호처럼 많은 배들이 입국허가가 없다는 이유로 뱃머리를 돌려야 했다. 유대인 가문이 경영하던 『뉴욕타임스(The New York Times)』조차 40만 명에 이르는 헝가리 유대인의 추방소식을 12면의 작은 기사로 다루었으며, 그날 1면 머리기사에는 뉴욕의 교통문제를 실었다. 프라이(Frey 2004)는 "유대인 학살이 나치 정권 앞잡이들에 의해 저질러진 것은 의심의 여지가 없지만 미국 정부 역시 다른 많은 나라들처럼 구조활동을 소홀히 한 책임을 면할 수 없다"고 말한다.

홀로코스트와 제국주의는 과연 무관한 것일까? 한나 아렌트(Hannah Arendt, 1906~1975)는 『전체주의의 기원(The Origins of Totalitarianism)』 (1951)에서 제국주의가 자신의 행위를 정당화하는 변명으로 인종주의를 어떻게 이용하는지 보여주었다. 이와 관련해 린드비스트(Lindqvist 2003)는 다음과 같이 말한다.

독일은 1884년 아프리카 서남부 나미비아(Namibia)를 강점해 이 지역 헤레로족(Herero)의 반란을 야기했다. 독일군의 종족섬멸을 피한 헤레로 생존자들.

"사람들은 나치즘과 공산주의가 동일한 혈통을 갖고 있다는 그녀의 주장을 기억하고 있다. 하지만 많은 이들이 다음 사실은 잊고 있다. 유럽 제국주의자들도 마찬가지로 가공스러운 대학살 및 야만적인 살인행위를 자행하고, 이와 같은 평정수단을 점잖은 정규적 대외정책에 성공리에 도입함으로써 전체주의 체제와 체제에 의한 대학살을 낳은 데 책임이 있다고 그녀가 지적한 사실을 말이다."

같은 맥락에서 박노자(2003a)도 이렇게 말한다. "대부분의 유럽인들은 히틀러의 학살이 식민주의 폭력에 의해서 준비된 것이라는 사실을 인식하지 못하고 있다. '종족전멸'은 히틀러가 식민주의 이론과 실천에서 얻은 아이디어이고 방법(대형수용소)도 아프리카에 대한 독일 식민주의의 경험에서 배운 것이었다. 말하자면 '남'에 대한 제도화된 폭력이 '우리'에게 부메랑으로 돌아온 셈이었다."

홀로코스트 신성화 논쟁

2005년 2월 23일 11개 국어로 번역·출간된 교황 요한 바오로 2세 (Joannes Paulus II, 1920~2005)의 다섯 번째 저서가 홀로코스트와 낙태를 비교해 유대인들의 거센 반발을 샀다. 교황은 "유대인 학살은 나치 정권이 무너지면서 끝났다. 그러나 생겨났지만 태어나지 못한 인간존재의 합법적인 학살은 계속되고 있다"고 말했는데, 이에 대해 독일유대인협회 회장 파울 슈피겔(Paul Spiegel, 1937~2006)은 "가톨릭교회의 수장이 허용해선 안 되는 비교를 했다"고 비난했다.

이처럼 홀로코스트는 신성하다. 미국에는 7개의 대형 홀로코스트 박물관이 있으며 미국의 홀로코스트 단체들은 100여 개에 이른다. 총 50개국에서 홀로코스트 기념식을 후원한다. 2005년 4월 독일 공영 ZDF 방송과 일간 『디벨트(Die Welt)』가 독일인을 대상으로 실시한 역사지식에 관한 설문조사에서 전체응답자의 80퍼센트, 24세 이하 청소년의 51.4퍼센트가 홀로코스트의 의미를 알고 있는 것으로 나타났다. 그러나 『디벨트』는 "그동안 독일 사회와 학교가 나치의 유대인 대학살에 대한 어두운 과거사를 열성적으로 가르쳐왔다는 자부심에 허점이 드러났다"면서 "교육당국은 청소년들의 역사의식 부재에 대한 대책을 마련해야 한다"고 촉구했다.

그런데 미국 정치학자 노르만 핀켈슈타인(Norman Finkelstein)이 2000년 6월에 출간한 『홀로코스트 산업: 홀로코스트를 초대형 돈벌이로 만든 자들은 누구인가(The Holocaust Industry: Reflections on the Exploitation of Jewish Suffering)』는 홀로코스트의 그런 신성화에 정면도전 하고 나섰다. 홀로코스트 생존자를 부모로 둔 핀켈슈타인은 이 책으로 인해 유대인 사회로부터 엄청난 박해를 받았는데 그만큼 그 내용이 충격적이다. 핀켈슈타인은 홀로코스트를 이용하여 돈과 '윤리적 자본'을 얻고 있는 유대인 엘리트중심의 여러 단체와 기관들을 고발했다.

홀로코스트 이론가인 엘리 비젤(Eliezer Wiesel)은 홀로코스트를 다른 고통과 비교하는 것은 "유대인 역사에 대한 총체적인 배신행위"라고 주장했다. 노벨상 수상자이기도 한 비젤은 카터(Jimmy Carter) 대통령 직속 홀로코스트 위원장 시절 홀로코스트에 대해 쓰면서 히틀러가 수백만 명의 비유대인을 죽인 일을 언급하기를 거부한 일도 있었다. 그는 비유대인 학살을 포함시킬 경우 "잘못 인도된 보편주의의 이름으로" 현실을 "왜곡하는" 일이 될 것이라며 "비유대인들은 우리에게서 홀로코스트를 도둑질하고 있다"고 주장했다.

이에 대해 핀켈슈타인은 "홀로코스트의 불합리성은 자신의 유일성이 절대적이라고 고집하는 것이다. 그렇다면 다른 역사적 사건들도 절대적으로 유일하지 못할 이유가 무엇이란 말인가"라고 반문한다. 한 걸음 더 나아가 핀켈슈타인은 1945년 전후의 미국 유대인 엘리트들은 홀로코스트 문제를 거론하기는커녕 피해갔다고 지적한다. 미국 정부의 세계전략에 순응하는 동시에 '나치 홀로코스트의 상기는 곧 공산주의자의 주장'이라는 매카시즘(McCarthyism) 공세를 두려워한 탓이었다. 그래서 주류 유대인 단체들은 과거 나치주의자들의 미국 여행을 반대하는 대중적인 시위운동에 협력하는 것도 거부했다.

유대인 엘리트들의 홀로코스트 외면에는 시온주의자들의 책임도 있다. 시온운동은 세계 각지에 흩어져 살던 유대인들이 2000년 만에 그들의 고향 팔레스타인으로 돌아가고자 일으킨 운동으로, 그 결과 1948년 이스라엘이 건국되었다. 그런데 이스라엘 시온주의자 지도층들은 팔레스타인에 가서 이스라엘 건국에 참여하려고 하지 않는 비민족주의자들이나 팔레스타인에 와봐야 도움이 안 되는 노년층 등을 전혀 배려하지 않음으로써 사실상 그들이 학살당하는 것을 방관한 책임으로부터 자유로울 수 없었던 것이다.

버트런드 러셀(Bertrand Russell, 1872~1970)의 비서를 지낸 랄프 쉰만(Ralph Schoenman)이 쓴 『잔인한 이스라엘(The Hidden History of Zionism)』(1988)은 시온주의자들이 방관을 넘어서 나치와 협력하는 등 유대인 학살에 공모했다고 주장한다. 시온주의자들은 팔레스타인에서 아랍인들을 압도하려는 강박관념 때문에 힘의 집중을 위해 유대인 구출에 적극 반대하기까지 했다는 것이다.

'홀로코스트 산업'의 등장

미국의 유대인들은 '100퍼센트 미국인 되기'와 미국의 주류사회 편입에만 급급했다. 아돌프 아이히만(Adolf Eichmann, 1906~1962) 사건 때도 그랬다. 아이히만은 독일의 나치스 친위대 중령이자 2차 세계대전 중 수백만 명의 유대인을 학살한 혐의를 받은 전범(戰犯)으로, 독일이 패망할 때 도망쳐 나와 아르헨티나에 정착했다. 그곳에서 약 15년간 숨어 지내다가 1960년 5월 11일 이스라엘 비밀조직에 체포돼 이스라엘로 압송되었는데 이때에 유대인 소유의 『워싱턴포스트(The Washington Post)』는 아이히만 납치에 대해 이스라엘을 비판하고 나섰다. 에리히 프롬(Erich P. Fromm, 1900~1980)도 "아이히만의 납치는 나치스 범죄와

1962년 전범재판을 받고 있는 아이히만. 당시 재판정의 상황은 한나 아렌트의 『예루살렘의 아이히만 (Eichmann in Jerusalem)』(1963)에 잘 기록돼 있다. © 연합뉴스

동일한 유형의 불법행위"라고 주장했다.

그런데 1967년 6월 5일에서 10일까지 아랍과 이스라엘 사이에서 벌어진 이른바 '6일전쟁(Six-Day War)' 이후 미국 정부가 친(親)아랍정책에서 친이스라엘 정책으로 선회하면서 모든 게 달라지기 시작했다. 그간 유대인들의 주류 진입이 성공적으로 이루어짐으로써 마음 놓고 이스라엘을 지지할 수 있는 여건도 만들어졌다. 이후 이스라엘은 유대계 미국인들의 종교가 되었으며 이스라엘을 '피해자들의 영원한 안식처'로 그리면서 이스라엘이 저지르는 모든 행위를 옹호하게 된 것이다. 그와 더불어 홀로코스트의 신성화작업이 본격화되었다.

그러나 힘의 논리에 따른 이중잣대는 여전했다. 1979년 흑인 목사 제시 잭슨(Jesse Louis Jackson)이 "홀로코스트에 관한 얘기를 듣는 것이

진절머리가 난다"고 말하자 유대인 단체들은 두고두고 잭슨에게 집중공격을 퍼부었다. 그러나 1985년 로널드 레이건(Ronald Wilson Reagan, 1911~2004) 대통령이 독일 비트부르크 공동묘지를 방문해 그곳에 묻힌 나치 병사들이 "강제수용소 희생자들 못지않은 나치의 희생자들"이라고 주장했을 때 유대인 단체들은 반발하지 않았을뿐더러 1988년에는 '이스라엘에 대한 확고한 지지'의 공로로 레이건에게 '올해의 인도주의자' 상을 주기까지 했다.

핀켈슈타인은 강제수용소에 갇혔던 홀로코스트 생존자는 대략 10만 명인데도 불구하고 이제는 나치의 박해를 교묘히 피한 사람들까지 '홀로코스트 생존자'로 불리고 있다고 지적했다. 이스라엘 정부는 '살아 있는 홀로코스트 생존자들'이 거의 100만 명에 이른다고 주장하고 있는데 핀켈슈타인은 그런 부풀리기가 600억 달러 규모에 이르는 독일의 배상금을 겨냥한 것이라고 일갈했다.

핀켈슈타인은 유대인 단체들이 탁월한 여론전쟁으로 몰아가기 때문에 독일 정부가 굴복할 수밖에 없다고 말했다. 그래서 1999년 영국의 『타임스(The Times)』도 독일의 무조건항복이 미국에서 전개된 '홀로캐시(Holocash, 홀로코스트와 현금을 뜻하는 단어를 결합한 합성어)' 캠페인 덕분이라고 주장했다는 것이다.

독일 정부의 배상금뿐만 아니라 과거 유대인들이 맡겼던 스위스은행 예금과 동유럽에 있던 유대인들의 재산도 유대인 단체들의 공격대상이 되고 있다. 핀켈슈타인은 "최근 들어 홀로코스트 산업은 노골적인 갈취자로 나서고 있다. 생존여부에 상관없이 모든 유대인 세계를 대표한다는 취지로 홀로코스트 산업은 홀로코스트 시대, 유럽 전역의 유대인 재산에 대한 소유권을 주장하고 있다"고 말했다. 그는 이것이 유럽에서 반유대주의(Anti-Semitism)를 조장하는 주요인이 되고 있으며, 그렇게 해서 '갈취'한 돈은 진짜 피해자들에게 돌아가는 게 아니라 부유한 유대인단체들의 금고 속으로 들어간다고 주장했다.

모든 독일인들에게 책임이 있는가

핀켈슈타인은 비젤과 쌍벽을 이루는 홀로코스트 이론가 다니엘 요나 골드하겐(Daniel Jonah Goldhagen)이 1996년에 출간한 『히틀러의 자발적 사형집행인들(Hitler's Willing Executioners)』을 전형적인 홀로코스트 이론으로 평가했다. 이 책은 독일인의 병리현상인 '제거주의적' 반유대주의에서 홀로코스트의 원인을 찾았다. 즉 모든 독일인들에게 책임이 있다는 것이다. 히틀러는 독일인들이 갖고 있는 그런 특성을 잘 읽은 인물에 지나지 않는다는 것이다. 이 책은 큰 반향을 불러일으키며 세계적인 베스트셀러가 되었다.

그러나 핀켈슈타인은 전체주의적 지배가 독일인들을 타락시킨 것이지 독일인들이 원래 그런 건 아니라는 반격을 가했다. 그는 홀로코스트에 대한 독일인들의 무관심은 전쟁이라고 하는 특수한 상황을 고려해야 한다고 말했다. 그는 독일 병사들에게도 책임을 묻긴 어려우며 모든 책임은 나치의 관료체제에 돌려야 한다고 주장했다. 그는 다른 대량학살 사례를 열거함으로써 유대인 학살이 특별한 게 아니라는 주장까지 폈지만, 이는 인류역사 이래 유대인 학살과 같은 종류의 대량학살은 없었다는 다른 학자들의 반격에 부딪혔다.

볼프강 슈미트바우어(Wolfgang Schmidbauer)는 독일 사회가 '양심의 가책이란 원칙'과 결별했다며 다음과 같이 말한다. "경찰이나 검사들과 이야기를 한번 해보십시오. 범인이 양심의 가책 때문에 자백을 한다거나 어떤 특정한 행동을 하는 경우는 결코 없다고 합니다. 그런 시대는 지났습니다. 정체가 발각된 다음에야 죄책감을 느낍니다."

1998년 10월, 독일 서적출판협회가 주는 평화상수상자인 독일의 대표적 소설가이자 스스로 좌익을 표방했던 마르틴 발저(Martin Walser)의 수상연설은 논란거리로 등장했다. 그는 '아우슈비츠의 도덕적 몽둥이를 정치적으로 이용하는 좌익지식인들'과 '유대인 학살의 참상을 너무 자주 화면에 등장시켜 시청자들을 무감각하게 만드는 대중매체'를 비판했다. 그는 이런 지나친 여론화는 개인적 반성의 공간을 박탈하는 것이라고 지적하면서 "그 끔찍한 사진과 영상들을 도대체 얼마나 자주 보아야 하는가"라고 반문했다. 발저는 "아우슈비츠가 부당하게 이용되고 있다고 말했는데 누구에 의해, 어떻게 이용되고 있단 말인가"라는 질문을 받고 다음과 같이 답했다.

"예를 들면 독일이 통일되기 전 내가 존경하는 독일 지식인들은 아우슈비츠를 만든 우리나라가 분단된 것이 당연한 일이라고 주장했다. 확실히 아우슈비츠 이후 우리는 무슨 일을 당해도 당연하다고 말하는 것이 도덕적으로 받아들일 수 있는 것처럼 들린다. 그러나 그것들은 두 가지 별개의 문제이기 때문에 내가 보기에는 아우슈비츠를 부당하게 이용하는 것이다. 내 경험으로 보면 아우슈비츠는 상대방을 침묵시키기 위한 논쟁거리로 이용되는 일이 많다."

발저의 이런 항변에 대해 독일 유대인사회 지도자 이그나츠 부비스(Ignatz Bubis, 1927~1999)는 발저를 "극우세력을 지원하는 '지적 방화범'"이라고 비난했다. 앞으로도 이와 같은 논쟁은 계속될 것이다. 핀켈슈타인의 주장에 뜨거운 논란이 뒤따르고 있긴 하지만, 재미 유대인 엘리트들의 막강한 재력과 권력 그리고 그 후원을 받은 탁월한 여론관리술에 의해 홀로코스트 신성화의 탄생과 주입이 성공적으로 이루어졌다는 건 분명한 것 같다.

참고문헌 Eatwell 1995, Englert 2006, Fest 1998, Finkelstein 2004, Frey 2004, Gates 1998·2000, Lebert & Lebert 2001, Lindqvist 2003, Lipman-Blumen 2005, Overy 2008, Renton 1999, Shoenman 2003, Thurlow 1999, Zinn 2008, 강여규 1998, 강준만 2005a, 김삼웅 1996, 김진웅 1996, 박기상 2001, 박노자 2003a, 세계일보 1999, 유권하 2005·2005a, 출판저널 편집부 1992, 허광 2000, 홍사중 1997a

일본의 가미카제 광란
레이테만 해전과 이오지마 전투

'국화와 칼'

미국의 인류학자 루스 베네딕트(Ruth F. Benedict, 1887~1948)가 1944년 6월 미국 정부로부터 연구를 위촉받아 1945년 8월 「일본인의 행동패턴」이라는 보고서를 작성해 국무성에 보고한 뒤 1946년에 출간한 『국화와 칼: 일본문화의 패턴(The Chrysanthemum and the Sword)』은 일본인의 무서운 복종심에 주목했다. 서양의 군인들은 최선의 노력을 다한 후에 중과부적(衆寡不敵, 적은 수로는 많은 적을 대적하지 못함)이란 점을 알면 항복을 하고 그걸 불명예라거나 모욕으로 생각하지 않지만, 일본인들에게 있어서 명예란 죽을 때까지 싸운다는 것이다.

"절망적 상황에 몰렸을 때에는 일본군은 최후의 수류탄 하나로 자살하든가 무기 없이 적진에 돌격을 감행하여 집단적 자살을 해야지 절대로 항복해서는 안 된다. 부상당하거나 기절하여 포로가 된 경우조차도 그는 '일본에 돌아가면 얼굴을 들고 다닐 수 없다'고 여긴다. 그는

1945년 9월 4일, 일본으로부터 웨이크섬을 탈환하고 성조기를 게양하는 미군들. 일본군이 1941년 12월 8일 진주만 기습 직후 섬을 점령한 이래, 미군은 반격을 계속했다.

명예를 잃었다. 그 이전의 생활에서 본다면 그는 '죽은 자'였다."

일본군 병사를 "역사상 가장 무시무시한 전투벌레"라고 규정한 영국의 군사학자 해스팅스는 1944년쯤엔 모든 일본 부대는 사실상 자살 특공대였다고 주장했다. 그는 "학살의 제도화라는 측면에서 볼 때, 히틀러 SS근위대만이 군국주의 일본에 근접했다"며 "도쿄는 무능하고 상상력이 부족했으며 기술보다 혼(魂)을 신뢰했다"고 말한다. 또 미국의 전쟁사가 핸슨(Hanson 2002)은 "일본군은 포로들을 비겁하게 항복한 것으로 간주하고 지나칠 만큼 잔인하게 다루었다"며 다음과 같이 말한다.

"진주만 기습 직후에 벌어진 웨이크(Wake)섬 전투에서 일본 해병들은 포로로 잡은 미군 해병들을 난폭하게 다루며 걸핏하면 곤봉으로 때리고 일본과 중국의 포로수용소로 보냈다. 어느 수송선에서는 시범 케이스로 미군 병사 다섯 명의 목을 자른 다음 사지를 찢어 바다로 떨어뜨리기도 했다. 태평양전쟁 초기부터 일본군은 여러 가지 만행을 저질렀는데, 그 이유는 인종적 원한 때문이기도 하고, 고대의 무사도 정신과 같은 군사적 전통이 1930년대 일본 군부에 의해 왜곡돼 수용된 탓이기도 하며, 유럽이 오랫동안 아시아에 식민지를 거느린 데 대한 울분이 폭발한 결과이기도 하다."

그러나 일본군이 같은 동양인도 서양인 이상으로 잔인하게 다룬 걸 보면 서양에 대한 원한은 별 설득력이 없는 것 같다. 일본 특유의 집단주의는 다른 동양권국가의 집단주의와는 본질을 달리 할 정도로 엽기적인 것이었다. 바로 이런 엽기성이 잔인한 만행을 '일본을 위한 영광' 쯤으로 이해하게 만든 근본이유일 것이다.

그런 엽기성의 극치라 할 가미카제(神風)가 처음 등장한 건 1944년 10월 23일부터 26일까지 필리핀 동부연안에 위치한 레이테(Leyte)만에서 벌어진 해전에서였다. 1944년 7월 7일 사이판, 8월 13일 괌이 미군에 의해 함락되면서 미군 B29의 일본 본토폭격이 가능해지자 일본은 광기에 사로잡혔고 그래서 나타난 것이 바로 가미카제였다.

가미카제는 일본군 조종사가 폭탄을 만재한 전투기를 타고 미군의 전함에 부딪치는 "너 죽고 나 죽자"는 수법이었다. 처음에 미군은 이 수법에 크게 당했거니와 공포심에 전율을 느꼈다. 패전까지 300여 차례에 걸친 출격으로 죽은 가미카제 특공대원은 해군 2516명, 육군 1329명이었으며, 미군의 피해는 함정 30여 척 침몰, 350척 이상 파손 등이었다. 그러나 미군도 가미카제에 대한 방비책을 강구하면서 가미카제의 위력도 떨어졌다.

이오지마 전투

1945년 2월 19일 오전 2시, 미 해군전함 7척은 일본 본토에서 1000킬로미터 남쪽에 있는 면적 20제곱킬로미터의 작은 화산섬 이오지마를 향해 함포사격을 시작으로 대공포와 로켓까지, 동원할 수 있는 모든 화력을 퍼부었다. 이어 폭격기 100대의 집중폭격이 있었고 다시 전함의 함포사격이 뒤따랐다.

그동안 마리아나제도를 이륙한 미군 B29 폭격기는 이곳을 피해 개다리처럼 구부러진 항로를 날아 일본 본토를 폭격해야 했다. 연료는 많이 들고 폭탄적재량은 줄어들 수밖에 없었다. 그래서 이오지마 점령이 필요했다. 그뿐 아니라 이오지마는 귀환하는 폭격기의 비상착륙지로 사용될 수도 있었다. 막바지로 치닫는 태평양전쟁의 승기를 굳히고 일본인의 사기를 일거에 꺾을 이오지마 점령, 즉 '분리작전(Operation Detachment)'은 몇 시간 동안 계속된 엄호폭격으로 시작되었다.

미 해병 3만 명이 이오지마 해변에 처음 상륙한 것은 오전 9시경이

1942년, 한 일본계 미국인이 운영하는 상점 입구에 "우리는 미국인입니다"라고 쓰여 있다(위). 1942년, 샌프란시스코의 한 공립학교에서 일본계 초등학생들이 국기에 대해 맹세를 하고 있다(아래).

었는데 이들을 맞이한 것은 죽음 같은 정적이었다. 척후병들은 서서히 해발 166미터의 스리바치산을 향해 전진하기 시작했는데 얼마 후 갑자기 은폐되어 있던 일본군 벙커와 진지로부터 총알이 쏟아졌다. 이오지마는 지하벙커와 땅굴이 거미줄처럼 얽혀 있고 잘 위장된 대포가 곳곳에 배치된 어마어마한 요새였던 것이다. 일본군의 포격과 기관총 세례에 미군은 속수무책으로 쓰러졌다. 평평한 화산섬지형은 몸을 숨길 구멍조차 허락하지 않았다. 결국 수많은 희생 끝에 미군은 대포와 전차, 화염방사기를 총동원해 무수히 많은 일본군 방어거점을 하나하나 찾아 공격해야 했다.

상륙 닷새째인 23일 미군은 스리바치산 정상에 가까스로 성조기를 꽂을 수 있었다. 하지만 미군이 이오지마섬을 완전히 장악한 것은 그로부터 한 달이 지난 3월 말이었다. 36일간 벌어진 전투에 미군은 병력 11만 명을 투입해야 했고 이 중 6821명이 죽고 2만 명 가까이가 부상했다. 옥쇄(玉碎, 명예로운 자결)작전을 편 일본군은 2만여 명이 죽고 1000여 명만이 포로로 잡혔다. 상륙전을 지휘한 홀랜드 스미스(Holland Smith, 1882~1967) 해병중장은 "해병대 역사에서 이만큼 처절한 전투는 없었다"고 회고했다. 2차 세계대전 중 해병대가 받은 84개의 명예훈장(Medal of Honor) 중 3분의 1이 이 전투에 참여한 군인들에게 주어졌다는 게 사실이 처절함을 잘 말해준다.

이오지마 전투에서 일본군이 보인 '옥쇄'는 일본계 미국인들을 수용소에 가둔 조치의 정당화논리로 동원되기도 했다. 『타임(Time)』은 이 혈투를 보도하면서 "보통의 일본인은 비이성적이며 무지하다. 그들도 아마 인간이겠지만 이를 나타내주는 증거는 아무것도 없다"고 썼다.

이오지마 사진의 정치학

스리바치산 정상에 성조기를 게양하는 해병들의 모습을 찍은 사진은 2차 세계대전에서 가장 유명한 사진이 되었다. 이 장면은 모든 미국인에게 일본에 대한 승리의 상징일 뿐 아니라 전쟁 전체의 승리의 상징이 되었다.

AP통신을 통해 전 세계로 알려진 이 사진을 찍은 조 로젠탈(Joe Rosenthal, 1911~2006)은 상금 500달러의 퓰리처상과 1000달러의 카메라상을 받았고 AP통신으로부터 보너스를 받았을 뿐만 아니라 유명인사가 되었다. 이 사진은 우표로도 등장하고 버터, 아이스크림, 소시지 등에도 사용되었다. 무게 100톤이 넘는 브론즈 기념비용으로 조각돼 알링턴 국립묘지에도 설치되었다.

그러나 유감스럽게도 이 사진은 연출된 것이었다. 그래서 『뉴욕타임스』 기자들은 로젠탈이 퓰리처상을 반환해야 한다고 요구하기도 했다. 이 연출을 지휘한 사람은 존슨 대령이었다. 어느 장성이 "이 사진만 있으면 미국 해병대는 앞으로 500년은 평안하고 무사할 것이다"라고 말했듯이 존슨은 무언가 극적인 효과가 필요하다고 생각했던 것 같다. 그는 최초의 깃발이 꽂히고 나서 몇 시간 뒤에 원래의 성조기보다 훨씬 큰 사이즈의 성조기를 가져오게 하고 6명의 해병을 차출해 뒤늦게 나타난 로젠탈로 하여금 사진을 찍게 했다. 바로 이런 연출이 역사를 만든 것이다. 하지만 이 사진 한 장이 가져온 파장은 존슨의 예상을 훨씬 뛰어넘는 것이었다. 이와 관련해 크놉(Knopp 1996)은 다음과 같이 말한다.

"2차 세계대전 말기에 미국이 긴급하게 필요로 했던 것은 영웅이었다. 그들이 원했던 것은 피비린내 나는 잔혹한 전쟁의 현실이 아니라 보는 사람의 기분을 고양시킬 수 있는 영웅적인 화면이었다. 즉 슬픔이 아닌 기쁨과 승리였다. …… 미국의 전면적인 승리는 이미 눈앞에 다가와 있었다. 하지만 마지막 전투가 남아 있었다. 그래서 일곱 번째의 마지막 전시(戰時)국채가 발행되기에 이르렀다. 이것을 팔아치우기 위해서는 인상이 강렬한 사진이 필요했다."

1945년에 발행된 이오지마 전투 기념 우표.

성조기를 꽂은 6명의 해병은 실제로 영웅대접을 받으며 금의환향했지만 그들이 내내 행복했던 건 아니다. 훗날 그들 가운데 한 명인 척 린드버그(Charles W. Lindberg, 1920~2007)는 이렇게 말했다. "그 사진에 대해 떠들어대는 것을 생각하면 그리고 알링턴의 기념비나 여러 우표를 생각하면 울컥 부아가 치밀지. 그 사람들이 나쁜 것은 아니야. 하지만 그 사람들이 그 깃발을 꽂았을 당시 스리바치산의 공격은 벌써 끝나 있었던 거야. 만약 기념비가 꼭 필요했다면 우리들이야말로 그럴 가치가 있지. 우리들이 기를 꽂았을 당시에는 아직 공격이 끝나지 않았어! 로젠탈은 퓰리처상을 반환해야 해!"

6명의 해병 중 한 명으로 '인디언과 백인의 화해'를 상징했던 인디언 아이라 헤이즈(Ira Hamilton Hayes, 1923~1955)는 존 웨인(John Wayne, 1907~1979)이 주연한 영화 〈이오지마의 모래(Sands of Iwo Jima)〉(1949년, 감독 앨런 듀언)에 직접 출연하는 등 선전을 위한 활동에 오랫동안 동원되었지만 나중엔 로젠탈을 만나 환멸을 토로했다. "모두 제게 술을 권하며 '영웅에게 축복이 있으라' 고 말한답니다. 저는 진절머리가 나요. 그때마다 진짜 영웅들이 숨겨간 모습이 생각나기 때문이지요. 저는 영웅이 아닙니다. 당신이 그 사진만 찍지 않았다면……" 헤이즈는 알코올중독자가 되었다. 인디언 사회복지가들은 그에게 직업훈련을 시키기 위해 어떤 회사의 사장에게 편지를 썼다.

"인디언 최고의 영웅 헤이즈를 보냅니다. 그는 스타가 되었다는 사실을 정신적으로 잘 소화하지 못하고 있습니다. 해병대를 떠난 이후 폭음을 하고 있습니다. 어떻게든 술을 그만 마시게 하려 했습니다. 하지만 그는 이오지마에 기를 꽂은 사건으로 죄책감을 안고 있습니다. 그때 죽어간 전우들을 생각하면 자신이 엄청난 거짓말을 하고 있다는 사실을 떠올리기 때문입니다."

'이오지마 편지'와 '제3자효과 이론'

2009년 9월 22일 『인터내셔널헤럴드트리뷴(International Herald Tribune)』은 이오지마 전투에 얽힌 영화보다 감동적인 스토리를 소개했다. 그 내용은 이렇다.

이오지마 전투에서 19세 미군 병사 프랭클린 홉스는 한 동굴 근처를 지나다 전사한 일본군을 발견한다. 홉스가 전사자에게 다가간 순간 눈에 들어온 것은 가슴팍에서 삐져나온 편지. 홉스는 읽을 수 없었지만 편지에 붙어 있는 갓난아기 사진에 마음이 움직여 전장기념품으로 그것을 가져온다. 사진은 홉스의 집에서 이리저리 옮겨 다니며 빛이 바래지만 수십 년간 아무도 사진 속 아이를 궁금해하지 않는다. 생계를 꾸리느라 바빴던 홉스는 재혼한 부인이 액자사진 속 아기에 대해 궁금해하자 이오지마를 떠올렸고 부인의 적극적인 도움으로 아기를 찾기 시작한다. 홉스 부부는 일본에 있는 친구와 영사관에 직접 수소문해 마침내 사진 속 아기를 만난다.

유복녀로 태어난 아기의 이름은 다케가와 요코. 얼굴 한 번 보지 못한 아버지가 그녀에게 남긴 건 '바다의 아이'라는 뜻의 요코라는 이름 하나뿐이었다. 아버지 사랑을 모르고 자란 그녀는 그에 대한 그리움도 없었다. 그런데 20대 후반에 미국으로 건너와 어엿한 사업가가 된 65세의 요코는 일본에 사는 언니로부터 뜻밖의 소식을 듣는다. 아버지로부터 편지가 왔다는 것. 요코는 발신처인 보스턴으로 한달음에 달려갔다. 요코와 홉스는 2009년 3월에 만났다. "요코가 차에서 내려 나를 안은 그 순간 깊은 감동을 느꼈습니다." 홉스는 언론과의 인터뷰에서 아직도 또렷한 당시의 기억을 되살렸다. "아버지가 죽는 순간까지 내 사진을 품고 있었어요, 가슴에 말이에요." 요코는 이전에는 아버지의 사망보상금으로 학교를 다닐 수 있어 고마울 뿐이었지만 이제는 아버지가 옆에 있는 것 같다고 말했다.

이오지마 전투는 커뮤니케이션학의 발전에도 적잖은 기여를 했다. 당시 일본군은 이오지마에 주둔하고 있던 흑인 사병과 백인 장교로 편성된 부대에 프로파간다를 살포했는데, 내용인즉슨 흑인 사병들에게 '투항하라'는 것이었다. 그런데 실제로 그 '삐라'의 내용에 영향을 받은 것은 흑인 사병들이 아니라 오히려 백인 장교들이었다. 그들은 흑인 사병들이 삐라 내용에 마음이 혹해져 혹시 탈주라도 할까 두려워 이튿날로 부대를 철수시켰다. 이 사건은 1949년과 1950년 사이에 프린스턴대학의 어느 역사학자가 2차 세계대전에 관한 기록을 검토하면서 주목을 받았다. 이것이 바로 커뮤니케이션의 '제3자효과 이론(대중매체의 영향력이 자신을 제외한 다른 사람들에게서 크게 나타날 것이라 예상함)' 이 나오게 된 배경이다.

제3자효과 이론은 오늘날 프로파간다나 정치영역뿐만 아니라 다양한 분야에 적용되고 있는데, 특히 전문적 지식을 갖춘 엘리트나 정책결정권자들에게 나타날 가능성이 높다고 한다. 데이비슨(W. O. Davison)이 1983년에 발표한 논문에 따르면, 서독의 기자들에게 '신문편집자들의 생각이 독자들에게 어느 정도로 영향을 미치리라고 생각하는가' 를 묻자 그들은 "신문논설은 나와 당신과 같은 사람에게는 별로 영향을 미치지 않겠지만 일반독자(나와 당신이 아닌)들은 상당히 영향을 받을 것이다"라고 답했다.

요코이 소이치와 오노다 히로

1972년 2월 괌 밀림 속에서 일본의 패망사실을 모르고 원시생활을 하고 있던 육군 하사 요코이 쇼이치(橫井庄一)가 구출되었다. 요코이 쇼이치는 자신을 발견한 사람이 일본 패망사실을 알려주자 "직속상관의 명령이 없는 한 끝까지 정글에서 항전을 계속할 것" 이라고 고집해 결국 상관이 현지에 가 '임무종료 명령' 을 내려야만 했다. 그는 일본에 도착한 직후 "부끄럽게도 (싸우다 죽지 못하고) 살아 돌아왔습니다"

괌에서 요코이 소이치가 지내던 은신처 입구.

라고 말해 영웅대접을 받았으며 일본인의 군국주의에 대한 향수를 자극했다.

그로부터 2년 후인 1974년 2월엔 필리핀 루방섬에서 육군 소위 오노다 히로(小野田寛郎)가 발견되었다. 오노다도 일본 국민으로부터 영웅대접을 받으면서 귀환했다. 그는 자신의 30년 전투를 자랑스럽게 이야기했다. 2년 전 귀환한 요코이는 총검도 녹슬게 관리한데다 하사관인 반면, 오노다는 장교인데다 총검도 조금도 녹슬지 않은 채 반짝반짝 빛나게 관리해 일본인들을 더욱 열광시켰다. 일본인들의 이런 기이한 복종심을 어떻게 설명할 수 있을까?

다케우치 요시미(竹內好, 1910~1977)는 '노예근성론'을 제기했다. 근대 일본의 민족성과 문화는 우수하긴 하지만 열등의식을 지닌 노예적 성격을 지닌 것이라는 분석이다. 그의 노예근성론은 일본의 서양 추수주의를 지적한 것이긴 하지만, 그건 강자 추종주의로 볼 수도 있을 것이다.

마루야마 마사오(丸山眞男, 1914~1996)는 '억압이양의 원리'를 제기했다. 천황제국가인 일본의 국가질서는 권위와 권력이 일체화된 천황을 중심으로 구성되는데 그 억압적 성격은 지위의 고저에 따라 낮은 쪽으로 이양된다는 것이다. 그는 "우리는 2차 세계대전에서 중국이나 필리핀에서 자행된 일본군의 포악한 행동거지에 대해서도, 그 책임의 소재는 어떻든 간에 직접적인 하수인은 일반사병이었다는 뼈아픈 사실에서 눈길을 돌려서는 안 될 것이다"라며 다음과 같이 말한다.

"국내에서는 '비루한' 인민이며 영내에서는 이등병이지만 나라 바깥에 나가면 황군(皇軍)으로서의 궁극적 가치와 이어짐으로써 무한한 우월적 지위에 서게 된다. 시민생활에서 그리고 군대생활에서 압박을 이양해야 할 곳을 갖지 못한 대중들이 일단 우월적 지위에 서게 될 때, 자신에게 가해지고 있던 모든 중압으로부터 일거에 해방되려고 하는 폭발적인 충동에 쫓기게 되는 것은 전혀 이상하지 않은 것이다. 그들의 만행은 그런 난무(亂舞)의 슬픈 기념비가 아니었을까."

커(Kerr 2002)는 무엇이건 극단으로 치달아야만 직성이 풀리는 극단주의에서 답을 찾았다. 그는 "외국의 분석가들은 관료주의와 대기업에 복종하도록 훈련된 국민이 일본산업의 근원이라 보고 일본을 우러러보아 왔다"며 "그러나 그것은 일본에 제동장치가 없다는 의미이기도 하다. 일단 정책이라는 엔진에 시동이 걸리면 멈출 수 없는 탱크처럼 앞으로 나아가기만 하면 되는 것이다. 이렇게 멈추는 능력이 없는 것이 2차 세계대전이라는 재앙을 일으킨 원흉”이라고 했다.

일본의 극단주의엔 명암(明暗)이 있다. 그건 일본을 동양에서 가장 앞서간 나라로 만들게 한 동력인 동시에 아시아, 특히 조선 민중에게 가장 몹쓸 짓을 하게 만든 ‘인간말종’의 작태를 저지르게 한 이유였다. 오늘날에도 일본에겐 자신의 극단주의를 통제할 자제력이 없다. 한국이 잘되어야 하는 이유도 바로 여기에 있다. 일본을 잘 타일러 옳은 길로 가게 하려면 어느 정도의 힘이 있어야 할 게 아닌가. 한국인들이 아직도 내부갈등과 분열에 가장 큰 에너지를 쏟고 있는 것은 한국뿐만 아니라 세계를 위해서도 불행한 일이다.

참고문헌 Benedict 1995 · 2000, Brinkley 1998, Hanson 2002, Kerr 2002, Knopp 1996, Murray 2000, Zinn 2001a, 강준만 2007-2008, 권혁남 1998, 마루야마 마사오 1997, 양승목 1997, 예영준 2005, 윤건차 2005, 이강수 1987, 이삼성 1998, 이창위 2005, 이철희 2008-2009, 채지은 2009

이오지마를 능가한 '한 편의 지옥도'
오키나와 전투

가족끼리 때려죽인 오키나와 집단자결

1945년 4월 1일부터 6월 21일까지 오키나와 전투가 벌어졌다. 황영식 (2007)은 "당시 미군과 일본군의 전투 하면 대개 산 정상에 성조기를 꽂아 세우는 해병들의 동상으로 유명한 이오지마 전투를 떠올리지만, 그 혹독한 상륙전도 오키나와 전투에 비할 바 아니었다"며 "군인들끼 리의 싸움이었던 이오지마에서와 달리 오키나와에서는 수많은 민간 인이 전투에 휘말렸고 그 때문에 전쟁터에서 떠올릴 수 있는 모든 비극이 한 편의 지옥도처럼 펼쳐졌다"고 말한다. 도대체 어떤 일이 벌어 졌기에 그렇단 말인가?

미국은 남북 120킬로미터에 불과한 오키나와 본도(本島)를 전함 1500여 척, 전투부대 18만 명을 동원해 공격했다. 오키나와의 일본군 은 현지 징집인원까지 합쳐 11만 명이었다. 이 전투로 미군 1만 2513 명이 숨지고, 3만 8916명이 부상했다. 일본군 전사자는 6만 6000명, 부

오키나와 민간인의 모습.

상자는 1만 7000명에 이르렀다. 민간인 희생자는 12만 명을 넘었다. 이 와중에 사망한 한국인 징병·징용 및 일본군위안부 피해자도 1만 여 명에 달했다. 작은 섬에서 석 달이나 전투가 계속되고 사망자가 많이 나온 것은 일본 군부가 미군의 전력을 약화시키고 본토로의 진격을 늦추기 위해 '결사항전'을 명령했기 때문이다.

　가장 끔찍한 건 사실상 일제의 강요로 인한 오키나와 주민들의 집단자결이었다. 1945년 3월 28일 오키나와현 자마미섬, 도카시키섬, 게루마섬에 미군이 상륙하자 800명이 넘는 주민들이 수류탄과 면도칼 등으로 사랑하는 가족들을 서로 죽이는 참극을 빚은 것이다. 이날 도카시키섬의 한 참호 안에서 벌어진 장면을 보자.

　"마을촌장이 '천왕폐하 만세'를 삼창했다. 16세 소년 긴조 시게아키는 죽음의 시간이 다가왔음을 절망적으로 직감했다. 일부 마을사람들과 방위대원들은 각자 가지고 있던 수류탄을 꺼냈고 그 가족들과 친척들은 빙 둘러 앉았다. 여기저기서 수류탄의 안전핀을 뽑아 터트리는 소리가 들렸다. 그러나 수류탄에 의한 죽음은 극히 적었다. 동굴 안에 모인 사람 수에 비해 수류탄 개수가 적은데다가 조작을 제대로 못하는 바람에 불발탄이 많았다. 마을사람들은 어떻게 하면 빨리, 확실하게 죽을 수 있을지 혼돈상태에 빠졌다. 그때 마을의 지도자 격인 50대 남자가 나뭇가지를 잘라 부인과 자식을 마구 때려죽이는 장면을 어린 긴조는 목격했다. 그 이후 면도칼, 끈, 곤봉, 돌 등 모든 게 사랑하는 가족들을 죽이는 흉기로 변했다. 긴조도 '형과 함께 어머니와 동생에게 손을 댔다' 며 '돌멩이로 어머니를 돌아가시게 했다' 고 말했다. 그 동굴에서 순식간에 329명이 사랑하는 가족들 손에 죽었다."

일본 해군의 상징 야마토의 침몰

1945년 4월 초 일본 전함 '야마토' 는 일본 해군연합함대 사령부로부터 오키나와 서쪽에 정박한 미군 함대를 공격해 미군의 상륙을 저지하라는 마지막 임무를 받았다. 도쿠야마항을 떠나는 야마토에 돌아올 연료를 주지 않았던바 일종의 '자살작전' 을 수행하라는 것이었다.

야마토는 1937년 제조에 들어가 1941년 실전에 투입된 전함이었다. 길이 263미터, 폭 38.9미터, 만재 배수량 7만 2000톤으로 당시 일본 전함 중 가장 크고 무거웠다. 구경 18.1인치짜리 주포 9문은 야마토의 주무기였다. 포탄 한 개 무게만도 1.3톤이 넘었다. 야마토는 일본 해군의 상징이었다.

1941년 9월, 일본 해군기지에서 공사 중인 야마토 전함. © Cure Naval Base

4월 7일 정오가 조금 지난 시각, 항공모함과 인근 공항에서 발진한 미 전투기 수백 대가 오키나와를 향하던 야마토와 호위함 10대에 달려들었다. 포탄과 어뢰가 야마토에 마구 쏟아지더니 오후 2시경 야마토가 가라앉기 시작했다. 몇 분 뒤 선미에서 거대한 폭발이 일어났으며 버섯구름은 6000미터 상공까지 피어올랐다. 배에 있던 선원 2788명 중 대부분이 숨지고 280명만 구조되었다. 연합군의 피해는 비행기 10대 격추에 사망자 12명에 그쳤다.

일본 교과서의 오키나와전 왜곡

오키나와 전투는 아시아·태평양전쟁 중 미군과 일본군 사이에 벌어진 최대 규모의 전투였지만, 동아시아 세 나라의 역사교과서에서 오키나와전은 '잊힌 전쟁'이나 다름없다. 자국사 중심의 서술을 택한 한국·중국의 역사교과서에 오키나와전은 아예 등장하지도 않는 반면, 일본 후소샤판 역사교과서는 23세에 오키나와에서 전사한 특공대원의 유서도 따로 소개하는 등 오키나와전을 '군국주의'에 대한 향수를 부추기는 영웅적 역사로 만들었다.

"일본군은 전함 야마토호를 출전시켜 최후의 해상특공대를 출격시켰지만 (미군의) 맹공을 받아 오키나와에 도달하지 못하고 격침되었다. 오키나와에서는 철혈근황대(鐵血勤皇隊) 소년과 히메유리(ひめゆり) 부대의 소녀들마저 용감히 싸워 …… 10만 명에 가까운 병사가 전사했다."

반면 도쿄쇼세키판 역사교과서는 "미군은 오키나와에 상륙해 격렬한 전투를 벌였다. 오키나와인들은 아이, 학생을 포함해 많은 희생자를 냈다"는 본문서술과 "이 전쟁에서 현민 희생자는 당시 현 인구의 4분의 1에 해당하는 12만 명 이상으로 추정된다"는 관련사진 설명문이 전부다. 이 교과서만 보자면 오키나와전 '희생자'의 실체는 전혀 짐작할 수 없게 되어 있다.

그 진실은 한·중·일 공동교과서 『미래를 여는 역사』(2006)에 기술되어 있다. 이 책의 저자들은 두 쪽에 걸쳐 오키나와전의 전개와 배경을 상세히 적었다. "사람이 폭탄을 안고 돌격한 특공대가 가장 많이 투입된 전투"라는 설명도 덧붙였다. 오키나와현 자료를 인용해, 미군

1만 2500명, 일본군 9만 4000명, 주민 9만 4000명이 전투 중 사망했고 이후 말라리아지대에 강제 이주되어 사망한 사람도 수만 명에 이른다고 적었다.

"주민사망자 중에는 전투에 휘말려 죽은 사람들뿐만 아니라 일본군에 의해 집단자결로 내몰려 죽은 경우와 스파이 혐의로 살해된 경우, 피난했던 참호에서 군대가 쫓아내 죽은 경우가 다수 포함됐다"고 밝혔다.

1990년대 들어 오키나와에 세워진 '평화의 주춧돌' 에는 가해자·피해자를 가리지 않고 23만 9209명의 전사자 이름이 새겨져 있고 이 가운데는 한국인 341명, 대만인 28명 등의 이름도 있다고 소개했다. "한반도에서 무려 1만 명이 (오키나와로) 끌려와 진지구축과 탄약운반에 동원됐고, 100개가 넘는 오키나와의 군 '위안소' 에 조선 여성 다수가 일본군위안부로 수용됐다"고 적었다.

안수찬(2005)은 "『미래를 여는 역사』는 이런 서술을 통해 오키나와전의 '희생자' 가 누구인지를 분명히 했다"며 "변방의 주민으로 지내다 '총알받이' 로 내몰린 오키나와 주민, 일본군에 의해 강제로 끌려온 한국인·대만인 등 식민지주민 그리고 군국주의에 세뇌당해 스스로를 '소모전' 에 바친 어린 병사들이 이 전쟁의 희생자"라고 말한다.

박중현(2005)은 "일제는 오키나와인들에게 '천황제' 와 '집단자결' 이라는 허구적 이데올로기로 죽음을 강요하거나 사지로 몰아넣었다"며 "최근 일본 우익의 역사왜곡은 수많은 사람을 다시 전쟁의 문법에 꿰맞추기 위한 시도다. 동아시아인들이 이를 우려하는 것은 내가 사는 땅이 제2의 오키나와가 되고 나 자신이 '집단자결' 의 대상자가 될 수 있기 때문이다"라고 말한다.

'살아남는 게 두려운 이상한 상황'

2007년 3월 30일 일본 문부과학성은 오키나와전의 가장 처참한 사건인 주민들의 집단자결과 관련해 "일본군에 의한 강제 또는 명령은 단정할 수 없다"며 고등학교 역사교과서에서 '일본군의 강제'라는 기술을 삭제하도록 하는 검정결과를 발표했다.

2007년 4월 27일 한겨레 기자 김도형이 오키나와현 나하시 '나하중앙교회'에서 만난 긴조 목사는 62년 전 오키나와 전투 때의 집단자결에 대한 교과서 기술에서 '일본군에 의한'이라는 주체가 삭제된 것에 대해 강한 분노를 표시했다. 앞서 본 바와 같이, 그 광란의 현장에서 살아남은 그는 당시 주민들을 지배했던 '군·관·민 공생공사'라는 말이 집단자결을 읽는 주요 열쇳말이라고 말했다. 황민화교육으로 주민들 온몸에 새겨진 미군에 대한 적개심이 실제상황이 되자 공포심으로 변했다는 것이다.

긴조는 "당시 일본군에 끌려온 조선인이 배가 고파 밭에서 고구마를 캐 먹다 총살당하고 오키나와 방언을 사용한 주민들이 스파이 혐의로 처형당하는 등 일본군은 마을의 모든 것을 지배했다"며 일본군이란 배경이 없었으면 수백 명이 한꺼번에 죽는 일은 없었을 것이라고 강조했다. 그는 일본이 회상하기 싫은 과거의 잘못을 지워버리려 하는 것은 심각한 문제라고 개탄하면서 다음과 같이 말했다.

"수학여행을 온 학생들에게 그때의 체험을 이야기해주면서 '살아남은 게 두렵다는 것은 체험자 이외에는 모를 것'이라고 하자 학생들이 눈물을 흘리면서 감상문에 '아무리 전쟁이라고 해도 가족들에게 손을 대는 것은 있을 수 없다'고 썼다. 그게 정상적인 감각이다. 그때 우리의 상황은 살아남는 게 두려운 이상한 상황이었다."

2007년 9월 29일, 오키나와 주민들이 기노완시 카이힌 공원에서 2차 세계대전 말기 주민 집단자결 사태의 일본군 강요내용을 삭제한 정부 교과서 검정에 항의하는 대규모시위를 벌였다. 참가자가 11만 명에 이르렀는데, 오키나와현 전체 인구가 130여 만 명이니 거의 10명 중 1명 꼴로 참가한 셈이다. 이 숫자는 1995년 주일 미군의 일본 소녀 폭행사건에 대한 항의집회 당시 참가자 8만 5000여 명보다 많은 것으로, 1972년 미국의 오키나와 반환 이후 최대 규모의 주민집회로 기록되었다. 집단자결에서 살아남은 사람들이 등장해 스스로의 체험을 바탕으로 "주민들의 집단자살에 일본군이 직접 관여했다"고 증언하기도 했다.

2008년 3월 28일 일본 오사카 지방재판소는 오키나와 전투에 참가했던 일본군 지휘관들이, '군이 오키나와 집단자살을 지시했다'고 기술한 노벨문학상 수상작가 오에 겐자부로(大江健三郎)의 책을 문제 삼아 제기한 명예훼손 손해배상청구를 기각했다. 후카미 도시마사(深見敏正) 재판장은 "명령을 했다고 단정할 수는 없으나 '명령이 있었다'고 믿을 상당한 이유가 있다"고 판시했다. 재판장은 "자결용 수류탄이 배분되었으며 일본군이 주둔하지 않은 섬에서는 집단자결이 없었다"는 점을 근거로 들었다.

일본에 대해 너그럽고 싶은가? 한국의 반일감정을 경멸하고 싶은가? 그렇다면 역사를 알려고 들지 말아야 한다. 혹 오다가다 들은 게 있더라도 곧 잊어야 한다. 역사를 제대로 알고선 일본에 대해 너그러울 수가 없다. 물론 오늘의 일본인은 가족끼리 때려죽인 오키나와 집단자결사건에 대해 아무런 책임이 없다. 그러나 직접적인 책임만 없을 뿐, 일본 정부와 우익의 교과서왜곡에 침묵한다면 스스로 간접적인 책임을 지겠다는 것과 같다. 일상적 삶에서는 지구상에서 둘째가라면 서러울 정도로 선량한 일본인들의 적극적인 양심회복운동을 전 지구적 차원에서 전개해야 할 이유도 여기에 있다. 그들 영혼의 건강을 위해서다.

참고문헌 김도형 2007, 김범수 2008, 김철훈 2007, 박중현 2005, 안수찬 2005, 이헌재 2008, 한중일3국공동역사편찬위원회 2005

제2장

일본분단의 대용품이 된 한국

루스벨트 · 무솔리니 · 히틀러 사망
제33대 대통령 해리 트루먼

미 · 영 · 소 3국정상의 얄타회담

루스벨트는 1944년 대선에서 55퍼센트의 투표율로 공화당후보 토머스 듀이(Thomas E. Dewey, 1902~1971)를 일반투표에서 53.5퍼센트 대 46퍼센트, 선거인단투표에서 432대 99로 누르고 4선에 성공했다. 루스벨트가 네 번 연속 대통령에 당선된 데에 질린 공화당은 대통령임기를 1회 연임으로 제한한 수정헌법 제22조를 추진하지만, 이는 1947년에서야 채택돼 1951년부터 발효됨으로써 오히려 2차 임기만료 시 폭발적 인기를 누리고 있던 공화당 대통령 아이젠하워의 3선 길을 막아놓는 결과를 초래한다.

4선 대통령 루스벨트는 1945년 2월 4일부터 8일간 흑해의 휴양지 얄타에서 영국의 처칠, 소련의 스탈린과 3국 정상회담을 갖고 소련의 대일(對日) 참전과 전후처리 문제를 다루었다. 이 회담에서 소련은 180일 이내에 일본과의 전쟁에 들어가겠다고 약속한 대가로 동북아

알타회담에 참석한 (왼쪽부터) 처칠, 루스벨트, 스탈린.

에서 사할린 등 제정러시아시대의 구 영토와 만주에서의 여러 권익회복을 보장받았다.

당시 루스벨트는 건강이 좋지 못했다. 그가 가장 신경 쓴 것은 소련이 일본에 선전포고를 해 그 지역의 전쟁을 빨리 종결짓는 것이었다. 당시 미국은 일본의 전력을 과대평가하고 있었다. 일본의 군사력은 일본 본토에 200만 명, 서남아시아와 태평양군도에 100만 명, 한국·만주·대만에 200만 명(한국 주둔군 36만 5000명) 등 모두 500만 명이나 되었기 때문에 일본을 패배시키는 데 시간이 오래 걸릴 뿐만 아니라 미국의 피해가 클 것이라고 생각했던 것이다. 그래서 소련의 참전을 원했다.

알타회담 기간 중 루스벨트는 스탈린과 나눈 비공식 대화에서 한국에 대한 신탁통치를 제의했다. 스탈린이 "한국인들이 그들 스스로 만족할 만한 정부를 세울 수 있다면 탁치가 필요하겠느냐"고 말하자 루스벨트는 "필리핀이 자치정부를 준비하는 데 약 50년이 소요되었다. 한국의 경우에는 그 기간이 20년 내지 30년일 수 있다"고 답했다. 이에 스탈린은 "그 기간이 짧을수록 좋다"고 말했다.

카이로와 얄타의 차이를 한 가지 들자면, 세력이 약화된 중국의 장제스(蔣介石, 1887~1975)가 얄타회담에 초대받지 못했다는 점일 것이다. 장제스는 한국을 잘 아는데다 무슨 야심에서 비롯됐건 한국의 독립을 옹호한 인물이었기에 그의 불참은 한국엔 불행이었다는 시각도 있다. 어쨌든 루스벨트는 카이로회담 직후 사적 대화에서 장제스도 한국을 25년간 후견하에 두는 것에 합의했다고 말했다.

당시 미·영·소 3국 가운데 특히 미국은 한국에 대해 무지하고 무관심했다. 당시 미 국무장관이었던 에드워드 스테티니어스(Edward Reilly Stettinius, Jr., 1900~1949)는 얄타회담을 앞두고 부하직원에게 한국이 도대체 어디에 박혀 있는 나라인지 아느냐고 물었다.

'한국인'과 '파벌주의'는 동의어

게다가 미국은 한국을 깔보고 있었다. 신복룡(1991)은 "한국에 대한 미국의 원초적 무지와 무관심 그리고 한국에 대한 제국적 오만"에 대해 비판적인 자세를 취하면서도 미국이 한국을 그토록 비하한 데 대해선 한국인 자신이 상당한 책임을 져야 한다고 말한다.

"이미 1920년대에 상해 임시정부에는 27개의 정당·사회단체가 난립하여 최악의 분파주의를 노정했고 이러한 현상은 그 후에도 지속되

어 해방 직전 미국전략정보국(OSS; Office of Strategic Services)의 정보보
고서는 임정의 분열상과 해방 이후 임정요인들의 수권능력의 불신에
관한 설명으로 가득 차 있다."

차기벽(1998)도 '한국민족주의 내지 민족운동의 으뜸가는 특징' 으
로 '내부분열' 을 지적하면서 그 이유를 '반봉건투쟁의 미완수와 자
신상실(自信喪失)' 에서 찾는다.

마이클 브린(Michael Breen 1999)도 항일투쟁을 하는 한국 민족주의
자들의 분열상을 지적한다. 그는 "한국 민족주의자들이 아무런 독립
노력을 기울이지 않았다는 뜻이 아니다. 안타까운 것은 이들이 좌우
세력 간 노선대립으로 갈가리 찢겨 있었다는 사실이다. 대외창구가
일원화되지 않아 10인 10색의 주장을 폈을 뿐인 것이다"라며 다음과
같이 말한다.

"서양 강대국들이 지정학적 · 경제적 이해를 위해 수백만 명의 병
력을 지구 반대편으로 바삐 움직이고 있을 때, 한국의 독립운동 세력
은 너무나 제각각 목청을 높였던 것이다. 세상을 몰랐던 것일까. 한국
민족주의자들은 너무나 까다로웠고 자기 아집에만 얽매여 있었다. 그
들에겐 연합전선구축이나 일관된 주장을 펼쳐야 한다는 생각이 전혀
없었다. '한국인' 이란 말은 심지어 국제사회주의 운동 세력들 사이에
서조차 '파벌주의' 라는 말과 동의어가 되고 있었다. 지도자의 분열이
분단의 한 요인이라는 비난을 피하기 어려운 대목이다."

독립운동 세력 내부의 극심한 분열상은 그들이 처해 있던 상황이
그만큼 어렵고 열악했다는 반증으로도 볼 수 있지 않을까? 이런 물음
은 애써 자위하는 것으로 비칠 수 있지만 독립운동가들이 처해 있던

객관적 조건이 최악이었다는 건 분명한 사실이기에 당시 상황에 대한 균형감각을 갖는 일도 필요할 것이다.

루스벨트 사망, 해리 트루먼의 등장

1945년 4월 12일 루스벨트는 조지아 주 웜스프링스(Warm Springs)에 있는 자신의 별장에서 오랜 세월 비밀리에 연인관계를 유지해온 루시 러더포드(Lucy Rutherfurd, 1891~ 1948)와 함께 휴식을 취하다 뇌일혈로 쓰러져 사망했다. 루스벨트는 아내인 엘리너 루스벨트(Anna Eleanor Roosevelt, 1884~1962)가 워싱턴을 떠날 때면 곧잘 애인 러더포드를 백악관으로 불러들이곤 했는데 최후의 순간도 불륜의 현장에서 맞이한 것이다.

제33대 미국 대통령 해리 트루먼.

해리 트루먼(Harry S. Truman, 1884~1972)은 부통령이 된 지 불과 82일 만에 제33대 대통령에 취임했다. 언론은 대부분 루스벨트의 큰 자리를 트루먼이 어떻게 채울 수 있을까 우려했다. 트루먼의 대통령 승계를 알리는 기자회견장에서 어느 기자가 "도대체 트루먼이 누구지"라고 투덜댔다는 일화만 보더라도 당시 미국인들의 불안이 어떠했을지는 짐작하기 어렵지 않다.

하긴 누군들 루스벨트가 12년간의 집권으로 남긴 거대한 유산의 그늘에 가리지 않을 수 있었으랴. 훗날 우경화에 앞장선 공화당의 로널드 레이건 대통령조차 자신을 루스벨트와 동일시할 정도로 루스벨트는 미국사에서 우뚝 선 인물이었다.

게다가 트루먼은 당초 민주당 내 부통령 지명과정에서 최적의 인물로 선택된 것이 아니라 진보파 헨리 월리스(Henry A. Wallace, 1888~1965)와 보수파 제임스 번스(James F. Byrnes, 1879~1972)의 각축 중에 중도파로 있다가 어부지리로 부통령 자리를 얻었다. 뿐만 아니라 트루먼은 대학에도 가지 못했고 카리스마도 없었다. 비음이 섞인 단조로운 목소리도 전임대통령의 풍부한 바리톤에 훨씬 못 미쳤다. 루스벨트 같은 뛰어난 재치나 매력적인 재담꾼의 기질도 없었다. 농부로서의 자질만 풍성했다. 그의 어머니는 자기 아들보다 밭고랑을 더 반듯하게 갈 수 있는 사람은 없다고 자랑하곤 했다.

사정이 그러했으니 트루먼이 루스벨트가 이미 임명해놓은 각료들을 장악하긴 어려운 일이었다. 특히 국무장관 제임스 번스와는 사사건건 부딪쳤고 상무장관이자 전 부통령인 헨리 월리스와의 관계도 껄끄러웠다. 월리스가 1946년 9월 트루먼의 대소(對蘇) 강경책을 공개적으로 비판하고 나서자 트루먼은 그를 즉각 해임해버렸다. 그가 행정부를 완전히 장악해 자기 목소리를 내기 시작한 건 1948년 재선 승리 이후다.

그러나 그 어떤 문제에도 불구하고 트루먼에겐 투철한 현실주의 감각과 배짱이 있었다. 아니, 오히려 너무 지나쳐서 문제였다. 이는 큰 정치적 부담을 안고 민주당 실세였던 월리스의 목을 자른 일화가 잘 말해주고 있다. 그는 "옳은 일이면 무엇이든 하겠다"느니 "그들을 혼내주겠다"는 말을 자주 했다. 나름의 역사의식도 있었다. 처음 대통령이 된 후 몇 달 동안 트루먼은 역사상 어떤 대통령보다 더 어렵고 중요한 결정들을 많이 내려야 했다. 그는 화도 잘 내고 욕도 잘하고 고집도 셌다. 그러나 그 고집이 비교적 옳은 방향일 경우 '소신'이 되었다.

트루먼의 등장은 루스벨트가 신봉했던 국제주의의 종식을 전제로 한 미국 외교정책의 전면적 변화를 예고하는 것이었다. 무엇보다도 트루먼은 인종주의적 편견이 매우 강한 인물이었다. 그가 젊은 시절에 쓴 편지들에는 여러 소수민족계 사람들을 비하한 인종주의적 표현이 흘러넘쳤다. 그는 반소(反蘇)감정도 매우 강해서 이미 상원의원 시절에 소련인들을 "히틀러나 알 카포네처럼 신뢰 못할 인간들"로 묘사했으며 "독일인들과 소련 사람들이 피가 다 빠질 때까지 싸웠으면 좋겠다"는 독설도 서슴지 않았다.

트루먼은 국제주의적인 협상과 타협을 비도덕적인 것으로 간주했으며 자유세계의 방위를 위해서는 소련이라고 하는 '세계적인 깡패'에 대해 십자군적인 자세를 취해야 한다는 신념을 지니고 있었다. 트루먼의 대소 강경책은 약 2년 후에 구체적인 형태를 띠게 되는데 여하간 그의 대통령 취임을 계기로 미국의 외교정책은 소련의 팽창주의를 봉쇄하는 쪽으로 서서히 전환되기 시작했다.

루스벨트가 죽은 후 엘리너는 남편 생가 옆 동네에 지어둔 발킬(Val-Kill)이라는 이름의 시골집에서 17년을 더 살았는데 트루먼 대통령의 요청으로 6년간 유엔총회 미국 대표단장을 역임하는 등 공직생활을 하기도 했다. 1962년 78세로 생을 마감한 그녀는 국민들 마음에 헌신적이고도 박애적인 영원한 퍼스트레이디로 깊이 각인됐으며 1997년 워싱턴 D.C.에 건립된 프랭클린 루스벨트 기념관에 퍼스트레이디로는 최초로 동상이 세워지기도 했다.

무솔리니의 최후

이즈음 일제와 마찬가지로 유럽 파시즘도 몰락하고 있었다. 이탈리아의 참전은 큰 과오였다는 것이 곧 드러났다. 이탈리아군은 곳곳에서 연전연패를 당했다. 1942년 말 베니토 무솔리니(Benito Mussolini, 1883~1945)의 병색이 완연해졌고 1943년 1월에는 아예 거동이 불가능할 정도로 악화되었다. 그런 가운데에도 무솔리니는 독일과의 동맹에서 탈퇴하기 위해 몸을 추슬러 1943년 7월 19일 북이탈리아 펠트레(Feltre)에서 히틀러를 만났지만 히틀러는 무솔리니를 놓아주려고 하지 않았다. 페스트(Fest 1998)는 다음과 같이 말한다.

"히틀러는 도무지 아무 말도 들으려 하지 않았다. 온갖 설득력을 다 동원해서 그는 독일 장군들 틈에 낀 무솔리니에게 참고 견디라고 설득했다. 세 시간 동안이나 그는 그 자리에 배석한 통역의 수고를 구하지도 않고 독일말로 창백하고 집중하지 못하는 무솔리니를 향해 떠들었다. 로마에 떨어진 최초의 대규모공습이라는 극적인 소식이 히틀러의 장기적인 전망들보다 더 무솔리니의 관심을 끌고 있었다. 싸우다가 이기거나 몰락하는 것만 가능하다는 게 히틀러의 문장에 들어 있는 유일한 생각이었다. …… 그러나 무솔리니는 침묵할 따름이었다. 그가 일생 동안 그토록 쉽게 빨려들곤 하던 역사의 유혹적인 부름도 단순한 자기주장 의지도 그를 체념에서 다시 끌어내지 못하는 듯했다. 로마로 돌아간 다음 며칠 동안에도 그는 수동적인 상태 그대로 남아 있었다. 다른 모든 사람들처럼 자신도 몰락이 눈앞에 닥쳐왔다는 사실을 느끼고 있었으면서도 말이다."

그 잔인한 독재자가 몰락의 순간에는 그처럼 '순한 양'이 될 수 있다는 게 흥미롭다. 그는 쿠데타 음모를 알았으면서도 대응하지 않고 내버려두었다. 대응을 주장하는 측근에게도 침묵을 명했다. 그는 1943년 7월 어느 날 순순히 체포되었다. 체포된 무솔리니는 독일군에 의해 구출돼 독일이 북이탈리아에 세운 꼭두각시 정부의 수반으로 임명되었다. 이때의 무솔리니의 행동에 대해 페스트는 다음과 같이 말한다.

"그는 별다른 관심도 없이 권력에 복귀되는 것을 받아들였다. 10월에 그는 트리에스테, 이스트리아, 남부 티롤, 트렌토, 리비아나를 독일에 넘겨주어야 했다. 아무런 동요도 없이 그렇게 했다. 그는 근본적으로 고향인 로마냐로 돌아가고 싶다는 소망밖에는 없었다. 그의 생각은 종말만을 향했다. 그가 사로잡혀 있는 동안 그에게 사인을 청한 어떤 숭배자에게 그는 '패배자 무솔리니(Mussolini defuncto)'라고 적어주었다."

무솔리니는 연합군이 진주해오자 변장을 하고 도피행각을 벌였지만 이탈리아 빨치산들에게 잡혀 총살당한 후 밀라노 광장에 거꾸로 매달린 형상으로 전시되는 비참한 운명의 주인공이 되고 말았다. 엄창현(1996)에 따르면 "1945년 4월 28일 공산계열 파르티잔(partisan, 빨치산)들이 무솔리니와 그의 정부(情婦) 클라라 페타치를 코머 호숫가에서 살해했다. 얼마 후 그는 그의 정부와 함께 거꾸로 매달렸다. 정부의 치마가 뒤집어지면서 치부가 드러났다. 지나가던 노파가 혀를 끌끌 차면서 드리워진 치마를 다리 사이로 끌어올려 치부를 가려주었다."

무솔리니의 최후는 히틀러에게도 큰 영향을 미쳤다. 그는 이미 여러 번 소련군에게 잡혀 모스크바로 끌려가서 '원숭이우리'에 갇힌 채 분노한 민중의 '구경거리'가 될지도 모른다는 두려움을 표현하곤 했다. 이제 그런 두려움이 더욱 커지면서 히틀러는 자살을 생각하기 시작했다.(Fest 2005)

히틀러의 최후

1945년 4월 30일, 히틀러 군대의 폴란드 침공으로 2차 세계대전이 시작된 지 5년 8개월 만에 히틀러는 베를린 지하 벙커에서 정부 에바 브라운(Eva Braun, 1912~1945)과 함께 자살했다. 5월 1일, 히틀러가 '전장에서 죽었음'을 알리는 공식보고를 마지막으로 수행한 괴벨스(Paul Göbbels, 1897~1945)는 자기 아내와 여섯 자식들에게 청산가리독약을 나누어 줘 전 가족을 몰사시켰다.

5월 7일 독일 대표는 연합군본부가 있는 프랑스 랭스에서 공식적으로 무조건항복 문서에 서명했다. 이로써 유럽에서의 2차 세계대전은 공식적으로 종결되었다. 아직 끝나지 않은 태평양전쟁까지 합하면 이 시기 전쟁으로 인해 희생된 인명은 3500만 명에서 5000만 명에 이른다. 유대인 사망자 600만 명, 소련의 민간인 사망자가 2200만 명에 달한 가운데 미국은 전사자 30만 명, 부상자 70만 명을 기록했다.

히틀러가 일으킨 전쟁으로 인해 사망한 독일인은 모두 680만 명. 전쟁 막바지에 연합군의 폭격으로 사망한 사람만도 30만 명에 부상자

(중상)는 거의 100만 명에 이르렀다. 독일도 더 이상 전쟁을 감당할 수 없는 지경에까지 내몰렸던 것이다. 만약 히틀러가 1938년에 전쟁을 멈추었더라면 그는 인류역사에 어떻게 기록되었을까? 히틀러는 비스마르크(Otto Eduard Leopold von Bismarck, 1815~1898) 이래 독일 최고의 지도자로 추앙받았을 것이라고 생각하는 사람들도 적지 않다.

그러나 멈춰야 할 지점에서 멈추지 못하는 것이 바로 히틀러의 특성이었다. 이는 1941년 6월 22일에 시작한 소련 침공이 12월에 이르러 교착상태에 빠지자 히틀러가 난데없이 대미(對美) 선전포고를 하는 그야말로 '미친' 결정을 내린 데에서도 찾아볼 수 있다.

파국으로 치닫기 위해 태어난 인물! 나중에 밝혀진 바에 따르면, 죽기 전 히틀러는 이미 '망가져 끝난 사람'이었다. 몸의 왼쪽부위에 마비증세가 있어 왼쪽 팔다리를 전혀 사용하지도 못했다. 히틀러는 자살 직전 "아무도 사실을 말해주지 않고 모두 나를 속였다. 군부도 거짓말을 했고 친위대도 나를 곤경으로 밀어넣었다"고 말하면서 얼굴이 붉으락푸르락해 금방 발작을 일으킬 것 같았다고 한다.

히틀러는 죽는 순간까지도 의식(儀式)에 대한 집념은 포기하지 않았다. 에바 브라운과의 '동반자살을 위한 결혼식'이라는 것도 그런 의식의 일환이었을 것이다. 페스트는 히틀러의 최후에 대해 다음과 같이 말한다.

"마지막 몇 주 동안 히틀러는 '모스크바 동물원에 전시' 되거나 '유대인이 연출한 연극'에 주연으로 출연해야 할지 모른다는 걱정들을 여러 가지로 표현했다. 이러한 걱정들은 4월 29일 무솔리니의 최후에 대한 소식이 들어오면서 더욱 강해졌다. …… 그는 자신의 유해가 적의 손에 넘어가지 않도록 보살펴달라고 부탁했다. …… 히틀러는 준비된 독약이 신속하고 확실하게 죽음을 불러오지 못할까 봐 두려웠다. 그래서 약물의 효과를 자신의 사냥개에게 시험해보라고 명령했다. …… 1945년 4월 30일, 4시 반 직전이었다. …… 살아남은 대부분의 벙커 생활자들의 진술에 따르면 단 한 방의 총성만 울렸다. …… 히틀러는 무너져 앉은 모습으로 피로 더럽혀진 손을 소파 위에 내려뜨리고 있었고 옆에는 사용하지 않은 리볼버 권총을 무릎 위에 놓아둔 채 그의 아내가 죽어 있었다. 그녀는 독약을 먹었던 것이다. …… (친위대 보초부대 지휘자인) 라텐후버는 시체를 뜰로 옮기라고 명령했다. 그곳에서 그는 준비된 휘발유를 시체 위에 뿌리고 사람들에게 장례식을 위해 모이라고 불렀다. …… 불길이 높이 솟아올라 시체를 휘감았을 때 모든 사람들은 반듯한 자세로 서서 한 손을 쳐들어 경례했다."

'제국의 부활'

무솔리니와 히틀러의 최후는 '미국의 세기'를 입증하는 제의(祭儀)와도 같았다. 2차 세계대전은 미국이라고 하는 새로운 제국의 위력을 과시한 전쟁이 아니었던가. 1945년 5월 유럽에 파견된 미군은 350만 명에 이르렀는데, 미군의 선진적인 무기는 제쳐놓더라도 미국이 아닌 그 어떤 나라가 그렇게 많은 인력을 다른 나라들에 보낼 수 있단 말인가. 전쟁 중인 1944년 미국의 달러는 국제적인 주도통화이자 보유통화로서의 위상을 갖게 되지 않았던가.

미국의 그런 패권을 로마 제국에 이은 '제국의 부활'로 보는 벤더(Bender 2006)는 "미국이 2차 세계대전에 참전하자 소련과 중국을 제

무솔리니 정권에서 망명한 이탈리아계
화학자 엔리코 페르미(Enrico Fermi).
86페이지 참조.

외하고는 지휘권이 거의 자동적으로 미국에 귀속되었다. 오랫동안 전
쟁의 주된 부담을 담당했던 영국도 하위 파트너의 역할이 되었다"며
다음과 같이 말한다.

"미국은 필요한 모든 것을 갖추고 있었고 모든 것을 생산할 수 있었
다. 미국은 거의 혼자서 일본에 승리를 거뒀으며 미국의 아이젠하워
장군이 유럽의 야전총사령관을 맡았다. 계획과 결정에 있어서 처칠이
큰 무게를 지니긴 했지만 최종결정권은 루스벨트에게 있었고 전쟁이
오래 계속될수록 이런 양상은 더 짙어졌다. 드골이 군사적·정치적으
로 엉뚱한 일을 저지르면서 이탈리아의 아오스타계곡 일부까지 점령
하고 합병하려고 시도했을 때, 트루먼 대통령은 프랑스 군대에 대한

보급을 차단하겠다는 위협으로 그를 정신 차리게 했다. 그러나 한편에서는 드골이 프랑스 탱크사단의 선두에 서서 첫 번째로 파리에 입성하도록 허락한 것도 미국이었다. 호의와 처벌, 그만한 권력을 지닌 위치에서는 높은 권력의식이 생길 수밖에 없었다."

게다가 미국은 슬기롭기까지 했다. 전쟁이 끝나자 소련은 독일의 설비와 시계를 소련으로 대량운반 하려 한 반면, 미국은 수천 명의 과학기술 전문가들을 독일에 파견해 독일의 인재들을 물색했고 100여 대의 비행기를 동원해 2000여 명의 과학자들을 미국으로 데리고 왔다. 이에 감명받은 중국 CCTV 다큐멘터리 〈대국굴기(大國崛起)〉(2007) 제작진은 "이는 세계 어떤 나라에서도 유례를 찾아볼 수 없는 일이었다"며 다음과 같이 말한다.

"이러한 엘리트들의 유입으로 미국은 2차 세계대전 후 더욱 급속한 발전을 거듭했다. 2차 세계대전이 종결된 후 미국이 취득한 과학기술 성과 중 80퍼센트는 미국으로 이민 온 외국인재들의 손에 의해 완성되었다. 미국 핵무기의 연구제조, 아폴로의 달착륙 계획, 컴퓨터의 탄생과 운용은 대부분 외국과학자들에 의해 실현됐던 것이다. 비록 이러한 과학기술자들이 미국으로 이민 온 것은 전쟁 때문이었지만 역사적인 기회가 특별히 미국에 많이 주어졌던 이유는 미국이 인재를 갈구하고 중시했기 때문이다."

참고문헌 Bender 2006, Breen 1999, CCTV 2007, Chafe 1986, Davis 2004, Eatwell 1995, Fest 1998 · 2005, Hunt 2007, Kessler 1997, Laqueur 1997, Leuchtenburg 1983, Marton 2002, McCullough 1997, Nye 2000, Oberdorfer 2002, Thurow 1997, 김봉중 2006, 김정환 1995, 김창훈 2002, 김학준 1996, 나윤도 1997~1998, 박석원 2000, 신복룡 1991, 엄창현 1996, 이우진 1996 · 1998, 이현희 1998, 차기벽 1998, 히라야마 타쯔미 1999

사망 21만 명, 피폭 26만 명
히로시마 · 나가사키 원자폭탄 투하

미 · 영 · 중 3국 정상의 포츠담회담

1945년 7월 26일 독일 베를린 교외의 포츠담에서 열린 미국(트루먼), 영국(처칠), 중국(장제스) 3국 정상회담은 일본에 대한 무조건항복 요구와 소련의 참전문제를 논의했다. 다음 날 발표된 '포츠담선언'은 "한국이 적당한 시기에 독립되어야 한다"는 '카이로 선언'의 내용을 재확인했다. 소련의 서기장 스탈린도 8월에 이 회의에 참여하여 선언문에 서명했다. 그러나 미국은 한국 문제에 대한 토의 자체를 거부함으로써 종전 후 신탁통치문제에 대한 혼란을 초래했다.

7월 15일 포츠담에 도착한 트루먼은 16일 저녁 뉴멕시코 사막에서의 원자폭탄실험 성공소식을 접했으며 이를 18일 처칠에게 그리고 24일 스탈린에게 비공식적으로 알렸다. 원폭실험 성공에 고무된 트루먼은 순식간에 거만해졌고 포츠담회담은 미국의 독무대가 되었다. 훗날 처칠은 "트루먼은 소련에 사실상 지시를 내릴 정도로 완전히 달라진 사

포츠담의 세실리엔호프 궁전 정원에서 (왼쪽부터) 클레멘트 애틀리(1945년 영국 수상 당선자), 트루먼, 스탈린.

람이 되었다"고 회고했다. 소련은 내심 이를 갈면서 첩보기관을 총동
원해 미국의 핵개발계획에 참여했던 과학자들을 끌어들여 4년 후 미
국과 똑같은 수준의 원자폭탄 실험에 성공한다.

포츠담회담에서 트루먼이 스탈린보다는 처칠을 더 경계했다는 게
흥미롭다. 트루먼의 품평에 따르면, 스탈린은 정직하고 '아주 좋은'
사람처럼 보였는데 처칠은 '나의 조국이 얼마나 위대한가' 만 떠벌렸
다는 것이다. 트루먼은 자기가 말할 때 눈을 마주 바라보는 스탈린의
모습을 좋아하는 등 스탈린에게 홀려버렸다는 주장도 있다.

포츠담회담이 열리고 있을 즈음 조선에서는 일본 경찰의 자세에 변

화가 일기 시작했다. 한승격의 증언이다. "포츠담선언은 절대 보도하지 못했죠. 근데 포츠담선언을 단파로 들은 사람이 말했다가 몇 십 명 붙잡혀 들어가 혼났습니다. …… 나가서 강하게만 하지 말아달라고 고등계주임이 얘기하는 것을 보고 그때 벌써 감이 다르구나 이런 생각이 들었습니다. …… 모든 정책이 유화적으로 나갑디다."

1945년 7월 25일 창경원 관리책임자로 있던 사토는 전 직원을 불러 놓고 사람을 해칠 만한 맹수류는 모두 죽여야 한다고 지시했다. 창경원을 미군이 폭격할 경우 동물들이 우리를 뛰쳐나와 사람을 해치지 않도록 미리 죽이라는 지령이 도쿄에서 왔다는 것이다. 극비리에 이름을 알 수 없는 극약이 배부됐고 극약이 들었는지도 모르고 저녁을 먹은 동물들은 코끼리, 사자, 호랑이, 곰, 뱀, 악어, 독수리 등 모두 150여 마리였다.

동물들이 무슨 죄가 있다고! 열흘 후 일본 본토에 원자폭탄이 떨어진다. 동물이나 인간이나 모두 대량학살의 대상이 되는 동물사·인류사의 비극이다. 이 모든 책임이 애초에 평화를 깨부수고 전쟁의 광기에 사로잡혀 대량살육을 일삼아온 일본에 있는 게 아니겠는가.

히로시마·나가사키 원자폭탄 투하

1945년 3월 10일 미군의 도쿄 대공습은 사망자 8만 3000명, 부상자 11만 명을 낳았다. 26만 7000채의 가옥이 소실되었으며, 이재민 100만 명이 발생했다. 1945년 5월부터 일본에 대한 공습은 연일 계속되었다. 1945년 8월 5일까지 미국의 일본 내 69개 지역에 대한 공습으로 225만 채의 건물이 파괴되었고, 900만 명의 이재민이 발생했으며, 26만 명이

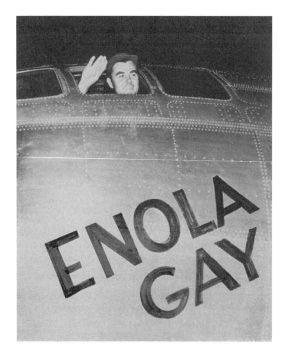

'에놀라 게이'에 올라 손을
흔들고 있는 폴 티베츠.

죽었고, 부상자가 41만 명에 이르렀다. 그럼에도 일본의 태도에는 변화가 없었다. 그러나 8월 6일 이후 모든 것이 달라지기 시작했다.

1945년 8월 6일 오전 8시 15분. 미국은 일본 히로시마 시 중심부 580미터 상공에서 원자폭탄을 투하했다. 그리고 8일에는 나가사키에 원자폭탄을 떨어뜨렸다. 원폭을 투하한 B29 폭격기의 별명은 '에놀라게이(Enola Gay)'였는데 이는 조종사 폴 티베츠(Paul W. Tibbets, 1915~2007) 대령의 어머니 이름이다. 그는 이 이름을 비행기 옆에 적어놓았다. 나가사키 원폭투하 때는 『뉴욕타임스』의 기자 윌리엄 로렌스(Willam L. Laurence, 1888~1977)가 '에놀라 게이'에 직접 탑승해 핵폭발현장을 생생하게 보도했다. '에놀라 게이'라는 이름에서부터 기자의

무게 4038kg, 길이 3m, 직경 71cm의 '리틀 보이' 실물모형(위). 무게 4600kg, 길이 3.2m, 직경 1.5m의 '팻 맨' 실물모형(아래).

탑승에 이르기까지, 원자폭탄 투하를 다정하거나 한가롭게만 여기는 에피소드는 군이 나라를 따질 것도 없이 인간이라는 동물의 엽기성을 말해주는 듯하다.

히로시마의 총인구 24만 5000명 중 원폭이 투하된 날에만 10만 명이 죽었다. 나가사키에 원폭이 투하된 날에는 7만 4800명이 사망했다. 각각 일명 '리틀 보이(Little Boy)'와 '팻 맨(Fat Man)'으로 불리는 2개의 원자폭탄으로 인해 1945년 말까지 21만 명이 숨지고 지금도 26만 명의 피폭자가 후유증에 시달리고 있다.

맨해튼 프로젝트

원자폭탄은 어떤 과정을 거쳐 개발되었는가? 원자폭탄 개발계획은 1939년 이탈리아 화학자 엔리코 페르미(Enrico Fermi, 1901~1954)가 컬럼비아대학에서 미 해군장교들과 핵분열물질을 군사용도로 사용하는 것에 대해 토론했을 때 시작됐지만 이때는 단지 토론 수준에 머물렀다. 그런데 바로 그해에 대통령고문 알렉산더 색스(Alexander Sachs, 1893~1973)를 통해 루스벨트 대통령에게 전달된 한 통의 편지가 원자폭탄 제조를 건의했다. 발신인은 알베르트 아인슈타인(Albert Einstein, 1879~1955)이었다.

아인슈타인이 직접 쓴 8월 2일자 편지에 이어 원폭제조를 건의하는 또 한 통의 편지가 날아들었다. 레오 실라르드(Leó Szilárd, 1898~1964) · 유진 위그너(Eugene P. Wigner, 1902~1995) · 에드워드 텔러(Edward Teller, 1908~2003) 등 3명의 헝가리계 물리학자들은 미국 정부에 핵개발을 요청하는 내용의 편지를 쓴 뒤에 아인슈타인의 지지서명을 요청했다. 유대인으로 히틀러의 박해를 받아 미국으로 옮겨온 이들은 미국이 독일보다 먼저 원폭을 보유하지 않으면 안 된다는 확신을 갖고 있었다. 아인슈타인이 서명을 한 이 편지는 1939년 10월 11일 루스벨트에게 전달되었다.

아인슈타인을 비롯한 과학자들의 건의에도 불구하고 이후 2년간 원폭개발은 실행에 옮겨지지 않았다. 대통령의 최종재가를 받아 원폭개발에 전면적 노력을 기울인다는 방침이 세워진 것은 일본의 진주만

폭격 하루 전인 1941년 12월 6일이었다. 이게 바로 1942년부터 시작된 이른바 '맨해튼 프로젝트' 다. 아인슈타인이 서명한 편지도 "잘못하면 히틀러가 먼저 원폭을 개발할지도 모른다"고 밝혔지만 독일이 원자폭탄을 자체개발 하고 있다는 우려가 커지면서 맨해튼 프로젝트에 탄력이 붙었다.

레슬리 그로브스(Leslie Groves, 1896~1970) 장군이 원폭개발국장을 맡은 가운데 로버트 오펜하이머(J. Robert Oppenheimer, 1904~1967) 박사의 지휘로 뉴멕시코 주의 로스앨러모스(Los Alamos)에서 시작된 연구엔 12만 5000명의 인력이 동원되었다. 과학자들은 대부분 히틀러의 유럽에서 도망쳐 나온 망명자들이었다. 오펜하이머도 뉴욕에서 태어났지만 독일계 유대인이었다.

'맨해튼 프로젝트' 는 극비였지만 육군 장관 헨리 스팀슨(Henry L. Stimson, 1867~1950)과 육군 참모총장 조지 마셜(George C. Marshall, 1880~1959)은 소요예산을 조달하기 위해 극소수의 의회지도자들에게만 이 프로젝트를 귀띔했다. 1944년 3월 국가방위에 관한 특별조사위원회를 이끈 한 민주당 상원의원이 이 프로젝트의 비밀을 캐고자 달려들자 스팀슨은 일기에서 그를 '도대체 신뢰가 안 가는 성가신 놈' '말은 그럴싸하게 하지만 행동은 비열한 놈' 등으로 묘사했다. 그 상원의원은 바로 해리 트루먼이었다.

원래 원폭투하의 목표지는 독일이었지만 전황의 변화에 따라 1944년 9월 루스벨트와 처칠은 비밀각서를 통해 목표를 독일에서 일본으로 변경한다는 데 합의했다. 해리 트루먼은 부통령이 되었음에도 루스벨트의 급서로 1945년 4월 12일 대통령직에 오를 때까지 이 프로젝트가 새로운 무기에 관한 것이라는 정도 외에는 아무것도 알지 못했다.

원폭투하의 정치학

1945년 5월 28일 노벨상 수상자인 물리학자 아서 콤프턴(Arthur H. Compton, 1892~1962)은 원폭 전략수립을 위해 새로 구성된 고위층 임시위원회에서 과학자문위원의 자격으로 "원폭은 인류역사상 유례가 없는 대량살상문제를 야기할 것이며 방사능이 가져올 피해는 독가스보다 훨씬 더 심각할 것"이라고 말했다. 이에 공감한 마셜은 스팀슨에게 "원자탄은 민간인이 아니라 해군기지 같은 군사시설에 먼저 사용되어야 하며, 다음으로 시민들에게 대피경고를 한 다음 대규모 공장지대에 사용되어야 한다"고 말했다. 그러나 이런 우려는 곧 '비상사태'라는 논리에 파묻히고 만다.

개발에 착수한 지 약 3년 반이 지난 1945년 7월 16일 오후 5시 29분 미국 뉴멕시코 주 앨라모고도(Alamogordo) 사막에서 거대한 버섯구름이 피어올랐다. 미국의 맨해튼 프로젝트에 따라 완성된 원자폭탄 폭발실험이 최초로 성공하는 순간이었다. 과학자들과 일부 고위인사들은 현장에서 9킬로미터 떨어진 곳에서 버섯구름이 12킬로미터 상공으로 뻗어나가는 것을 지켜봤다. 폭발 당시 생성된 에너지는 TNT 2만 톤에 맞먹는 위력으로 직경 360미터의 분화구를 만들었다.

과학자들은 원폭투하 목표지가 일본이라는 사실을 알고 아무런 경고 없이 일본에 투하하는 데 반대하는 청원서를 트루먼 대통령에게 제출했다. 일본인들을 불러 원폭실험을 보여줌으로써 그 위력을 알리고, 그렇게 했는데도 말을 안 들으면 원폭을 사용하자는 것이었다. 하지만 이 제안은 받아들여지지 않았다. 경고 없이 원폭을 투하함으로써 전후 세계지배 구조에서 미국이 소련에 대해 우위를 차지하겠다는 의도가 숨어 있었다는 주장이 있다.

반일감정도 적잖이 작용했다. 1944년 12월에 행한 한 여론조사에서 미국 인구의 13퍼센트가 일본인 전체를 몰살해야 한다고 주장했으며 심지어 일본인종 자체를 단종시켜야 한다는 주장마저 나왔다. 해군제독 윌리엄 헐시(William Halsey, Jr., 1882~1959)는 한 뉴스영화(news reel)에서 "우리는 태평양 전역에서 잔인한 일본놈들을 수장시키거나 불태워 죽이고 있는데, 이 모든 건 매우 유쾌한 일"이라고 외치기도 했다. 1945년 8월 11일 트루먼도 "짐승 같은 놈을 다룰 때에는 짐승같이 취급해야만 한다"고 말했다.

콤프턴의 경고에도 불구하고, 과학자들이 원자탄의 방사능효과를 오판했다는 주장도 있다. 맨해튼 프로젝트의 최고전문가인 노먼 램지(Norman F. Ramsey) 박사는 몇 년 후 구두회고록에서 "원폭투하 결정은 다음과 같은 전제조건 아래서 내려진 것이었다. • 모든 사망자가 보통 폭발의 사망자일 것이다. • 방사능피해를 입는 지역은 이른바 100퍼센트 폭풍살인의 지역보다 훨씬 적을 것이다. • 방사능피해를 입은 사람은 방사능보다는 날아온 벽돌에 맞아 죽게 될 것이다"라고 말했다. 물론 엉터리 전제조건이었다. 어떤 역사가가 결론을 내렸듯이 "사람들은 원자탄을 만들어놓고도 그게 뭔지 몰랐다."

후일 아인슈타인은 이 편지에 서명한 것을 후회하고 평화운동에 투신한다. 그는 1955년 버트런드 러셀과 함께 "갖가지 정치적 대립이 존재하지만 인류라는 생물의 씨앗을 근절해버릴 사태를 불러일으킬

핵무기를 만드는 행위는 그 무엇보다 우선적으로 중단돼야 한다"고 호소하는 선언을 발표한다.

'드레스덴의 대학살'

원폭투하는 그 대상이 동양인이었기 때문에 이루어진 게 아니냐는 의혹에 대해, 그렇지 않다는 의미로 곧잘 거론되는 사건이 '드레스덴의 대학살'이다. 히로시마 원폭투하 6개월 전인 1945년 2월 13일 14시간에 걸친 영국군과 미군의 공중폭격으로 동독의 드레스덴(Dresden)이 말 그대로 초토화되었기 때문이다. 7100여 톤에 이르는 네이팜탄과 클러스터폭탄이 퍼부어진 가운데 13만 5000명이 사망했다. 독일군의 런던 공습에 치를 떨었던 영국 정부가 망설이는 미국을 설득해 감행한 대규모 보복전이었다. 사망자 수나 폐허화의 정도는 히로시마 · 나가사키에 필적했다.

1945년 10월 18일, 약 1년 전 나치의 민족재판소장이 반나치 저항세력들을 재판했던 뉘른베르크(Nürnberg)의 바로 그 재판정에서 '주요 전범'들에 대한 국제군사재판이 시작되었다. 이 재판은 1940년대 말까지 지속되지만 철저성과 공평성이 결여된 정치재판이 되고 말았다. 드레스덴 폭격의 경우처럼 승전국들은 얼마나 떳떳한가 하는 문제도 제기되었다. 1946년 뉘른베르크 전범재판소에서 미국 측 검사로 나온 로버트 잭슨(Robert H. Jackson, 1892~1954)조차 "만약 전쟁 관련 조약위반행위를 양측 모두에게 공평하게 적용한다면 미국도 결코 자유로울 수 없다"고 말했다.

미국만 자유로울 수 없겠는가? 영국도 자유로울 수 없을 것이다. 그

뉘른베르크 재판 피고석의 나치 전범들. 재판 공식 언어로 영어, 프랑스어, 독일어, 러시아어가 채택됐다.

러나 처칠은 자신의 전시비망록에서 "우리는 그다음 달에 드레스덴에 강력한 공습을 가했고 다음에는 독일 동부전선의 통신센터를 공습하였다"고만 썼다. "한 사람의 죽음은 비극이지만 100만 명의 죽음은 통계학상의 문제다"라고 했던 스탈린의 말은 그가 희대의 독재자이자 살인마였음을 뒷받침하는 말로 인용되곤 하지만 대량살상을 '통계' 정도로 담담하게 받아들이는 건 모든 강대국지도자들의 공통된 특성이라고 보는 게 옳을지도 모르겠다.

지도자들에게 중요한 건 늘 국민적 지지이리라. 번스타인(Bernstein, 1995)은 "미 공군의 드레스덴 폭격은 국민들의 지지를 받았고 이는 일본 민간인에 대한 의도적인 대량살상을 고무하는 훌륭한 선례가 돼주었다. 비무장 민간인에 대한 폭격을 금한다는 애초의 도덕적 논리는 야만적인 전쟁 중에 실종되고 말았다"고 말한다.

드레스덴 공습으로 죽은 시민들(위). ⓒ Richard Peter 2010년 2월 13일, 드레스덴 공습 65주년을 맞이해 네오나치들이 도심을 행진하려 하자 시민들이 인간 띠를 형성해 저지하고 있다(아래). ⓒ 연합뉴스

최정호(1999)는 "유럽에서는 전쟁의 조기종결과는 별 상관없이 전쟁 말기에 영·미 공군의 융단폭격으로 히로시마 이상의 평화적인 시민을 희생시킨 '드레스덴의 대학살'에 대해 피해자인 독일 국민이 침묵을 지키고 있다"며 다음과 같이 말한다.

"그에 반해서 아시아에서는 자칫하면 '본토결전'으로 '일억총옥쇄(一億總玉碎)'로 몰고 갈 뻔했던 태평양전쟁 조기종결에 결정적 기여를 한 히로시마의 원폭문제를 1945년부터 오늘에 이르기까지 2차 세계대전의 도발자 일본이 두고두고 세계를 향한 평화캠페인에 이용하고 있다. 그럼으로써 군국주의의 '가해자' 일본이 '피해자' 일본으로 둔갑해서 세계평화의 대변자 구실을 하고 있다."

'원폭투하 50주년' 논쟁

1975년 10월 기자회견에서 히로히토(裕仁, 1901~1989) 국왕은 히로시마·나가사키 원폭투하에 대한 소견을 질문받고 "원자폭탄이 투하된 것에 대해서는 유감으로 생각하고 있다. 그러나 전쟁 중이므로 히로시마 시민에 대해서는 안된 일이지만 어쩔 수 없는 일이라고 생각하고 있다"고 말했다.

1981년 히로시마 원폭투하 36주년을 맞아 다케미 다로(武見太郎, 1904~1983) 전 일본 의사회 회장은 미국 의사회보에 기고한 글에서 원폭투하가 항복을 재촉해서 결과적으로 일본을 구했다는, 그때까지 어떤 일본인도 감히 공언하지 않던 사실을 밝혔다. 최정호(2007)는 "주목해야 할 점은 다케미 전 회장이 원폭투하에 의한 전쟁의 조기종결이 (일본의 양심적인 인사조차 그렇게 믿고 있는) 100만 명의 미군만을 구조한 것이 아니라 '일억총옥쇄'의 결의로 수백 수천만 명이 희생될 무모한 전쟁을 계속하려는 '일본을 구했다'는 것을 지적한 점이다"라고 말한다.

1995년 4월 8일 빌 클린턴(Bill Clinton) 대통령은 텍사스 주 댈러스에서 열린 신문편집자협회에서 연설한 후 미국 기자로부터 "전쟁종결 50주년을 맞이해 일부에서는 미국이 히로시마·나가사키에 투하한 원자폭탄에 대해 사죄해야 한다는 주장이 있는데"라는 질문을 받고 "당시 트루먼 대통령의 결정은 정당했다. 따라서 'No'다"라고 답했다. 이에 일본이 반발하고 다시 미국 언론이 일본을 '적반하장(賊反荷杖)'이라고 비판하는 논쟁이 태평양을 사이에 두고 한동안 전개되었다.

1995년 7월 원폭투하 50주년에 맞춰 미국의 원자폭탄 투하결정에 이의를 제기하는 견해와 그 불가피성을 인정하는 견해를 각각 담은 책 두 권이 한꺼번에 나왔다. 1965년『원폭외교-히로시마와 포츠담(Atomic Diplomacy: Hiroshima and Potsdam)』이라는 책을 통해 원폭사용이 일본을 겨냥했다기보다는 잠재적인 적인 소련을 겨냥한 것이었다는 충격적인 주장을 제기한 가르 알페로비츠(Gar Alperovitz)의『원폭사용결정-미국적 신화의 형성(The Decision to Use the Atomic Bomb)』과 토머스 앨런(Thomas B. Allen)과 노먼 폴머(Norman Polmar)의 공저『암호명 몰락-트루먼은 왜 원폭을 사용했는가(Code-Name Downfall: The Secret Plan to Invade Japan and Why Truman Dropped the Bomb)』다.

알페로비츠는 30년 전 저서의 연장에서 미국의 이중적 군사외교를 비판했다. 그는 원폭사용 결정과 대소 외교가 연관되어 있다는 증거로 트루먼이 포츠담회담을 원폭실험이 끝나는 1945년 7월 이후로 연

1975년 10월 백악관을 방문한 히로히토 국왕과 나가코 왕비가 포드 대통령 내외와 크로스홀을 걷고 있다.

기한 사실을 들었다. 포츠담에서 첫 번째 실험성공 소식을 들은 트루먼은 갑자기 공격적인 자세로 바뀌었으며 소련의 대일 선전포고 이틀 전인 8월 6일 히로시마에 원폭을 투하한 것 역시 전혀 우연이 아니라는 것이다. 처칠의 회고에 따르면 "딴사람이 된 듯한 트루먼은 회담장의 만형노릇을 하면서 소련인들이 어디에서 타고 어디에서 내려야 하는가를 일일이 지도했다"고 한다. 그는 트루먼이 대일 원폭사용에 관해 사전에 좀 더 명백한 경고를 하지 않은 점, 육군 참모총장 조지 마셜이 제안한 한적한 시골 대신 인구가 밀집한 히로시마를 폭격대상으로 삼은 점을 비판하면서 원폭을 사용하지 않은 채 전쟁이 끝났을 경우 전후 미·소 관계가 한층 조화롭게 형성되어 거꾸로 아시아에서 미국의 외교목표 달성이 수월해졌으리라고 주장했다.

반면 앨런과 폴머는, 트루먼 행정부가 원폭을 사용하지 않을 경우 일본군이 1946년 11월까지는 저항했을 것으로 믿었다고 보았다. 1945년 3월 도쿄 폭격으로 10만 명이 죽었는데도 일본 군부가 끄떡도 않았던 것이 그 증거라는 것이다. 원폭을 사용했을 때 트루먼의 몇몇 참모들은 몰라도 트루먼 자신은 지정학적 고려보다는 전쟁 자체와 미국인들의 생명만을 염두에 두었다고 보는 저자들은 원폭을 쓰지 않았을 경우 "일본 본토는 인류사상 가장 처참한 유혈극의 무대가 되었을 것"이라고 주장했다. 또한 저자들은 "소련에 위협을 주기 위해 원폭을 사용했다고 해도 국제정치학적 판단은 트루먼의 보좌관들에게 중요했을 것이고 정작 트루먼이 가장 중요하게 여긴 것은 전쟁과 국민의 생명이었다"며 트루먼의 원폭사용을 긍정적으로 평가했다.

1995년 7월 27일 밤 방영된 미 ABC TV의 〈히로시마─원자폭탄은 왜 투하됐나〉라는 제목의 특집 다큐멘터리는 미국이 성급히 핵폭탄을 투하한 것은 스탈린이 대일 전쟁에 참전할 경우 유럽에서처럼 아시아에서도 발판을 구축하게 될 것이라는 두려움에서 비롯되었다고 결론을 내렸다. 이 프로그램은 지금까지의 통설과는 달리 히로시마에 대한 핵폭탄투하는 사전경고 없이 이루어졌으며 군사시설이 아니라 시중심부를 목표로 한 것이라는 정부 보고도 인용했다.

1995년 일본 NHK가 실시한 조사에서 '히로시마·나가사키 원폭투하가 옳았다'고 생각하는 사람의 비율은 일본 8.2퍼센트, 미국 62.3퍼센트, 한국 80.5퍼센트인 것으로 나타났다. 이에 대해 도쿄대학 철학교수 다카하시 데쓰야(高橋哲哉 2007)는 "원폭투하를 긍정하는 사람이 미국보다도 한국에서 많았던 것은 왜일까"라고 물으면서 다음과 같이 주장한다.

"원폭투하가 일본의 패전을 결정적으로 만들어 식민지배로부터 해방을 도왔다는 견해나 전쟁 이후에도 식민지배나 침략의 책임을 명확히 인정하지 않는 일본에 대한 비판 등이 이유가 아닐까? 원폭의 참화와 피해의 고통을 이해하기 위해서는 먼저 일본인들이 한국·아시아인들에게 안겨준 참화와 고통을 이해하지 않으면 안 된다. 이것도 식민지배의 결과인데 피폭자 가운데는 조선인들도 있다. 일본에서든 한국에서든 원폭이라는 악에 대한 이해가 한층 깊어지기를 바란다."

한국인 사망자 4~5만 명

1998년 8월 히로시마 원폭투하 53주년 기념일을 맞아 일본열도에 '원폭피해'를 주장하는 목소리가 높아진 가운데 전 나가사키 시장 모토지마 히토시(本島等)는 "원폭투하는 일본이 당연히 받아야 했던 천벌"이라는 소신을 다시 피력했다. 이런 발언으로 1990년 우익단체의 총격테러를 당하기도 했던 그는 "일본이 아시아에서 저지른 범죄행위를 생각하면 천벌이었다. 일본은 화학·생물 무기는 물론 학살·고문 등 씻을 수 없는 범죄행위를 저질렀다"고 말했다. 그는 자신의 발언을 철회할 생각은 전혀 없지만 "원폭투하를 당연시하는 발언을 취소하라"는 피폭자단체들의 항의에는 가슴이 아프다고 했다.

1998년 10월 1일, 한국인 피폭자 피해보상운동을 벌여온 원폭피해자협회는 일본 정부와 오사카부 지사를 제소해 2001년 6월 1일 오사카 지법에서 승소했다. 2002년 12월 5일 고법에서도 승소했으며 그달 18일 일본 정부는 상고를 포기했다. 이 운동을 이끌어온 곽귀훈(2003)은 "당시 일본 히로시마와 나가사키에 살고 있던 한국인의 수는 상세

히로시마 평화기념공원에 안
치된 한국인 원폭피해자 위
령비.

히 알 길이 없고 조사할 자료도 없지만 어림잡아 7~8만 명으로 추산한
다"며 다음과 같이 말했다.

"이 7~8만 명 중 원자탄투하 당시 폭사한 사람은 4~5만 명이고 살
아서 귀국한 사람은 2만 3000명, 일본에 남아 있는 사람은 7000명 정
도로 추정된다는 것이 정설이다. 일본 전체의 피폭자가 70만 명이니
까 그 10분의 1, 즉 1할이 한국인인 셈이다. …… 육체는 방사선 피해
로 벌집처럼 되었고 외모는 한센병 환자와 구별이 안 되니 상대해주
는 이웃도 없었다. 그러니까 거지 중에도 상거지, 사람들 눈을 피해 깊
은 산중에서 움막을 짓고 살기가 일쑤였다. 가난하고 병들고 약 사 먹

을 돈이 없으니 죽는 수밖에 도리가 없었던 것이다. 그래서 지금 살아남아 협회에 등록되어 있는 피폭자는 2100명 정도다. 일본에 등록된 피폭자가 28만 5000명이니까 한국인 피폭자는 그 1할인 3만 명 가까이 돼야 하는데 10퍼센트는커녕 1퍼센트도 못 된다. 다 어디로 갔는가? 모두들 천추의 한을 품고 저승으로 간 것이리라. 나는 그들의 참상을 직시하면서 반세기를 살아왔다. 눈뜨고 차마 바라볼 수 없는 참혹한 광경, 눈물 없이 들을 수 없는 그들의 처절한 신세타령. 그들은 외치다 쓰러지면서 '내가 죽거든 시체를 일본 대사관으로 가지고 가라'는 말을 남기고 죽어갔다."

곽귀훈은 "일본 정부는 1967년 한국인들이 원폭피해자협회를 조직하고 피해보상을 요구하니까 한일협정에서 모두 청산되었다면서 상대도 해주지 않았다"며 "내가 일본 정부에서 받아내려는 금품은 비록 1원이라도 전쟁책임을 묻는 보상금이다"라고 했다. 2005년 6월 '원폭피해자 진상규명 및 지원을 위한 특별법안'이 국회에 제출됐지만 지금까지도 법률제정에는 이르지 못하고 있다.

"원폭이 죽인 것은 일본의 양심"

2007년 7월 초 나가사키 출신의 규마 후미오(久間章生) 일본 방위상은 "원폭이 나가사키에 투하돼 비참한 지경을 당했지만 그것으로 전쟁이 끝났다고 머릿속으로 정리하는 것도 어쩔 수 없다고 생각한다. 그것을 가지고 미국을 원망할 생각은 없다"고 말했다. 그의 지역구인 나가사키와 히로시마는 물론 전국에서 비난과 항의의 목소리가 쇄도했다. 규마의 발언이 역사를 망각하고 미국의 원폭정당화를 추종한다는 비난이었다. 이런 비난공세에 밀려 그는 7월 3일 사임했다.

다카하시 데쓰야(2007)는 "규마의 발언도, 히로히토 국왕의 발언도 원폭투하는 '어쩔 수 없다'라는 점에서 본질적으로 차이가 없다. 그러나 히로히토 국왕의 발언에 대해서는 이번과 같은 격한 항의나 비난이 전혀 없었다. 이것은 무엇을 의미할까"라고 물으며 다음과 같이 답했다.

"히로히토 국왕은 1945년 2월 '국체호지(천황제유지)'의 보증이 없다며 고노에 후미마로 당시 총리의 조기종전제안을 물리쳤다. 그 시점에서 종전결단을 했다면 오키나와전이나 원폭피해도 없었을 터이기 때문에 그 책임이 거론되는 존재다. 그러나 규마의 발언을 대대적으로 문제 삼은 신문, 텔레비전, 정치가 들이 히로히토 국왕의 책임문제를 다룰 가능성은 거의 없다. 여기에서 일본 사회의 결정적 약점이 드러난다. 장관의 망언은 비판할 수 있어도 같은 취지의 국왕 발언은 비판될 수 없다는 약점이다."

규마의 발언에 대해 비난만 있었던 건 아니다. 미국인은 원폭투하로 전쟁이 끝나 100만 명의 미군이 구조됐다고 믿고 있으며, 많은 한국인과 중국인은 일본이 피해자인 척하는 부당한 주장을 드디어 거두고 '정의의 폭탄' 투하를 뒤늦게나마 인정한 것으로 규마의 발언을 이해한다는 논평도 나왔다.

2007년 8월 최정호(2007)는 "원폭투하가 그에 희생된 20만 명의 고귀한 인명의 몇 배 되는 미군뿐 아니라 그보다 훨씬 더 많은 수십 배의 일본인을 구했다는 점이 망각해선 안 될 역사의 진실이다"라며 "원폭이 죽인 것은 한국인 2만 명을 포함한 희생자만이 아니라 그보다도 일본의 침략전쟁을 뉘우치는 양심과 염치심은 아닐까"라고 했다.

일본인의 문제일까, 우리 인간의 문제일까? 후자라면 왜 우리 인간은 피해자로서의 아픔과 슬픔엔 민감하면서도 가해자로서 피해자에게 준 아픔과 슬픔은 외면하는 걸까? 영원히 풀리지 않을 의문이다.

참고문헌 Bernstein 1995, Chafe 1986, Davis 2004, Greenstein 2000, Johnson 1993, Overy 2003, Rifkin 1996a, Shenkman 2003, Zinn 1986, 강기석 1995, 고종석 2008, 곽귀훈 2003, 김승웅 1995, 김진우 2009, 남종영 2007, 다카하시 데쓰야 2007, 박해현 1995, 변은진 2000, 요미우리 1996, 요시다 도시히로 2008, 유신모 2009, 윤희영 1996, 이덕주 2003, 이철호 1998, 장수한 2009, 조선일보 문화부 1999, 차상철 1998, 채명석 1995, 최재봉 1995, 최정호 1999 · 2007, 한겨레신문 문화부 1995, 한국정신문화연구원 현대사연구소 1999, 홍윤서 2003, 황성환 2006

30분 만에 그려진 38선
한국의 8·15 해방

30분 만에 그려진 38선

나가사키 원폭투하로부터 12시간이 지난 1945년 8월 8일 자정, 소련은 일본에 선전포고를 했다. 스탈린이 얄타회담에서 대일 참전을 약속한 지 180일째가 되는 날이었다. 이어 소련은 9일부터 총 150만 명의 병력과 대량무기를 투입하여 군사작전을 전개했으며 일주일 후에는 이미 작전지역의 일부인 북한에 군대를 진주시켰다. 소련의 참전 기간은 불과 6일이었다.

서방 측에서 참전기간을 거론하며 "소련은 다 끝난 전쟁에 참전했다"고 보는 시각에 대해 소련은 강한 거부감을 표시하면서 자신들도 충분한 피의 대가를 치렀다고 주장했다. 한국에서의 전사자는 적은 숫자였지만 만주 등지의 전투에서 제25군(사령관 I. M. 치스차코프)에서만 총 4717명의 인명피해(사망 1500명)가 났다는 것이다.

미국이 한반도정책에 대해 고민하기 시작한 것은 소련의 대일 선전포고 이후였다. 소련의 한반도점령은 향후 군사적으로 일본과 동아시아 전체에 매우 중요한 영향력을 미치리란 사실을 뒤늦게 깨달은 것이다.

8월 10일 일본은 포츠담선언을 수락할 용의가 있다고 미국에 통고했다. 바로 이날부터 일본군부 일각에서는 철저항전을 위한 쿠데타를 계획했으나 실패로 돌아갔다.

8월 10일 오후 늦게 국무성, 전쟁성, 해군성 등 전쟁관련부서의 조정기구인 '3성 조정위원회'는 일본군의 항복조건들이 담긴 항복문서 '일반명령 제1호'의 문안작성 임무를 주무부서인 전쟁성 작전국 전략정책단에 긴급명령했다. 이 명령을 받은 전략정책단은 '일반명령 제1호' 가운데 한반도와 극동지역(주로 소련군이 일본군의 항복을 접수할 지역)에 관계된 부분의 초안작성 임무를 전략정책단 정책과장인 찰스 본스틸(Charles H. Bonesteel III, 1909~1977) 대령과 딘 러스크(David Dean Rusk, 1909~1994) 대령에게 맡겼다.(딘 러스크는 훗날 케네디[John F. Kennedy, 1917~1963]·존슨[Lyndon B. Johnson, 1908~1973] 행정부의 국무부 장관이 되었으며 찰스 본스틸은 훗날 주한미군사령관이 되었다.)

한반도의 상황은 급박하게 돌아가고 있었다. 소련군은 이미 8월 9일부터 작전을 개시하여 중국의 서북부, 만주, 남사할린, 쿠릴열도 등으로 일제히 공격을 시작했고 일부 병력은 한반도 최북단 동북지역 상륙작전을 준비 중에 있었다. 반면 미군병력은 한반도에서 1000킬로미터 남쪽으로 떨어진 오키나와에 진주해 있었다.

그런 이유에서 두 젊은 대령에게 주어진 시간은 단 30분이었다. 이들은 30분 만에 지도를 보고 위도 38도선을 분할선으로 잡은 보고서

해방 후 한반도의 운명을 결정한 38선.

를 작성했다. 이들은 이 분할안을 링컨 소장에게 올렸고 이는 합참과 3성 조정위원회, 국무장관, 전쟁성장관, 해군장관을 거쳐 최종적으로 대통령에게 보고되었다. 그리고 '일반명령 제1호'로 최종 확정되어 더글러스 맥아더(Douglas MacArthur, 1880~1964)에게 전달되었다.

일본분단의 대용품이 된 한국

미국은 8월 14일에 38도선 획정안을 소련 측에 전달했다. 미국은 한반도와 국경을 접하고 있으면서 군사적 우위를 점하고 있던 소련이 과연 한반도 분할점령안을 수락할지 우려했지만 소련은 의외로 바로 그다음 날 미국의 제안을 수락한다는 전보를 보내왔다. 38도선은 미국과 소련 모두에게 놀라움을 안겨주었다고 한다. 미국은 소련이 이 분할안을 선선히 응낙한 데 대해 놀랐고 소련은 위도가 그토록 후하게 남쪽으로 내려간 데 대해 놀랐다는 것이다.

이 같은 38선 획정설은 그동안 '졸속결정설' 또는 '군사적 편의설'이라고 해석돼왔는데, 38선이 이미 1945년 7월 25일 포츠담에서 결정되었다는 '포츠담 획정설' 또는 '정치적 의도설'도 제기되고 있다. 그런가 하면 '정치-군사 배합설'도 제기되는 등 복잡다단한 모습을 보여주고 있다.

그러나 어느 쪽이 됐건 간에 한국이 미·소 두 강대국의 장난감처럼 그들 마음대로 갖고 노는 비참한 운명의 구렁텅이로 떨어지게 됐다는 건 분명한 사실이다. 정작 분단되어야 할 나라는 전범국가인 일본이었건만 미국의 대소련정책의 일환으로 한국이 분단되는 기막힌 일이 벌어진 것이다. 일부 학자들이 지적한 바와 같이 "38도선에서의 미·소 양국군의 한반도 분단점령은 일본의 분단점령의 대용품이 되고 말았다."

미국 예일대학 역사학과 교수 리처드 휠런(Richard Whelan)은 "이 시기 미국 정부는 '차라리 한국이라는 나라가 존재하지 않았다면 이런 고민도 없었을 텐데'라고 생각했다"고 말한다. 정말 그랬는지는 모르겠지만 미국의 관심이 일본에 집중되었다는 건 분명하다. 미국은 일본에서 군정을 실시하기 위한 준비작업으로 약 2000명의 민정관을 양성했지만 한국에 대해선 아무런 준비도 하지 않은 채 모든 일을 야전군 사령관에게만 맡겼다.

1945년 8월 15일의 감격

1945년 8월 15일 아침 서울 시내 각처에는 '금일 정오 중대방송, 1억 국민 필청(必聽)'이라는 벽보가 나붙었다. 그날 정오, 일본의 무조건 항복을 고하는 일왕 히로히토의 떨리는 목소리는 경성중앙방송국의 중계로 라디오를 통해 4분 10초간 한국에서도 들을 수 있었다. 히로히토는 '항복'이란 말은 쓰지 않았지만 "짐은 제국정부로 하여금 미·영·소·중 4국에 대하여 그 공동선언을 수락할 뜻을 통고케 하였다"는 말이 곧 항복선언이었다.

일본에서는 전날부터 항복선언이 담긴 일왕의 녹음판을 빼앗으려고 난동을 부렸던 결사항전파와 극우파들의 할복자살이 잇따랐다. 육군대신 아나미 고레치카(阿南惟幾, 1887~1945)는 이미 새벽에 배를 가르고 죽어 있었으며 5명의 대장이 할복하고 장교 100명 이상, 민간인 30여 명이 패전(敗戰)자살의 길로 뛰어들었다.

전 일본열도가 광기에 휩싸여 대성통곡하는 그 순간 조선은 감격과 환희의 도가니로 빠져들었다. 그러나 일본의 항복이 알려진 그 즉시 사람들이 거리로 뛰쳐나간 건 아니었다. 다소 생각할 시간이 필요했던 걸까? 일부러 서울 종로거리에 나갔던 조용만(1991)의 증언에 따르면 이랬다. "사람들이 큰길로 뛰쳐나오고 독립만세를 부르고 좋아라

법석일 줄 알았는데 그냥 그전대로 무표정하기만 했다. 오랫동안 줄곧 겁만 먹고 일본경찰에 옴짝달싹 못하고 눌려 지내온 때문일까. 일본이 항복했다 해도 우리가 일본 통치에서 해방되었다고 해도 그것이 무엇을 의미하는지 모르는 것 같았다. 일본경찰이 아직도 버티고 있었으므로 이것이 겁났을는지도 몰랐다."

그랬다. 아직 더 살펴보고 알아봐야 할 것들이 많았다. 그런 침묵의 시간은 36년간 내내 압축되어온 밀폐공간이 일순간 대폭발하기 위해서라도 필요했던 건지도 몰랐다. 그렇게 네다섯 시간이 흘러야 했다. "4~5시가 되어 감옥에서 정치·경제범들이 풀려나오자 그때부터 군중들이 트럭을 타고 태극기를 펄럭이면서 거리로 쏟아져나와 만세와 환호로 서울 장안이 물 끓듯 했다."(조용만 1991)

미국은 어떠했던가? 미국 시간으로 8월 14일, 그날은 100일 전 유럽에서 전쟁이 끝났을 때보다 훨씬 더 폭발적인 감격의 흥분이 터져나왔다. 크놉(Knopp 1996)의 묘사에 따르면 "모두가 '신(神)도 미국인'이라고 생각했다. 수십만 명의 미국 국민은 거리로 뛰쳐나와 기쁨을 폭발시켰다. 키스가 전염병처럼 퍼져서 미국에 사는 여성은 언제 어느 때 들뜬 병사에게 키스 당할지 알 수가 없었다. 그것은 마치 열병 같았다."

뉴욕타임스퀘어에서 『라이프(Life)』의 사진기자 앨프리드 에이젠스타트(Alfred Eisenstaedt, 1898~1995)가 그런 고양된 행복감을 사진으로 드라마틱하게 표현하는 데에 성공했다. 한 해병이 지나가던 간호원의 허리를 꺾고 열렬한 키스를 퍼붓는 장면이었다. 이 사진도 '이오지마의 사진'처럼 역사적으로 기념비적인 '세기의 사진'이 되었다. "키스

아이젠스타트와 다른 각도에서 촬영한 '종전 키스' 사진. 해군 중위 빅터 요르겐센(Victor Jorgenson)의 작품이다.

하고 있는 이 해병은 누구인가" 하고 『라이프』가 전국에 물었을 때 26명의 남성이 자기가 그 주인공이라고 나섰다. 사진 속의 여성임을 주장하는 사람도 여러 명 나타났다. 사진 속의 두 남녀는 반세기가 지난 후에 이들을 추적한 한 저널리스트의 주선으로 뉴욕에서 재회했다.

'평화의 심벌'로 변신한 히로히토

미국의 감격과 흥분이 지나쳤던 걸까? 일본의 히로히토는 전범 중의 전범으로 응징당해야 마땅했다. 그러나 그런 일은 일어나지 않았다. 일본을 반소의 거점으로 쓰기 위해 히로히토 체제를 원했던 미국의 계략과 전쟁도발을 가능케 했던 일본 특유의 광기 또는 굴종 문화 때문이었다.

신동준(2004)은 "8·15 항복 뒤 히로히토는 재빨리 대원수의 군복을 벗고 말쑥한 신사복 차림으로 나타나면서 평화의 심벌로 변신했다. 종전의 대임을 완수하고 총사직한 스즈키 내각의 뒤를 이어 8월 17일 히가시쿠니 황족내각이 성립했다"며 다음과 같이 말한다.

"일본 정치사에서 황족내각의 성립이란 처음 있는 일이었다. 이제까지 일억총옥쇄를 내세운 본토결전체제에서 무조건항복이란 대전환에 즈음하여 민군(民軍)의 동요와 미국 점령군과 충돌마찰을 방지하기 위해서는 일부 불순내각의 망동을 억제할 수 있는 천황권위가 필요하다고 인식한 것이 황족내각을 탄생시킨 배경이었다. 히가시쿠니 수상은 전국방송망을 통하여 일본의 패전은 전 국민의 책임이라는 '일억총참회론'을 구호로 내세워 패전책임을 국민에게 넘기고 종전이 오로지 히로히토의 성덕과 자비로 실현되었음을 국민에게 인식시켰다. 그럼으로써 히로히토를 선두로 한 지배층의 전쟁책임 비판을 봉쇄코자 열을 올렸으며 각 언론기관도 이를 적극 지지했다. 정부와 언론의 이런 운동은 만백성을 구사일생으로 구출해준, 자비와 온정이 넘치는 히로히토를 돋보이게 할수록 잔악한 군벌의 모습이 더욱 부각되게 짜여 있었던 것이다."

이후 히로히토는 "퇴위(退位)하지 않기로 맥아더 원수와 약속했다"느니 "황실전범(典範)에는 퇴위조항이 없다"느니 하며 죽는 날까지 퇴위를 거부하고 왕 노릇을 계속했다. 1975년 7월에는 외국인 기자들과 가진 회견에서 "태평양전쟁 개시는 보필자의 책임 아래 행해졌으며 종전(終戰)은 자기결단으로 성사시켰다"는 거짓말까지 하기도 했다.

이와 관련해 김철(2000)은 마루야마 마사오가 말한 일본 파시즘 특유의 '억압이양' 체제를 지적하면서 "천황은 이 억압체제의 정점에 있지만, 그의 배후에는 이른바 '열성조(列聖祖)'가 버티고 있다. 결국 천황에게도 자신의 행위에 대한 책임은 없다"고 했다. 그는 "천황제 파시즘의 독특한 양태, 즉 어느 누구도 자신의 행위에 대해 책임을 지지 않는 '무책임의 체계'"가 낳은 결과에 대해 다음과 같이 말한다.

"이탈리아나 독일의 파시즘이 '위대한 지도자'의 지도원리에 의해 통솔되고 그의 몰락에 따라 쇠퇴하는 것과는 달리, 천황제 파시즘은 '책임의 끊임없는 전가'에 의해 그 구조가 지속될 뿐 아니라 그 기원의 모호함 또는 은폐를 통하여 더욱 깊숙이 내면화되는 것이기도 하다."

앞으로도 계속 일본을 경계해야 할 이유가 바로 여기에 있다. 책임의 명백한 주체가 없는 나라는 무슨 짓을 저지를지 모르며 선량한 일본 민중은 그런 '무책임의 체계'에 영향력을 행사하기 어렵기 때문이다.

'36년 동안 죽어간 우리 민족의 수가 400여 만 명'

"36년 동안 죽어간 우리 민족의 수가 400여 만 명! 200자 원고지 2만 매를 쓴다 해도 내가 쓸 수 있는 글자 수는 얼마인가!" 피를 토하는 심정이라고나 할까. 소설가 조정래가 대하소설 『아리랑』(2001)을 시작하면서 자신의 의지를 어느 부분 믿을 수가 없어서 써 붙인 글이라고 한다. 자신에 대한 경고문이었다는 것이다.

사실 한국인이 겪은 피해는 너무도 끔찍했다. 하종문(2003)은 "15년의 침략전쟁 기간에 가해자인 일본에서는 300만 명의 사망자가 발생했고 아시아 각지에서는 무려 2000만 명이 넘는 사람들이 죽어갔다. 어찌 보면 1945년 8월 15일까지 15년간은 전쟁이 아니라 차라리 '학살극'이라 부르는 게 나을 성싶다"고 말한다.

조선인의 수난은 광복 후에도 끝나지 않았다. 사할린 징용피해자 한원수는 "쇠채찍으로 맞아가며 개처럼 일했다"고 말했다. 그는 "광복된 지 닷새 만인 1945년 8월 15일, 소련군이 진주했다. 그것을 보고 일부 사람들이 '고향에 못 가게 되는 것 아니냐'며 탈출을 시도한 적이 있었다. 배가 출항하자 소련군은 폭격을 가했고 배에 탄 700여 명은 그 자리에서 몰사하고 말았다. 결국 이번엔 소련군 아래에서 막노동일꾼으로 살아가기 시작했다"고 증언했다.

2003년 4월, 중국 하이난섬 조선인 학살사건을 추적하고 있는 재일교포 김정미와 일본인 사토 쇼진이 보름간 일정으로 하이난섬을 다녀왔다. 일제 말기 이곳에 징용으로 끌려왔다가 1945년 패망 직후 집단학살당한 조선인 1000여 명의 억울한 죽음을 규명하기 위해서였다. 일제 말기 서대문형무소 등 전국 형무소에 수감되어 있던 한국인들이 형기단축이란 조선총독부의 감언이설에 속아 '조선보국대(朝鮮報國隊)'란 이름으로 하이난섬에 끌려왔다. 이들은 비행장건설, 항만공사, 철도공사, 철광채굴 등에 동원됐다가 패망 직후 일본군에 의해 학살된 것으로 드러났다. 한국 정부는 이 문제를 외면했다. 이들은 "정부가 자기 나라 국민들의 목숨을 이렇게 외면할 수 있느냐"고 개탄하면서 2004년 오사카 인권박물관에서 '하이난섬에서 일본은 무엇을 했는가–침략 · 학살 · 약탈'을 주제로 기획전을 열었다.

'조선인 BC급 전범, 해방되지 못한 영혼'

전후 연합군의 군사법정에서 포로학대 등의 혐의로 처벌받은 BC급
전범 5700여 명 가운데는 조선인 148명이 포함되어 있다. 그들 대부분
(129명)이 반강제적으로 동원된 포로감시원들이었다. 태평양전쟁이
한창이던 1942년 5월 일본 육군은 말레이, 자바 등에서 펼친 남방작전
에서 붙잡은 26만 명이 넘는 연합군 포로들을 감시하기 위해 조선에
서 3000명의 포로감시원을 모집했다. 계약기간이 2년이라는 점과 징
병으로 끌려가지 않는다는 점이 주요 지원 이유였다.

전쟁이 끝난 뒤 이 조선인들 중 129명은 포로학대를 이유로 전범 처
리됐고 23명은 형장의 이슬로 사라졌다. A급 전범으로 교수형에 처해
진 일본인은 겨우 7명이었는데도 말이다. 조선인 포로감시원들은 군
인도 아닌 군무원 신분이었지만 전범자로 처리된 비율은 악명 높았던
일본 헌병(4.3퍼센트)과 맞먹을 정도였다. 게다가 기시 노부스케(岸信
介, 1896~1987) 전 상공대신, 아베 겐키(安培源基, 1894~1989) 전 내무대
신 등 A급 전범용의자들은 1948년께 일찌감치 석방됐고 천황의 전쟁
책임은 불문에 부친 점을 감안하면 전후 전쟁범죄 재판은 한 편의 거
대한 사기극이었던 셈이다.

1955년 BC급 전범 출신 한국인 70여 명은 일본에서 '동진회'를 설
립해 자신들의 억울한 처지를 알리기 시작했으며 1991년 일본 정부를
상대로 법정투쟁을 전개했다. 8년에 걸친 법정투쟁 끝에 최고재판소
는 1999년 12월 최종판결에서 이들의 청구를 기각했지만 한국인 전범

들이 "반강제적으로 포로감시원에 응하게 되었다. 무기 또는 극형을 받음으로써 심각하고 심대한 희생 또는 손해를 입었다"고 인정했다.

2006년 6월 '일제하 강제동원피해 진상규명위원회'는 BC급 전범들을 식민지시대의 일본 강제동원 피해자로 공식 인정했다. 내부논의 과정에서 반대의견도 있었다. 그중에는 "3000명이 갔는데 전범이 된 사람은 129명뿐이다. 무언가 특별히 한 짓이 있는 건 아닌가"라는 의견을 말한 위원도 있었다고 한다. 이러한 공식 인정 이후 그간 쉬쉬하고 감추던 유족들도 공개적으로 유족회를 결성했다.

2006년 8월 12일, 일본 도쿄대학에서 일본 현대사를 공부한 이호경이 KBS에 PD로 입사한 뒤 BC급 전범문제를 정면으로 다룬 다큐멘터리 〈KBS 스페셜, 해방되지 못한 영혼-조선인 BC급 전범〉이 방영되었다. 1989년 프로듀서 정수웅이 MBC에서 〈남태평양의 원혼들-포로감시원〉이라는 선구적인 프로그램을 만들었으나 BC급 전범문제는 다루지 못했다.

'한국인의 혼은 결코 꺾지 못했다'

국외유민 수는 1910~1920년에는 36만 4000명, 1921~1930년은 47만 6000명, 1931~1945년은 242만 8000명으로 총 326만 8000여 명에 이르렀다. 이미 1920년대에 독립운동가 조소앙(1887~1958)은 인구증가율의 감소를 한국민족의 자존권(自存權)으로 보아 큰 문제로 여겼다. 그는 국외이주의 이유를 일본의 침입과 경제적 기반의 붕괴라고 하면서 이러한 실정을 "유대인과 아일랜드인의 표류도 이에 못 미친다"며 개탄했다. 박명림(1996)은 "일본의 식민통치는 한국인의 12퍼센트를 국외로 이주시킬 정도로 억압적이고 착취적이었다"며 다음과 같이 말한다.

"우리는 이를 '한국판 디아스포라'라고 부를 수 있을 것이다. 식민통치는 기본생계를 위협할 수준까지 다다라 한국인들은 식민통치가 지속되면 될수록 커지는 생존위협과 억압을 피해 국외로 탈출하지 않으면 안 되었다. 오늘날 한국민들이 유대인을 제외하고는 동족 중 무려 500만 명에 달할 만큼 많은 수와 비율의 국외이주 국민을 갖게 된 연유는 여기에 있었다."

역사교과서는 1920년대 이래 만주와 중국에서 '무장독립전쟁'이 줄기차게 벌어졌다고 기술하고 있다. 1985년판 국정교과서는 "연합군이 일본에 원자탄을 투하하여 1945년 8월 15일 일본이 무조건항복함으로써 광복군은 그해 9월에 국내진입을 실행하려던 계획을 실현하지 못한 채 광복을 맞게 되었다"고 했다.

그러나 이영훈(2007)은 "이런 이야기들은 모두 과장이거나 실태와 동떨어진 서술"이라며 "만주벌판에서 독립군이 일본군과 독자의 힘으로 전투를 벌인 것은 3·1운동 직후인 1920년 한 해였다"고 주장했다. 1930년대가 되면 중국 공산당의 통제를 받는 항일연군과 팔로군에 속한 조선청년들의 무장투쟁이 전개되지만 그것은 어디까지나 일본과 중국 간 전쟁의 일환이었다는 것이다. 어디 그뿐이랴. 독립운동을 한다면서 내부갈등도 극심했다. 그렇지만 동시에 한국만큼 끈질긴 저항을 계속한 나라는 드물다는 것도 분명한 사실이다. 리콴유(李光耀 1999)는 일본의 지배를 받은 다른 아시아 국가들은 변변한 저항 한번 못했지만 한국은 예외였다며 다음과 같이 말한다.

"한국인은 일본이 한국을 통치하기 시작했을 때부터 저항을 멈추지 않았다. 일본은 한국인의 풍습, 문화, 언어를 말살하려 했지만 민족적 자부심을 갖고 있었던 한국인은 굳은 결의로 야만적인 압제자에게 항거했다. 일본은 수많은 한국인을 죽였지만 그들의 혼은 결코 꺾지 못했다."

결코 자위(自慰)가 아니다. 한국인들은 잘 싸웠다. 그러나 우리는 내부적으론 엄격해야 하기에, 독립운동 세력이 이렇다 할 저항도 못했으면서 내부갈등과 분열로 역량을 탕진한 것에 대해서는 있었던 그대로 말할 수 있어야 한다. 비판이 아니라 이해를 위해서다. 무조건 미화한다고 해서 국민적 자긍심이 생겨나는 건 아니잖은가.

참고문헌 Cumings 1986, Cumings & Halliday 1989, Knopp 1996, Oberdorfer 2002, 고정휴 2000, 김기철 2003, 김병걸 1994, 김삼웅 1997, 김창훈 2002, 김철 2000, 김학준 1995a, 김헌식 2003, 김혜경 2006, 리콴유 1999, 박명림 1996, 신동준 2004, 신복룡 2001, 안정애 2001, 우쓰미 아이코 2007, 이범진 2004, 이영훈 2007, 이완범 2001, 이왕구 2007, 조용만 1991, 조정래 2001, 최정호 2007, 하리마오 1998, 하종문 2003, 한시준 1996

해방은 되었건만
남한에서의 미 군정 선포

미군의 '친일본, 반조선' 자세

태평양 방면 미 육군총사령관 더글러스 맥아더가 일본 점령의 첫발을 디딘 것은 8월 30일이었다. 9월 2일 요코하마 해상의 미주리함 함상에서 일본은 항복문서에 조인했다. 그리고 미 제24군단을 실은 21척의 배로 이루어진 미 7함대가 인천 앞바다에 도착한 건 9월 4일이었다. 입항하기 전 일본군이 인천 앞바다에 설치해 둔 기뢰제거작업에 들어가는 동안 미군 군정요원들은 군정에 대비하기 위한 '벼락공부'를 하고 있었다.

9월 7일 인천항에선 미군 상륙의 소문을 듣고 몰려든 군중으로 인해 작은 혼란이 발생했다. 미군의 인천 상륙을 환영하기 위해 부둣가에 나와 있던 군중이 저지명령을 무시했다는 이유로 일본경찰이 발포하는 어이없는 사건이 벌어진 것이다. 이 발포로 인해 2명이 사망하고 9명이 부상을 당했다. 이에 대해 미군은 오히려 일본 측을 두둔했다.

미군의 서울 입성 모습.

　미군의 '친일본, 반조선' 자세는 이미 9월 6일 준장 찰스 해리스가
이끄는 37명의 미군 선발대가 비행기로 김포공항에 도착해 조선호텔
에 투숙했을 때부터 예고된 것이었다. 그들은 일본 관리와 장교들을
만나 "곤드레만드레가 된 채 흥청거린" 연회를 가졌다.

　그러나 미군 선발대는 그렇게 흥청거리며 놀면서도 한국인들의 접
견요청은 모두 거부했다. 그들을 영접하기 위해 김포비행장에 나갔던
조선총독부의 고참국장이었던 재무국장 미즈타 나오마사는 '무조건
항복' '잔인한 미군' '능욕' 등을 상상했지만 미군으로부터 '악수'
'착석권유'와 같은 정중한 대우를 받으면서 미군이 자신들을 점령하
러 온 게 아니라 '비즈니스'를 하러 왔다는 점을 간파했다. 미군이 조
선인에 대해 경멸의 빛을 보일 때엔 같은 지배자로서 동질감마저 느
꼈던 것이다.

살벌한 맥아더 포고령

반면 조선인 선발대는 거부당했다. 9월 8일 새벽, 한국 점령군인 제24 군단 사령관 육군중장 존 하지(John R. Hodge, 1893~1963)는 늘 하던 버릇대로 맥아더처럼 색안경을 끼고 파이프를 입에 물고 선장인 바베이 제독과 함께 갑판에 앉아 있었다. 바베이의 망원경에 태극기와 성조기를 단 작은 배 한 척이 들어왔다. 그 배에는 조선의 인민공화국이 파견한, 영어를 할 줄 아는 여운형(1886~1947)의 동생 여운홍(1891~1973), 여운형의 비서 조한용 그리고 미국 브라운대학 출신 백상규(1880~1957) 등 3명이 타고 있었다.

세 사람이 기함에 올랐을 때 하지는 자기 방으로 돌아갔다. 백상규가 유창한 영어로 자신이 브라운대학을 장학생으로 졸업했다는 걸 포함하여 자기일행이 온 목적을 설명했다. 명문 브라운대학의 장학생? 미군에게는 그게 가장 놀라운 사실이었다. 미군 장교 가운데 브라운대학 출신이 있어 확인작업에 들어갔다. 학교의 건물모양에서부터 교수이름에 이르기까지 몇 차례 질문이 오갔다. 장교는 "적어도 한때 브라운대학 학생이었던 것만은 분명한 사실"이라는 보증을 섰다. 그러나 그것뿐이었다. 하지가 그들의 면담을 거절했기 때문이다.

조선을 미국의 적으로 간주하는 미군의 기본자세는 9월 7일에 발표된 맥아더의 포고령 제 1호와 2호 그리고 3호를 통해 구체화되었다. 포고령 1호는 미군이 해방군이 아니라 점령군의 지위로 한반도에 들어가게 될 것이며 영어를 공용어로 사용한다고 선언했다. 포고령 2호는 미국에 반대하는 사람은 용서 없이 사형이나 그 밖의 형벌에 처한다고 했으며, 포고령 3호는 조선 은행권과 미군표가 법화(法貨)라는 점을 규정했다.

　그렇게 살벌한 포고령을 내린 미군은 9월 8일 오전 8시 30분 일본군이 보내준 안내선을 타고 인천항에 입항하기 시작했다. 입항은 오후 1시에 완료되었다. 미군은 상륙 즉시 경인지구에 대해 오후 8시부터 다음 날 새벽 5시까지 통행금지를 실시한다는 포고령을 발표했다. 9월 22일부터는 22시부터 04시까지로 시간이 변경되었다지만 통행금지는 1895년에 사라진 이래로 50년 만에 부활한 것이었다.

　'건준' 및 '인민공화국'을 지지하는 『조선인민보』 창간호(9월 8일) 1면에는 영어로 '연합군환영'이라는 톱기사가 커다란 사진과 함께 실렸고 왼편에는 역시 '연합군을 환영함'이라는 시가 실렸지만, 미군은 그런 환영을 외면했다.

점령군 사령관 존 하지

9월 9일 미군은 서울로 진주해 38선이남 지역에 대한 군정을 선포했다. 그리고 이날 오후 4시 30분 조선총독부 정문에 걸린 일장기가 내려지고 대신 그 자리에 성조기가 게양되었다. 일본 육군대장 출신으로 총리대신을 역임했던 조선총독 아베 노부유키(阿部信行, 1875~1953)는 할복자살을 시도했지만 미수로 끝나 여러 사람의 부축을 받으며 항복조인식장에 나와 항복조인문서에 서명했다.

　점령군 사령관 하지는 어떤 인물이었던가? 하지는 1893년 미국 일리노이 주의 시골도시 골콘다(Golconda)에서 태어나 1917년 일리노이 대학 건축학과를 졸업하고 그해 5월 고등사관양성소에 입학해 군인이 되었다. 하지는 일본과 싸운 태평양전쟁에서는 유능하고 공격적인

조선총독부 제1회의실에서 아베 노부유키가 미 제24사단 사령관 하지 중장(오른쪽)이 지켜보는 가운데 항복 문서에 서명하고 있다.

야전군사령관으로서 이름을 날려 '군인 중의 군인' '태평양의 패튼 (George S. Patton, 1885~1945; 2차 세계대전 중 전차전에서 능력을 발휘한 미 국의 장군)' 같은 별명을 얻었다.

그런 평판이 시사하듯 하지는 '무뚝뚝하고 직선적 접근방식'을 선 호했으며 극도로 보수적이었고 정치적 감각도 없었다. 게다가 제24군 단은 일본점령을 위해 훈련받았기 때문에 한국에 대해 아는 것도 없었 고 상부로부터 아무런 정책지침도 받지 못했다.

아니, 정책지침을 전혀 받지 않은 건 아니었다. 그러나 그 내용은 놀라운 것이었다. 당시 마닐라의 미군 태평양사령부에 근무했고 뒤에 는 국무부 차관까지 지낸 알렉시스 존슨(U. Alexis Johnson, 1908~1997) 은 하지와의 대화를 회고하면서 "한국에 대해 하지가 받은 지시는 대 (對)일본정책의 일환이었다는 말을 듣고 나는 충격을 받았다"고 썼다.

헨더슨(Henderson 2000)은 "하지는 단지 수송시간이 없다는 이유로 약 2000만 명의 인구를 가진 나라의 정치권력을 행사하는 자리에 선택된 사상 초유의 인물일 것"이라고 평했지만 문제는 그 이상으로 심각했다. 하지는 친구에게 보낸 편지에서 자신의 임무 가운데 하나는 "남한에서 공산주의자들을 분쇄하는 일"이라고 밝혔는데(김학준 1995b) "하지는 공산주의처럼 보이는 것은 무엇이든 혐오하는 미국인 특유의 본능을 지닌" 사람이었다.(Cumings 2001, 조용중 1990)

하지는 그야말로 청교도적인 자세로 열심히 일하고 소박하게 살았다. 그는 한동안 반도호텔에 묵다가 궁전 같은 총독관저(지금의 청와대)를 차지하고 살았지만 서너 명의 참모들을 동반했다. 허세를 부리지 않고 소박하다는 점에선 칭찬할 만하겠으나 매사에 너무 엄격하고 신경질적이었다. 예컨대 군정요원들이 이용하는 조선호텔 식당은 오전 6시 반부터 열었고 그만큼 일찍 끝냈으며 룸서비스는 없었다. 이유는 단 하나. 청교도적 생활습관을 지닌 하지의 취향 때문이었다. 하지가 주최하는 파티는 '장례식 파티' 같다는 말이 나올 정도였다.

'준비부족론' 논쟁

하지는 처음부터 끝까지 본국정부의 훈련에 충실하게 움직였기 때문에 하지의 개인적 특성이나 정세 인식이 미 군정의 남한정책에 크게 영향을 주었다는 해석에는 문제가 있다는 주장도 있다. 그런가 하면 하지 개인의 능력 부족보다는 그가 수행해야 했던 일 자체가 '거의 수행 불가능한 임무'였다는 시각도 있다. 훗날 하지도 "미 군정 최고책임자로서 나의 직책은 내가 지금까지 맡았던 직책들 가운데 최악의 임무였다. 만약 내가 정부의 명령을 받지 않는 민간인 신분이었다면 연봉 100만 달러를 준다 해도 결코 그 직책을 다시 맡지 않을 것이다"라고 회고했다.

문제는 여기에 이데올로기적인 해석이 스며든다는 데 있는 것 같다. 즉 미국은 해방자이자 민주주의의 전파자로서 순수한 의도를 갖고 있었지만 준비가 부족했다는 식의 '미국 결백론(American innocence theory)'이나 '단순실수론(fumbling theory)'으로 빠질 수 있다는 것이다.(안진 1992) 그래서 하지의 자질이나 미국의 준비 부족을 문제 삼는 이른바 '준비부족론'은 "한국 현대사의 질곡들에 대한 미국의 책임정도를 의도적이고 계획적인 범죄가 아니라 단순한 '과실에 의한' 범죄의 수준으로 축소하는 효과를 지니고 있다"는 비판도 제기되고 있다.(조순경·이숙진 1995)

그러나 과연 무엇이 준비되지 않았는가를 명확히 할 필요가 있을 것이다. 38선 확정의 문제인지, 그것을 전제로 하거나 그것과는 비교적 무관하게 군정실시의 문제인지 구분해서 말하는 게 좋지 않겠느냐는 것이다. '준비부족론' 논쟁은 그런 차원과 더불어 '거시'와 '미시'라고 하는 시각의 차이를 구분하지 않고 이루어진 한계를 안고 있다고 말할 수 있겠다.

하지에 대한 명령체계는 워싱턴, 도쿄, 서울 사이를 오가야 하는 등 혼란스러웠는데 이를 더욱 악화시킨 것이 국무성과 국방성이 한국 문제를 보는 시각이 서로 달랐다는 점이다. 하지는 국방성 소속이었으며 국무성은 하지에게 고문관을 배속시키는 것으로 간접적인 영향력을 행사했다. 당시 국무성의 관심은 유럽에 쏠려 있었고 남한은 정책

결정 보류상태에 놓여 있었다. 하지는 형식적으로는 맥아더 사령부 휘하에 있었지만 맥아더의 관심은 일본에 집중되어 있었기 때문에 하지는 자유로운 재량권을 누릴 수 있었다. 그래서 하지는 맥아더를 통하지 않고 미국 대통령에게 개인적으로 보고서를 보내기도 했다.

하지가 재량권을 누린 건 맥아더의 하지에 대한 존중심 때문은 아니었다. 맥아더는 일본에서 군주(君主)행세를 하면서 그 재미에 푹 빠져 있었기 때문에 한국 문제는 안중에도 없었던 것이다. 오히려 미국은 일본과 '마루타' 거래까지 했다.

일본과 미국의 '마루타' 거래

1939년 일제 관동군 731부대(방역급수부대)는 최초로 중국과 몽고의 국경지대인 노몬한(Nomonhan) 전투에서 세균무기를 사용했다. 후난성 창더시 한 곳에서만 세균전으로 인한 중국인 사망자 수가 7463명에 이르렀다. 731부대는 그런 세균전을 위해 '마루타(丸木)'로 지칭하던 사람들을 대상으로 생체실험을 했다. 마루타는 '통나무'란 뜻이다.

왜 마루타라고 불렀을까? 훗날 한 731부대원의 회고에 따르면 "그들은 내게 통나무와 같았고 통나무는 인간으로 간주되지 않았다. 그들은 스파이거나 음모자들이었다. 그들은 이미 죽은 목숨이었고 다시한 번 죽는 것이었다. 우리는 그저 사형을 집행했을 뿐이다." 진짜 통나무는 인간성을 완전히 상실한 731부대원을 비롯한 일본 제국주의자들이라는 걸 드러내는 증언이라 하겠다.

731부대는 부대장인 이시이 시로(石井四郎, 1892~1959) 중장의 창안과 관리하에 이루어져 일명 '이시이 부대'라고 불렸다. 생체실험 요원은 2600여 명이었다. 1933년 만주 하얼빈시 남방 20킬로미터 지점에 설립한 비밀연구소는 실험재료로 수천에서 수만 명에 이르는 사람을 죽여 '악마의 소굴'로 불렸다. 희생자는 중국인, 소련인, 조선인, 몽고인 등이었다. 이는 일왕 히로히토의 허가를 받고 이루어진 일이었다.

731부대는 천황의 칙령으로 창설된 유일한 부대라는 강한 자부심을 갖고 있었다. 그러니 무슨 짓이든 할 수 있었으리라. 일제는 세균무기를 개발하기 위해 마루타를 대상으로 31종류의 실험을 했다. 고속원심분리기를 사용해 사람의 생피를 짜내는 착혈실험, 인간의 피와 말의 피를 서로 교환해보는 인마혈(人馬血) 교환실험, 진공·기아·화학가스·화력·냉동 등 극한상황에 따른 인체의 반응과 생존력을 알아보는 실험, 각종 세균을 주사로 주입하거나 만두에 섞어 먹이고 그 독성을 실험하는 세균감염 실험 등이었다.(Behr 2002, 김삼웅 1990·1998)

'마루타'를 일부러 이질에 감염시키기도 했으며 파상풍균을 주입하는 경우도 있었다. 세균 마스크를 씌운 마루타와 안 씌운 마루타들을 별도의 말뚝에 세운 다음 청산가스를 뿌려대기도 했다. 영하 50도의 방에 마루타들을 죽을 때까지 방치하기도 했다. 마루타가 살아남는 길은 없었다. 전문가들은 총 희생자의 수가 수만 명이 넘을 것으로 보고 있다. 어디 그뿐인가. 1940년부터 731부대는 중국 남부 민간인 마을 등에 탄저병, 콜레라, 페스트 등의 세균을 살포해 최소 25만 명의 목숨을 앗아갔다.(김호경 2002)

종전 후 731부대 관련자들은 어떤 처벌을 받았던가? 아무런 처벌도

받지 않았다. 역사학자 아와야 겐타로(粟屋憲太郎)는 『도쿄 재판론(東京裁判への道)』(2006)에서 "실험 데이터 등 모든 정보를 미국에 넘겨주는 대가로 이시이 부대장 등 부대간부들을 제소하지 않기로 한 것으로 추정된다"고 했다.

'추정'이라고 할 것도 없다. 증거문서만 없다 뿐이지 명백한 사실이다. 트루먼의 지시를 받은 맥아더는 731부대의 자료를 챙기는 대신 그 주범들에게 면죄부를 주었다. 미국 내 연구소들은 인체실험을 할 수 없기 때문에 도저히 이런 자료들을 구할 수 없다는 점을 높이 평가해 모든 사안을 비밀로 처리했다. 미국은 나중에 생체실험 주범들에게 미국의 화학전 요원들을 대상으로 한 강연까지 요청했다. 참으로 추악한 거래였다(이종호 2010).

마루타 논쟁

1995년 3월 18일 『뉴욕타임스』는 사설을 통해 미국이 군사적 목적에서 생체실험 결과를 얻기 위해 생체실험을 행한 중심인물들을 사면했을 뿐만 아니라 월급을 주면서 고용하기까지 한 사실을 지적하면서 당시의 미국 정부를 비판했다. 『워싱턴타임스(Washington Times)』 3월 19일자 사설은 나치 수용소에서 미군포로의 사망률은 25대 1인데 비해 일본수용소의 미군포로 사망률은 3대 1이나 됐다는 미국 학자의 연구결과를 거론하면서 인체세균 실험, 위안부 등 온갖 잔혹행위를 저지른 일본은 원폭투하를 양대 학살 가운데 하나라고 주장할 처지가 못 된다고 말했다.(정연주 1995)

2002년 8월 2일 시노즈카 요시오(篠塚良雄)라는 노인이 도쿄 외신기자클럽에서 본인이 직접 가담했던 731부대의 잔학상을 폭로하고 희생자들에 대한 일본 정부의 보상을 요구하고 나섰다. 2002년 8월 14일 밤 10시 한국 EBS는 광복절특집으로 731부대 다큐멘터리 〈시사다큐 움직이는 세계-충격보고! 731부대의 진실〉편을 방영했다. 영국 BBC가 2002년 3월 방송한 화제작으로 이 부대원들의 생생한 증언과 함께 생체실험을

731부대의 책임자 이시이 시로. 종전 후 이시이 시로는 도쿄대학 교수 및 학장, 도쿄올림픽 조직위원회 위원장을 지냈다. ⓒ Masao Takezawa

겪은 중국 현지 피해자들의 소송준비 과정 등을 담았다. 이 다큐멘터리에서 가장 경악할 만한 부분은 나치의 유대인 학살에 비견될 가공할 전쟁범죄를 저지른 731부대 요인들이 나치와는 달리 아직도 일본 정계 및 보건·의료계에서 버젓이 핵심세력으로 남아 있다는 점이다.

고바야시 로쿠조(일본 국립방역연구소 소장), 나카구로 히데토시(국방의학대학 총장), 나이토 료이치(녹십자 회장), 기타노 마사지(녹십자 대표이사), 가수가 추이치(통신기기업체 트리오-켄우드 회장), 요시무라 히사토(교토 의과대학 총장), 야마나카 모토키(오사카대학 의과대학 총장), 오카마토 코조(교토대학 의과대학 학장), 다나카 히데오(오사카대학 의과대학 학장) 등이 문제의 인물들이다. 특히 731부대의 책임자였던 이시이 시로는 일본이 미군에 항복하자 부대에 남아 있던 포로들을 학살

하고 실험용 쥐를 풀어 증거를 인멸했다고 한다. 그는 부대원들에게 비밀을 지키라는 명령을 내린 뒤 미국이 탐내던 실험관련 데이터를 넘기는 조건으로 면책을 얻어냈다.

BBC 기자가 2001년 『일본 근대사』라는 베스트셀러를 낸 도쿄대학 교육학 교수이자 극우단체 '새 역사 교과서를 만드는 모임' 의 부회장인 후지오카 노부카츠(藤岡信勝)와 인터뷰한 내용은 일본 파시즘의 책임을 군부에게만 물을 수 없다는 생각을 갖게 만들기에 충분했다. 난징 대학살, 한국 종군위안부, 731부대에 대한 진상을 묻는 기자의 질문에 대한 노부카츠의 답변은 "난징 대학살은 없었다" "종군위안부는 존재했지만 강제적으로 끌려와서 일한 건 아니다" "731부대에 대한 기록은 남아 있는 게 없어 책에 언급하지 않았다" 등이었다.

2002년 8월, 1940~1942년 중일전쟁 당시 일본군이 731부대를 통해 세균전을 벌인 사실을 일본 법원이 처음으로 인정했다. 이는 '세균전은 확인할 수 없다' 고 밝혀온 일본 정부의 주장을 정면으로 뒤엎은 것이다. 도쿄지방재판소는 8월 27일 중국인유족 등 180명이 중일전쟁 당시 731부대 등이 살포한 세균에 감염됐다며 18억 엔의 손해배상을 청구한 소송에서 이같이 밝혔다. 재판부는 그러나 "헤이그 조약은 개인의 배상청구권을 인정하지 않고 있으며 전후 일본에서 국가배상법이 시행되기 이전의 사항은 국가에 배상책임이 없다"고 판결해 소송은 기각되었다. 재판부에 따르면 731부대는 일본 육군본부의 지령에 따라 페스트균을 감염시킨 벼룩을 최소 3곳에서 공중살포했다. 또 콜레라균을 우물에 뿌리고 음식물에 섞기도 했다. 재판부는 이와 함께 "중국 측의 조사에 따르면 페스트균의 전파로 피해지는 8곳으로 늘었으며 세균전 사상자 수도 약 1만 명에 이른다"고 밝혀 세균전으로 인한 다수의 사망자 발생을 증거로 인정했다.(박용채 2002)

일제가 저지른 생체실험은 인간의 잔인성과 악독성이 어떤 극한에 이를 수 있는가를 보여준 사건이었다. "오, 하나님! 당신이 손수 만드셨다는 인간이란 동물이 도대체 왜 이렇게 불량품입니까"라고 따지거나 절규라도 해야 하는 걸까?

참고문헌 Behr 2002, Berreby 2007, Cumings 1986 · 2001, Henderson 2000, Oliver 1990, Stueck 2001, 김삼웅 1990 · 1995a · 1998, 김학준 1995b · 1996a, 김호경 2002, 박용채 2002, 송건호 2000, 안진 1992, 이우진 1996, 이종호 2010, 이창위 2005, 정병욱 2003, 정연주 1995, 정용욱 2003 · 2003a, 정일성 2000, 조순경 · 이숙진 1995, 조용중 1990, 진덕규 2000, 한중일3국공동역사편찬위원회 2005

국가 간 정보 자유유통
유엔 · 유네스코 창설

유엔 · 유네스코 창설

2차 세계대전이 거의 끝나갈 무렵인 1945년 4월 25일 샌프란시스코에서는 유엔 창설을 위한 헌장을 초안하는 국제회의가 열렸다. 6개월 후이 헌장에 대한 참가국의 서명으로 유엔이 창설되어 10월 24일은 '유엔의 날'로 선포되었다. 유엔은 모든 회원국을 대표하는 총회(General Assembly)와 미국, 영국, 프랑스, 중국, 소련의 5개 상임이사국과 총회에서 선출되는 2년 임기의 비상임이사국으로 구성된 안전보장이사회(Security Council), 그 밖의 몇몇 기구로 조직을 갖추었다.

　1차 세계대전 직후 탄생한 국제연맹과는 달리 유엔은 미국민의 80퍼센트 이상이 지지했으며 미국 상원도 1945년 7월 국제연합헌장을 80대 2로 비준했다. 뉴욕에 자리 잡은 유엔 본부는 2차 세계대전 종료와 함께 세계의 패권이 유럽에서 미국으로 이전되었음을 상징적으로 보여주었다.

유엔 창설 당시 영국과 프랑스는 본부를 유럽에 둘 것을 희망했지만 소련과 중국이 반대했다. 이를 틈타 미국이 적극적으로 나서 유엔 본부를 뉴욕 맨해튼에 유치하게 되었다. © Steve Cadman

또한 유엔은 국가 간 '정보 자유유통'을 적극 추진할 것을 암시하는 것이었다. 여기서 '정보'는 '대중문화'까지 포함하는 개념이다. 2차세계대전 이후 미국의 외교정책은 소극적 고립정책에서 문화를 통한 적극적 간섭정책으로 전환되었다. 훗날 오스트리아의 역사학자 바근라이트너(Reinhold Wagnleitner)는 이러한 정책전환을 "먼로(Monroe)독트린에서 메릴린 먼로(Marilyn Monroe) 독트린으로" 바뀐 것이라고 주장했다.

정보 자유유통 논란의 역사

이제 미국이 중요한 국가정책으로 삼은 정보 자유유통을 둘러싼 논란의 기원은 1859년으로 거슬러 올라간다. 앞서(2권 4장) 살펴본 바와 같이, 유럽의 통신사들은 상호 치열한 경쟁을 막기 위하여 영국, 프랑스, 독일의 3개국이 중심이 되어 영업구역을 분할하는 카르텔을 형성했다. 1859년에 정식으로 맺은 이 카르텔협정에 따르면 로이터(Reuters)는 대영제국과 극동지역을, 아바스(Havas: AFP)는 스페인, 프랑스, 이탈리아, 포르투갈 문화권을, 볼프(Wolff)는 오스트리아, 독일, 스칸디나비아, 소련 지역을 담당했다.

이 카르텔협정이 체결된 1859년 당시 미국은 세계의 열강으로 부상하지 못했다. 1893년 미국의 AP통신사는 유럽 카르텔에 묵묵히 가입함으로써 미국 내에서 유럽 통신사들의 뉴스 배포권을 얻는 것으로 만족해야 했다. 유럽 카르텔은 AP에게 오직 미국 내에서만 영업할 것을 요구했으며 남미지역에 뉴스를 팔거나 그 지역에서 뉴스를 수집하는 것조차 금지시켰다. 하지만 미국의 국력이 신장하면서 점차 비대해진 AP 내부에 불만이 싹트기 시작했다. 1912년경 AP는 남미지역에 진출할 것을 심각히 고려하기 시작했으며 1914년 AP 이사회는 유럽 카르텔을 탈퇴할 것인가의 여부를 놓고 열띤 논쟁을 벌이기도 했다.

1차 세계대전이 종결된 1919년 6월, 파리에서는 연합국과 독일 사이에 베르사유조약이 체결되고 있었다. 이 당시 미국의 젊은 신문기자 켄트 쿠퍼(Kent Cooper, 1880~1965)는 우드로 윌슨(T. Woodrow Wilson, 1856~1924) 대통령의 특사인 에드워드 하우스(Edward M. House, 1858~1938)에게 베르사유조약에 언론자유와 관련된 조항을 넣을 것을 간곡히 청했다. 쿠퍼는 후일 AP를 대표하여 미국의 정보제국을 건설하는 데 혁혁한 공을 세우게 될 전설적인 인물로, 그러한 조항의 삽입이 유럽 카르텔을 분쇄하는 데에 큰 도움이 될 것이라는 계산을 했던 것이다. 하우스는 그렇게 하겠다고 쿠퍼를 안심시켰지만 그는 국제관계에서 정보통제권의 위력이 어떠한지를 아직 이해하지 못하는 구시대의 인물이었다. 결국 베르사유조약은 미국 통신사가 유럽 카르텔을 분쇄할 수 있는 이론적 근거를 제공할 조항을 삽입하지 않고 체결되고 말았다.

그 결과 미국이 세계열강의 위치로 부상했음에도 불구하고 1930년대 초반까지 세계 정보시장은 여전히 유럽 통신사들에 의해 지배되고 있었다. 미국 내의 지식인과 언론인들 사이에 불만이 팽배했음은 물론이다. 가령 1932년에 미국 저널리스트 애벗은 이렇게 불평했다. "유럽 뉴스의 일방적인 미국 유입은 양뿐만 아니라 질적인 내용에 있어서도 크게 왜곡돼 있어 원만한 국제관계를 해치는 주범이 되고 있다." 역시 저널리스트였던 리겔도 1934년 "유럽 뉴스 통신사들의 왜곡보도로 유럽인들은 미국 거리에 인디언과 벌거벗은 미녀와 갱들만이 가득하며 미국이 조직적인 범죄에 의해 쓰러지는 급박한 위험에 직면한 줄로 알고 있다"고 분통을 터트렸다. 어쨌거나 미국이 유럽 통신사들의 횡포에 시달렸다는 것은 부인할 수 없는 사실이다.

미국의 유럽 카르텔에 대한 도전

1933년에 소집된 국제연맹 회의에서는 정보의 자유유통 원칙이 본격적으로 논의되어 "영화필름 및 기타 정보미디어의 국가 간 자유로운 유통을 위해 각국으로부터 약속을 다짐받고 이를 조속히 실행에 옮길 것"을 촉구하는 약정이 채택되었다. 그러나 이 약정은 주로 영화 필름을 대상으로 한 것이었다. 1차 세계대전으로 유럽의 영화산업이 치명적인 타격을 받은 틈을 타 미국이 세계 영화산업의 선두주자로 등장했기 때문에, 할리우드의 입김이 워싱턴에까지 미쳐 윌슨 대통령의 주도로 성립된 국제연맹에서 그런 약정을 얻어낼 수 있었던 것이다.

스위스 제네바에 있는 옛 국제연맹 본부. 지금은 유엔 유럽 본부로 쓰인다.

물론 뉴스 통신사에게 미치는 파급효과도 무시할 수 없는 것이었지만 윌슨과 미 의회의 불화로 국제연맹이 붕괴되는 바람에 별 효과를 거두지 못하고 말았다.

미국 언론산업이 유럽 카르텔을 보이콧한 역사적인 순간은 1936년 2월 12일이었다. 그날 AP는 유럽 카르텔 탈퇴를 선언하고 독자적으로 세계 정보시장에 뛰어들겠다는 발표를 했던 것이다. 그 이후 AP의 투쟁사는 AP사장을 역임하며 미국의 정보제국 형성에 지대한 공헌을 한 켄트 쿠퍼의 자서전에 잘 기록되어 있다. 한 가지 재미있는 점은 쿠퍼의 책이 출간된 1942년 7월이, 미 법무부가 AP를 독점금지법 위반 혐의로 소송을 준비하고 있던 때라는 점이다. 유럽 통신사들의 세계 정보시장 독점을 규탄하던 AP가 이제는 미국 국내시장을 독점하고 세계시장을 독점코자 하는 야욕에 불타 있었던 것이다. 쿠퍼의 책은 그가 미국의 이익을 위해 유럽을 상대로 한 과감한 투쟁사를 기록한 것으로, 이 책이 미국인들의 애국심을 자극해 AP의 독점행위에 대한 호의적인 여론형성에 크게 기여했다.

쿠퍼가 책을 펴낸 동기가 어떠했든 그의 책은 세계 뉴스를 지배했던 유럽 카르텔에 신랄한 비판을 가했다. 쿠퍼는 "로이터와 아바스 통신사가 AP를 세계시장에서 배제시킴으로써 그들은 AP와의 경쟁부담에서 해방되고, 미국을 그들 마음대로 왜곡 보도할 수 있으며, 미국에 대한 그들의 일방적인 왜곡보도를 통해 모순 없이 그들의 나라를 유리한 시각에서 보도하는 세 가지 목적을 달성하고자 했다"고 비난했다. 또한 쿠퍼는 "유럽 통신사들은 언제나 영국과 프랑스 문명의 위대한 면과 그들의 문명이 세계 전체에 끼친 영향을 예찬했다. 그러나 미국에 관한 그들의 보도는 인디언 때문에 안전하게 여행할 수 없는 곳이라는 따위의 왜곡보도로 점철된 것이었다"고 주장했다.

쿠퍼는 또한 케이블이 영국의 세계적 패권에 어떠한 영향을 미쳤는가에 대해 이렇게 말했다. "케이블은 오스트레일리아, 남아프리카, 인도, 중국 그리고 기타 모든 영국 제국 내의 국가들을 즉시 런던으로 연결시킴으로써 대영제국의 결속을 공고히 하고 그 밖의 나라마저도 영국의 영향권 아래 두려는 목적수행에 크게 기여했다. 이 케이블을 통해 세계 각국에 전달되는 메시지는 언제나 대영제국을 찬양하고 그 주의와 사상에 영광을 부여하는 것이었다." 쿠퍼의 밑에서 일했던 오스왈드 게리슨 빌라드(Oswald G. Villard, 1872~1949) 역시 그때를 회상하며 "유럽 카르텔의 뉴스는 민족주의적 프로파간다와 제국주의적 목적으로 만들어진 것이었다"(1942)고 주장했다.

쿠퍼의 책이 나온 1942년경에도 유럽 통신사들의 힘은 여전히 막강했다. AP는 독립을 선언했을 뿐 아직 유럽 통신사들의 시장마저 탈환한 것은 아니었다. 특히 아시아와 아프리카 지역은 유럽 통신사들의 독무대였다. AP를 위시하여 미국의 모든 언론 및 정보산업이 단합하여 자신의 정보제국 건설을 위해 일로매진하게 된 것은 미국의 국위가 기승을 떨치던 2차 세계대전 기간과 그 이후 20여 년간이었다.

처지가 바뀐 미국과 유럽

1943년 2월, 미국 신문편집인협회 이사들은 '언론자유의 세계적 보장'에 관한 결의문을 채택했다. 1944년 6월에는 민주 및 공화 양 정당에게 '세계적 정보의 자유'에 대한 지지성명을 낼 것을 촉구했다. 국

코델 헐. 전후 세계질서 유지와 국제연합 설립에 공헌하여 1945년 노벨평화상을 받았다.

가 간 정보유통의 자유에 대한 요구는 늘 언론의 자유라는 가면을 뒤집어쓰고 있었지만 실제 목적은 시장침투를 위한 자유무역 원칙을 진작시키겠다는 것이었다.

특히 1944년 7월 체결된 브레튼우즈 협정으로 탄생한 국제통화기금과 세계은행은 자유무역을 촉진하기 위해 금융상의 장벽을 제거하는 것을 주요목적으로 삼았는데 이를 위해 국가 간 정보의 자유유통이 절대적으로 필요한 것임은 두말할 나위가 없었다.

미국 언론계를 대표해 국가 간 정보의 자유유통 원칙을 역설한 대표적 인물이 쿠퍼였다면 국무장관 코델 헐(Cordell Hull, 1871~1955)은 미 행정부를 대표해 그 원칙을 강조한 대표적 인물이었다. 1933년부터 국무장관을 역임해온 헐은 루스벨트 대통령이 '유엔의 아버지'라고 부를 만큼 유엔 창설에 주요한 역할을 담당했다. 헐은 국가 간 정치적 관계의 경제적 기초에 큰 역점을 두었으며 외교관계의 상업적 측면을 늘 강조했다.

기회 있을 때마다 자유무역의 절대적 중요성을 역설했던 헐이 정보의 국가 간 자유유통의 절대적 중요성을 강조한 건 당연한 일이었다.

1944년 9월 17일의 기자회견에서 헐은 정보의 자유에 대한 문제가 오래전부터 국무부에서 검토되어왔음을 밝힌 후, 정보자유 원칙의 세계적 확산을 위해 모든 지원을 아끼지 않을 것임을 천명했다. 4일 후인 9월 21일, 국가 간 정보유통의 자유원칙은 미국 의회를 통해 미국 대외정책의 주요한 원칙임이 확인되었다. 상하원을 통과한 의회결의안은 "뉴스의 수집 및 배포를 담당하는 뉴스 통신사들은 국가 간 뉴스를 교환할 세계적인 권리를 갖고 있으며 이 권리는 국제적 협정을 통해 보호되어야 한다"고 주장했다.

1944년은 미국 대통령선거가 있는 해여서 국가 간 정보유통의 자유원칙은 민주 및 공화 양당의 정강(政綱)에도 삽입되었다. 집권당인 민주당의 정강은 "전 세계인들 사이에 사상과 상품의 보다 자유로운 유통"이 이루어질 것을 역설했다. 당시 국가 간 정보유통의 자유를 역설하는 데 미국 정부와 언론계는 하나로 뭉쳤으며 둘 사이의 이해는 상충되지 않았다. 그래서 미국 정부의 자유무역을 위한 선행조건으로서 정보의 자유유통은 언론계를 앞세워 언론의 자유라고 하는 후광효과를 톡톡히 볼 수 있었다. 미국 언론계도 이에 대해 어떠한 의문도 갖지 않았다. 가령 1944년 11월에 발표된 미국 신문편집인협회의 선언문은 "모든 미국인과 신문들은 국가 간 정보의 자유원칙의 실현을 위해 정치적·법률적·경제적 장벽을 제거하려고 애쓰는 정부의 정책을 지지하며 정부가 그러한 의지를 세계 각국에 명백히 알려야 할 것이다"라고 밝혔다.

신문편집인협회는 결의안이나 선언문 채택으로 만족하지 않고 직접 행동에 나서기로 했다. 1944년 11월에 신문편집인협회는 AP와 미국의 또 하나의 세계적 통신사인 UPI와 제휴하여 전 세계 각국의 수도를 방문하며 국가 간 정보유통의 자유를 역설할 사절단을 파견할 것을 발표했다. 이러한 적극공세에 대해 반발한 것은 이제 과거의 영광을 잃은 영국이었다. 1944년 말 영국의 『이코노미스트(The Economist)』는 "미국 통신사들의 엄청난 재정자원은 미국 통신사들의 세계지배를 가능케 할지도 모른다. …… 쿠퍼는 다른 대기업의 간부들처럼 언론의 자유를 팔아 상업적 이득을 얻을 수 있다는 것을 발견하고 도덕적 가면을 뒤집어쓰고 있다. 민주주의란 반드시 AP를 위해 전 세계를 안전하게 만드는 것을 의미하지는 않을 것이다"라고 가시 돋친 평을 했다.

정보 자유유통의 국가정책화

AP를 중심으로 한 미국의 정보유통의 자유 캠페인을 적극 지원하기 위해 국무부는 새로운 조직개편을 단행했다. 1944년 12월 20일 국무부 내에 공중 및 문화부문을 담당하는 차관직이 설치되었던 것이다. 뉴스를 포함한 미국 문화를 국외에 판매하는 역할을 맡은 이 부서의 장으로는 시인 아치볼드 매클리시(Archibald MacLeish, 1892~1982)가 임명되었다. 국무부뿐만 아니라 국방부(당시에는 전쟁부)도 정보 자유유통을 위한 캠페인에 참여했다. 아직 전쟁이 끝나지 않은 1945년 봄, 미국 대표단은 세계 22개 주요도시를 순행하는 장장 6400여 킬로미터 여행에 나섰다. 이들은 군용기를 이용하며 전쟁수행 업무를 능가하는 특별대우를 받았다.

　미국 대표단이 세계를 순방하고 있을 동안 AP 이사들은 AP를 세계 최대의 통신사로 키우려는 대표이사 쿠퍼를 돕기 위해 1년에 100만 달러의 특별자금을 마음대로 쓸 수 있도록 조치를 취했다. 미국은 또한 국제모임을 십분 활용하여 1945년 2월 멕시코시티에서 '전쟁과 평화의 문제'라는 주제로 개최된 아메리카대륙회의에서 국가 간 정보 자유유통을 강조한 결의안이 채택되도록 압력을 넣었다.

미국이 이즈음 정보 자유유통을 어떠한 시각으로 바라보고 있었는가는 1945년 8월 4일자 『비즈니스위크』의 다음과 같은 보도를 통해 엿볼 수 있다. "워싱턴은 국가 간 커뮤니케이션의 자유로운 유통이 상품과 사상의 교류를 촉진하는 데에 긴요하다는 점을 인식하고 있다. …… 정보의 대량유통은 우리의 무역을 촉진시키고, 프로파간다를 활성화하며, 모든 분야의 사업을 신장시킬 것이다."

미국은 정보 자유유통의 과업을 유엔을 통해 영구히 제도화시키기 위한 방안으로 유엔의 산하기구로 탄생될 유네스코(UNESCO; United Nations Educational, Scientific and Cultural Organization)를 염두에 두고 있었다. 1945년 10월과 12월 워싱턴과 런던에서 각기 열린 유네스코 창설예비모임에서 미국 대표인 아치볼드 매클리시는 유네스코의 기본이념으로 국가 간 정보 자유유통의 원칙을 역설했다. 매클리시는 "전쟁은 사람의 마음속에서부터 시작되기 때문에 평화를 위한 방어선이 구축되어야 할 곳은 바로 사람의 마음이다"라는 명문(明文)을 지어 유네스코 헌장서문에 삽입시켰다.

44개국에서 300여 명의 대표가 모인 런던 회의는 유네스코가 객관적 진리와 사상과 지식의 자유교환을 무제한 추구하는 것을 촉진하는 국제기구로서 탄생될 것을 선언했다. 유네스코를 이용하는 것과는 별도로 미 국무부는 정보 자유유통을 위한 자체조직을 더욱 강화했다. 1945년 9월에 매클리시에 뒤이어 정보 자유유통 담당 국무차관에 임명된 윌리엄 벤튼(William Burnett Benton, 1900~1973)은 트루먼 대통령의 지시에 따라 그의 관할하에 국외정보를 담당하는 상설기구를 설치했다. 이 기구는 1946년 1월 1일부로 업무를 개시했다.

벤튼은 1946년 1월 3일 연설을 통해 민간기업이 정부의 국외정보 분야에 적극 참여하는 것을 유도하겠다고 발표했다. 벤튼의 새로운 계획은 미국의 대외 프로파간다 사업을 중심으로 한 것이었다. 그러나 이 사업 역시 국가 간 정보 자유유통이라고 하는 목적추구를 위해 일익을 담당했다. 이 프로파간다 사업을 통해 정부는 정치적 목적을 달성할 수 있었고 언론산업은 시장확장이라고 하는 상업적 목적을 달성할 수 있었던 것이다.

벤튼은 미국 정부와 언론산업의 공생관계를 공고히 하는 데 노력을 기울였다. 그는 1946년 1월 26일 "국무부는 미국 통신사, 잡지, 영화 그리고 그 밖의 모든 매체들이 세계진출을 하는 데 있어 장벽이 되는 것들을 제거하는 데 정치적 또는 외교적 방법에 준하는 모든 수단을 다 동원하겠다"고 밝혔으며 국가 간 정보 자유유통은 "미국 외교정책의 핵심적 부분"임을 재천명했다.

이 무렵 대통령특사로서 유엔 창설에 주요한 역할을 담당했으며 후일 국무장관으로 맹활약하게 될 존 포스터 덜레스(John F. Dulles, 1888~1959)는 "만약 나에게 외교정책 가운데 가장 중요한 것 딱 하나만 꼽으라면 나는 국가 간 정보 자유유통을 선택하겠다"고 말함으로써 정보 자유유통이 전후에 새롭게 태동하는 미국 패권의 생명줄과 같은 것임을 분명히 했다.

당시 미국의 절대적 영향력하에 놓여 있던 유엔과 유네스코는 서로 앞다투어 국가 간 정보 자유유통을 주창하고 나섰다. 1946년 2월 유엔 경제사회이사회는 '인권특별위원회'를 설치했으며, 6월에는 이 위원회 밑에 '정보 및 언론의 자유에 관한 소위원회'를 세울 것을 결의했다. 그로부터 5개월 후에는 파리에서 44개국 대표가 참가한 가운데 제1차 유네스코 총회가 개최되었다. 이 총회는 유네스코의 4대 긴급목표를 채택했는데, 첫째 파괴된 문화 및 교육시설의 복구, 둘째 문맹률 감소, 셋째 교과서개정, 넷째 국가 간 정보 자유유통의 장애물제거와 매스미디어 이용의 확장이다. 제1차 총회는 이러한 사업의 실시를 위해 첫해에 600만 달러의 예산을 책정하고 파리를 영구본부로 삼을 것을 결의했다.

'미국의 문화제국주의'에 대한 두려움

미국이 유네스코에 참여한 가장 큰 이유는 국가 간 정보 자유유통을 추진하기 위한 것이었다. 그러나 유네스코 내에서 매스미디어를 강조했던 미국의 태도는 영국의 반발을 불러일으켰다. 영국의 케네스 린제이(Kenneth M. Lindsay, 1897~1991)는 "유네스코 사업 가운데 매스미디어가 교육을 희생으로 하여 지나치게 강조되고 있다"(1946)고 비난했다. 영국의 시사평론지 『뉴 스테이츠먼 앤드 네이션(New Statesman and Nation)』은 1946년 12월 28일 미국에 대한 불만을 이렇게 토로하고 있다.

"파리 총회에 모인 대표들은 숭고한 이상과 박애적 목표로 가득한 사람들로 구성되어 있다. 이 세상의 어떠한 사람들도 이들보다 그 동기에 있어서 더 진지하거나 성실할 수는 없을 것이다. 그런데 왜 작은 나라들과 소위 저개발국가들은 미국이, 미국 국민이 향유하고 있는 문명의 혜택인 매스미디어를 전 세계에 확산시키겠다는 데 대해 불편하게 생각하는 것일까? 사상의 교통을 방해하는 모든 장벽을 무너뜨리고 상호이해를 돈독히 해야 할 이 시점에서 왜 그러는 것일까? 그건 바로 '사람의 마음 위에 건설되는 제국'을 두려워해서다. 물론 미국의 대표단은 제국건설자들은 아니다. 그러나 그들의 뒤에는 수백만 피트에 이르는 깡통문화를 배급하는 할리우드의 영화사들과 '미국의 소리'라고 하는 특이한 음색으로 이야기하는 라디오와 '미국식 생활방식'에 관해 무진장 찍어내는 신문들이 버티고 있지 아니한가. 다른 작은 나라들은 미국의 그러한 문화공세에 그들 자신의 문화가 짓눌려 압사당하는 것을 목격해왔던 것이다."

국무차관인 윌리엄 벤튼도 위와 같은 비난을 충분히 예상하고 있었다. 벤튼(1947)은 이렇게 말했다. "매스미디어에 관한 건(件)은 우리에게 특별히 중요한 의미를 갖고 있었다. 파리 총회 이전부터 우리는 다른 나라들이 소위 '미국의 문화제국주의'를 두려워하고 있다는 것을 들어왔다. '문화제국주의'에 따르면 국가 간 정보 자유유통을 관철시키고자 하는 우리의 정책은 우리의 경제력과 우리의 고도로 발달한 매스미디어 산업을 이용해 이 세계를 미국적 사상과 미국적 기호의 기준과 미국의 프로파간다로 뒤덮어버리는 것을 목표로 하고 있다는 것이다."

미국의 제안이 파리 총회에서 다른 국가들로부터 냉담한 반응을 받을 것을 예상한 미국은 보다 강경한 전략을 준비해놓았다. 1946년 9월 미 국무부의 특별자문위원회는 「매스미디어와 유네스코」라는 보고서에서 만약 매스미디어에 관한 미국의 제안이 유네스코 사업 가운데 부차적인 것으로 밀려난다면 미국은 유네스코를 탈퇴하여 독자적인 기구를 새로 설립할 것을 주장했던 것이다.

그런 결의까지 한 미국 대표단이 파리 총회에서 입이 닳도록 국가 간 정보 자유유통을 역설한 것은 너무도 당연한 일이었다. 미국 대표단은 "유네스코는 국가 간 정보와 사상의 자유유통을 방해하는 장애물에 관한 보고서를 작성하고 있는 유엔의 정보자유에 관한 소위원회에 협력하여야 한다"고 제안했다. 미국은 또한 유네스코가 2억 5000만 달러를 들여 전 세계적인 커뮤니케이션 시스템을 세워야 한다고 주장했다. 그러나 이 제안은 미국이 "유네스코를 이용하여 미국적 사상으로 전 세계를 공략하려고 한다"는 영국의 강력한 반발에 부딪혀 실행되지 못했다. 그러나 유네스코 내에 매스커뮤니케이션 부서가 설치되고 그 안에 국가 간 정보 자유유통을 담당하는 소부서가 마련되었으니 미국으로서는 소기의 성과를 충분히 거둔 셈이었다.

국가 간 정보 자유유통 촉진을 위해 유네스코와 앞서거니 뒤서거니 경쟁을 벌이던 유엔은 1946년 12월 14일 "정보의 자유는 기본적인 인권이며, 유엔이 신성하게 생각하는 모든 자유의 시금석이다"라는 결의안을 채택했으며 '정보의 자유'를 "외부의 제약 없이 그 어디서든 뉴스를 수집하고 전송하고 발행할 수 있는 권리"라고 정의했다.

이 결의안 채택을 기점으로 하여 '정보 자유유통'은 거의 모든 국제적 법률문서의 한 구석에 첨가되는 약방의 감초로 자리 잡았다. 이처럼 성공적인 결과를 목격한 미국 신문편집인협회의 '정보의 자유에 관한 상설위원회' 의장 윌버 포레스트는 1946년 동협회의 연례총회에서 "이 세상 그 어디에도 심지어는 소련에까지도 뉴스의 자유유통 원칙을 거부하는 나라는 없다"고 기쁨에 넘친 보고를 했다. '미국의 세기'를 문화적으로 완성할 수 있는 토대가 구축된 셈이다.

참고문헌 Allen 1953, Altschull 1984, Battili 1981, Benton 1946 · 1947, Binder 1952, Blanchard 1986, Boyd-Barrett 1980, Brown 1945, Brucker 1949, Bullion 1982 · 1983, Capello 1970, Chafe 1986, Cohen 1951, Cooper 1942 · 1956 · 1959, Dexter 1947 · 1949, Dulles 1945, Fenby 1986, Fox 1951, Guback 1969, Harris 1981, Henderson 1969, Hoskins 1981, Hudson 1969, Hull 1948, Kindleberger 1951, Knight 1946, Knorr 1948, Kraemer 1984, Lindsay 1946, Mehan 1981, Mikesell 1946, Porter & Johnson 1966, Scammell 1951, Schiller 1975 · 1976 · 1982, Shapiro & Solomon 1950, Villad 1942, Walker 1945, 강준만 1989, 김덕호 · 원용진 2008, 손세호 2007

제3장
냉전시대의 개막

미국의 딜레마
뮈르달-하이에크-스포크

"흑인의 전쟁대상은 미국의 히틀러들"

2차 세계대전이 한창일 때 미군의 수는 1000만 명 이상이었다. 집계방법상의 차이 때문인지 자료마다 내용이 달라 1645만 명이었다는 통계도 있다. 전사 및 실종자 42만여 명을 제외해도 1000만 명에 가깝거나 그 이상인 사람들이 전쟁이 끝나면 무엇을 할 수 있을 것인가? 이에 대한 대책으로 미국 정부가 준비한 게 1944년 6월 22일 루스벨트 대통령이 서명한 제대군인원호법(GI Bill)이다. 제대군인에 대한 광범위한 지원을 내용으로 한 이 법안이 가장 역점을 둔 분야는 제대군인의 대학진학이었다. 무려 780만 명이 이 혜택을 보았다.

제대군인원호법은 '사회적 혁명의 동력'이 되었다. 고든(Gordon 2007)에 따르면, "이 법은 이전까지는 고급 일자리의 존재조차 알지 못했던 수많은 사람에게 그러한 일자리를 개방하는 결과를 낳았다. 통상적으로 영국 및 북서유럽 출신이 지배하던 미국 경제 엘리트의 규

데스먼드 도스(Desmond Doss, 1919~ 2006)는 2차 세계대전 당시 종교적 이유로 무기를 들지 않았다. 대신 비전투 복무인 의무병으로 투입되어 명예훈장까지 받았다.

모가 크게 확장되고 다양화된 것이다. …… 더욱이 제대군인원호법의 혜택은 냉전을 포함해 이후의 전쟁에 복무한 재향군인에게까지 확장되었기 때문에 이 법은 이후 60년간 인적자원 및 기술능력 창출의 지속적 동력이 되었다."

그러나 여전히 해결되지 않았거니와 해결하기도 어려운 문제가 하나 있었으니 바로 징집거부였다. 미국에서 2차 세계대전 동안 징집을 거부한 사람은 4만 3000명. 1차 세계대전 때의 양심적 병역거부자(conscientious objectors)의 비율보다 3배나 많은 숫자다. 이들 중 약 6000명이 감옥에 갔는데 이는 1차 세계대전 중에 양심적 병역거부로 감옥에 간 사람의 4배가 되는 비율이었다. 참전한 병사들은 군대 내의 징집병들에 대한 차별대우에 분노했지만 뾰족한 답이 있을 리 만무했다. 반전(反戰)소설들이 병사들의 불만과 분노를 대신 표현해줄 뿐이었다.

조지프 헬러(Joseph Heller, 1923~1999)의 『캐치-22(Catch-22)』(1961)는 2차 세계대전과 관련된 대표적인 반전소설 가운데 하나로, 2차 세계대전 중 이탈리아에 주둔한 미 공군 폭격비행대대에 관한 얘기다. 계속 늘어나는 의무적인 출격횟수 때문에 점점 죽음의 가능성이 커지면서 미칠 지경이 된 그들은 전투임무에서 면제되기를 원했는데, 군 내부 비공식규정에서 캐치-22가 바로 그 면제조건에 관한 조항을 뜻한다.(catch에는 '항[項]'이라는 뜻도 있다.) 제22항은 군대를 퇴역하려면 미쳐야 한다는 조항이다. 그런데 자신이 미쳤다는 것을 증명할 정도라면 그는 미친 사람일 리가 없다. 이럴 수도 없고 저럴 수도 없는 딜레마야말로 전쟁의 본질이 아닐까?

백인병사들이 전쟁으로 인해 고통스러워하는 동안 흑인병사들이 어떠했을지는 짐작하기 어렵지 않다. 흑백 간 차별이 또 한번 발생한 것이다. 목숨을 걸고 나간 전쟁터에서조차 인종차별을 당한다? 흑인들이 무슨 생각을 했겠는가? 흑인들이 광범위하게 참전한 2차 세계대전이 미국의 인종문제에도 큰 영향을 미친 건 당연한 일이었다. 1943년 디트로이트 등 북부도시에서 인종 간 폭동이 발생한 것도 이런 고양된 의식과 무관치 않았다. 퇴역군인들은 돌아와서 흑인민권을 주장했는데, 어떤 흑인 하사는 제대할 때 다음과 같이 말했다.

"나는 육군에서 4년간 네덜란드인과 프랑스인을 해방시키는 임무를 수행했습니다. 그렇지만 조국에 돌아가면 독일보다 더 지독한 앨라배마인에게 발길로 차이는 꼴을 당할지도 모릅니다. 만약 정말 그렇게 된다면 돌아가고 싶지 않습니다. 아니, 거절하겠습니다! 흑인으로 군대에 들어왔지만 나는 이제 인간으로서 제대하고 싶습니다!"

포트 시카고 참사 현장.

1943년 1월 한 흑인신문에 실린 '징집대상자의 기도' 라는 시를 보자. "사랑하는 주님, 오늘 나는 전쟁에 나갑니다. 싸우려고, 죽으려고 간다고요. 말해주세요, 무엇을 위해서입니까? 사랑하는 주님, 나는 싸울 겁니다. 나는 두렵지 않아요. 독일인이든 일본인이든. 하지만 내가 두려워하는 것들은 여기에 있다고요. 미국에요!"

1944년 7월 17일 밤 캘리포니아 포트 시카고 해군기지에서 수병들이 탄약을 적재하던 중 폭발사고가 일어나 300명 이상의 수병이 사망했는데, 그중 3분의 2가 흑인이었다. 탄약 적재같이 위험한 일은 주로 흑인들에게 할당되었기 때문이다. 3주 뒤, 328명의 생존자들에게 다시 탄약 적재명령이 내려졌고 그들 중 258명이 위험한 작업조건을 지적하며 항명(抗命)했다. 그들은 즉시 구금되었고 그중 50명이 반란죄로 군사재판에 회부되어 8년에서 15년의 강제노동형을 선고받았다. 전미유색인지위향상협회(NAACP)의 대대적인 캠페인으로 이들의 형기는 줄어들었다. 역사가 로버트 앨런(Robert L. Allen)은 『포트 시카고의 반란(The Port Chicago Mutiny)』(1989)에서 "이 일은 2차 세계대전 중 미국 내에서 일어난 최악의 참사였다"고 썼다.

어느 흑인 칼럼니스트는 "우리의 전쟁대상은 유럽의 히틀러가 아니라 미국의 히틀러들이다"라고 선언했고 또 어떤 흑인은 "히틀러는 흑인에게 아무런 해를 입히지 않았다"는 내용의 편지를 대통령에게 보내기도 했다. 흑인병사들의 태평양전쟁 참전과 관련해서는 "흑인은 백인의 영광을 위해 황인과 싸우다 죽는다"는 슬로건이 흑인들 사이에서 유행했다. 1940년 2퍼센트에 지나지 않았던 남부지역 흑인투표율이 1947년 12퍼센트로 급증한 데에는 바로 이런 문제의식이 자리 잡고 있었다.

군나르 뮈르달의 '미국의 딜레마'

이런 일련의 사태를 예견했던 걸까? 1930년대 후반 미국의 흑인문제에 관하여 폭넓은 조사를 시행키로 한 카네기재단은 연구의 공정성을 위해 스웨덴 스톡홀름대학의 유명한 경제학자이자 스웨덴 정부의 경제고문이며 상원의원인 군나르 뮈르달(Karl Gunnar Myrdal, 1898~1987)에게 연구를 위탁했다. 뮈르달은 1938년에서 1942년에 걸쳐 자신을 중심으로 미국 사회학자들과 경제학자들로 구성된 거대한 팀을 조직해 연구에 들어갔다. 이 연구결과는 1944년 『미국의 딜레마: 흑인문제와 현대민주주의(An American Dilemma: The Negro Problem and Modern

Democracy)』라는 책으로 출간되었다.

흑인문제는 백인문제다. 이것이 흑인문제 이해의 출발점이 돼야 한다는 것이 이 책의 주요논지였다. 뮈르달은 이 책에서 흑인의 열등한 지위는 경제력뿐만 아니라 정치사회적 위상과도 연결되어 있다고 주장했다. 이와 유사한 연구로 뮈르달은 1968년 『아시아의 드라마(Asian Drama)』를 출간했는데, 그는 이 책에서도 자본 위주의 발전전략을 비판하면서 사회를 총체적으로 볼 것을 주장했다.

뮈르달은 『미국의 딜레마』에서 미국의 인종적·종교적·민족적·지역적·경제적 이질성을 지적하면서 그럼에도 미국인들에게 "무언가 공통적인 것, 즉 사회적 에토스(ethos), 정치적 신조"가 있다고 주장했다. 그가 대문자로 사용한 '미국의 신조(American Creed)'라는 말은 곧 대중화되었다. '미국의 신조'가 구현하는 것은 무엇인가? 뮈르달은 "개별적 인간들의 필수적 존엄, 모든 사람들의 근본적 평등, 자유와 정의 그리고 공정한 기회에 대한 천부적 권리" 등을 들었다. 그가 '미국의 신조'를 거론한 것은 그것과 불일치를 이루는 미국의 현실, 즉 '미국의 딜레마'를 조명하기 위해서였다. 즉 '미국의 신조'라는 아름다운 덕목들이 인종차별과 공존하는 게 이상하지 않느냐는 것이다. 그런 모순은 극복될 수 있다는 듯 뮈르달은 『미국의 딜레마』를 다음과 같은 열변으로 끝맺었다.

"우리가 인정하든 안 하든, 사회연구의 추동력인 합리주의와 도덕주의는 곧 제도가 개선되고 강화될 수 있다는 신념이며 사람들이 좀 더 행복한 삶을 누릴 수 있을 만큼 충분히 선하다는 신념이다. 오늘날 우리가 알고 있는 모든 것에 비추어보건대, 화합과 협력에 대한 사람들의 고귀한 성향이 방해받지 않을 어떤 국가와 세계를 건설하는 일은 반드시 가능할 것이다. 결코 끝나지 않을 이 사회의 재건을 위한 실천적 방식들을 찾아내는 일은 사회과학의 지상과제다. 세계적 재앙은 우리의 앞길에 엄청난 걸림돌들을 가져다놓고 있으며 또 우리의 신념을 뿌리째 뒤흔들 수도 있다. 그러나 오늘날 우리는 계몽시대 이래 그 어느 때보다도 인간과 사회의 개선 가능성에 대해 더욱 커다란 신뢰를 갖고 있다."

혹인문제는 곧 백인문제라는 뮈르달의 주장과 관련해 사상가 시몬 드 보부아르(Simone de Beauvoir, 1908~1986)는 이렇게 말한다. "이것이 백인문제라는 데는 좀 더 주목할 만한 의미가 있다. 즉 이는 모든 미국인의 마음에 제기되는 문제이며 그래서 인종갈등이 최고조의 긴장에 이르고 돌이킬 수 없는 투쟁이 펼쳐지는 것이다. 많은 백인들이 이 문제를 건드릴 때마다 위기감을 맛본다. 그리고 많은 이들이 개인적 혹은 집단적 죄책감을 느낀다. 모든 이들에게 이 문제는 불안감을 야기한다. 한데 미국인은 냉소적이지 않다. 그들은 불안을 느끼는 것을 싫어한다. 바로 여기에 거대한 '미국의 딜레마'가 있는 것이다."

프리드리히 하이에크의 '노예의 길'

뮈르달은 1974년 프리드리히 하이에크(Friedrich A. von Hayek, 1899~1992)와 노벨경제학상을 공동수상했다. 이해 노벨경제학상은 '우파학자와 좌파학자를 합성하여 만든 매우 특이한 합금'이라는 평가를 받았다. 나중에 뮈르달은 경제학은 물리학이나 화학 혹은 생물학과 같은 의미에서의 과학이 아니라는 이유로 노벨상을 비판하고 자신이 그것을 받은 사실에 유감을 표하는 글을 연속적으로 발표했다.

하이에크는 2차 세계대전 중에 『노예의 길(The Road to Serfdom)』(1944)이라는 책을 써서 계획경제를 비난했다. 이 책은 미국에서 큰 인기를 끌었고 하이에크는 많은 사람들과 단체들의 자유주의적 관점의 대변인이 되었다.

1899년 오스트리아 빈에서 태어난 하이에크는 1차 세계대전 중에 군복무를 마친 후 빈대학에서 1921년에 법학박사 학위를, 1923년에는 정치학박사 학위를 취득했다. 그 후 미국의 컬럼비아대학에서 웨슬리 미첼(Wesley C. Mitchell, 1874~1946)과 존 B. 클라크(John Bates Clark, 1847~1938)의 경제학강의를 수강하며 여러 미국 경제학자들의 연구보조원으로 일했다. 1924년에 다시 빈으로 돌아온 하이에크는 일군의 젊은 경제학자들과 함께 오스트리아학파를 대표하는 유명한 경제학자 루트비히 폰 미제스(Ludwig von Mises, 1881~1973) 밑에서 모임을 꾸리게 되었는데 그 구성원들이 1920년대 오스트리아의 경제학논의를 주도해갔다. 1927년에 오스트리아 경기순환연구소장으로 취임한 하이에크는 2년 뒤인 1929년에 빈대학의 강사로 임용되었다.

1917년 소련에서 볼셰비키혁명이 일어날 당시만 해도 그는 페이비언주의(Fabianism; 점진적 사회주의)에 경도된 온건한 사회주의자였지만 1920년대 중반부터 루트비히 폰 미제스의 영향을 받아 자유주의를 받아들였고 이후 자유주의사상을 자신의 평생신념으로 삼았다. 1931년 런던대학에 초빙되어 영국으로 건너가 학생들에게 경제과학과 통계학을 가르친 하이에크는 1930년대 당시 한창 각광을 받으며 새로이 경제학의 주류로 떠오르고 있던 경제학자 케인스와 논쟁을 벌여 세간의 관심을 한 몸에 받았다.

자신의 자유주의 이론을 체계화한 『노예의 길』을 출간, 반사회주의의 선봉장을 자처한 하이에크가 비판한 사회주의의 맹점은 크게 두 가지였다. 첫째는 사회주의 계획경제체제가 전달이나 관리가 불가능한 무수한 정보의 집적을 필요로 한다는 것이고, 둘째는 사회주의가 인간의 이성에 대해 지나친 믿음을 부여하고 있다는 점이었다.

하이에크는 1950년 시카고대학 교수로 취임하여 학생들에게 사회와 윤리과학을 강의했으며 시카고대학에 재직 중이던 1960년에 자신의 주요저서 중 하나인 『자유의 본질』을 출간했다. 이 책은 현대 자유주의와 관련된 주요주장들 중 하나인 상속세나 높은 한계소득세율에 대해 비판한 내용을 담고 있어 많은 독자들에게 충격을 주었다.

서구사회는 1970년대 이후 복지국가가 가진 폐해와 과도한 정부의 개입으로 인한 비효율성이 증대되었다. 이에 따라 이미 오래전부터 정부의 개입주의 경제정책에 반기를 들어왔으나, 오랫동안 자본주의 경제학의 주류를 점령한 케인지언들에게 밀려 빛을 발하지 못하던 하이에크의 자유주의 경제이론은 1970년대 중반 이후 새롭게 조명을 받게 되었다. 그리고 1980년대 이후에는 신자유주의라는 이름으로 미국과 영국의 경제정책에 막강한 영향력을 행사한다.

벤저민 스포크의 '육아상식'

1946년 미국 동부 백인 중산층 출신의 43세 소아과 의사 벤저민 스포크(Benjamin Spock, 1903~1998)는 『육아상식(The Common Sense Book of Baby and Child Care)』이라는 책을 출간해 미국 사회에 엄청난 파장을 몰고 왔다. 엄격하게 통제된 환경에서 아이를 키우던 구시대에 도전한 책이었기 때문이다. 그때까지만 해도 엄하고 단호한 교육이 상식이자 진리로 통용되고 있었다. 스포크 이전의 육아전문가 존 왓슨 (John B. Watson, 1878~1958)은 "너무 예뻐하면 아이를 망친다"거나 "안아주지도, 입 맞추지도 말며 무릎에 앉혀서도 안 된다"고 주장했다. 그런데 스포크는 개인의 차이와 인권개념을 육아에 적용시키면서 다음과 같은 파격적인 주장으로 그런 상식을 뒤엎은 것이다.

"부모는 아기들을 한껏 귀여워하고 아기가 하고 싶어하는 대로 내버려둬야 한다. 아이가 울 때 젖을 먹여라. 자녀와 친구가 되라. 아이의 가능성을 믿으라. 원래 나쁜 아이는 없다. 자연스럽고 편안하게 그리고 즐겁게 자녀를 돌보라."

때마침 시작된 베이비붐과 맞물려 젊은 부모들이 이 책을 대대적으로 환영하면서 스포크는 폭풍 같은 인기를 누리게 되었다. 전쟁 전 매년 신생아 출산이 100만 명 안팎이던 미국에서 종전 후 한 해에 400만 명의 아이가 태어났다. 애들이 울기 시작하면 당황한 젊은 부모들은 "이럴 경우에 스포크 박사는 뭐라고 말했더라" 하면서 책을 뒤적였던 게 당시의 가정풍속도였다. 이 책은 출간 첫해부터 미국에서만 해마다 100만 부씩 팔려나갔으며, 38개 국어로 번역돼 20세기 말까지 5000만 부 이상이 판매됐다. 물론 그의 책은 한국에도 큰 영향을 미쳤다.

스포크의 아이들이 성인이 되기 시작한 1960년대에 히피, 반전데모, 마약사용 등을 보면서 보수주의자들은 "관대한 아버지가 키워놓은 제멋대로 된 아이들"이라며 불만을 터뜨렸다. 특히 1968년 컬럼비아대학 부총장이었던 데이빗 트루먼은 스포크를 직접 겨냥해 젊은 세

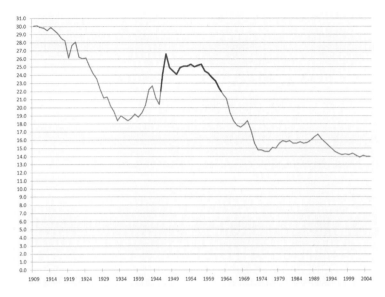

미국 인구 1000명당 출생 수를 나타낸 통계자료. 1946~1964년이 베이비붐 시대다.

대에게 악영향을 끼쳤다고 비난했다. 그러나 스포크는 양심적 병역거부자를 도운 혐의로 기소되는 등 열렬한 반전주의자로 활동하면서 계속 자신의 주장이 옳다고 주장했다.

어찌 인종문제가 미국만의 딜레마이랴. 하이에크와 스포크 모두 미국 사회, 아니 모든 사회가 안고 있는 딜레마를 지적한 셈이다. 그러나 미국인들은 딜레마를 피해가거나 무시하는 탁월한 재능이 있었으니 바로 미국적 쾌활함이었다. 『미국 여행기』를 쓴 시몬 드 보부아르는 1947년 1월 31일자 일기에 다음과 같이 썼다.

"미국에서의 일상생활을 유쾌하게 만드는 것은 미국인들의 쾌활한 기질과 온정이다. 물론 이러한 장점에는 이면도 있다. 하루 종일 말로 든 영상으로든 반복해대는 '삶을 좋은 쪽으로 보자'는 강압적인 권유들에 짜증이 난다. 광고벽보에는 퀘이커오츠, 코카콜라, 럭키스타링 크 앞에서 흰 치아들이 과시되고 있다. 그 미소는 파상풍 경련 같다. 변비에 걸린 젊은 여자가 장을 이완시켜주는 레몬즙을 보며 사랑스러운 미소를 짓고 있다. 지하철에서, 길거리에서, 잡지에서 이 미소들은 강박관념처럼 나를 따라다닌다. 한 드럭스토어의 벽보에서 '웃지 않는 것은 죄악이다(Not to grin is a sin)' 라는 말을 읽은 적이 있다. '기운을 내라! 여유를 가져라' 식의 명령과 체계가 느껴진다."

그러나 의식주에 대한 보장과 향유 없이 마냥 웃을 수만은 없는 일이었다. 2차 세계대전 후 심각한 주택난이 올 것으로 예상한 부동산업자 윌리엄 레빗(William Levitt, 1907~1994)은 1947년 파격적인 조립주택 대량건설 방안을 내놓았다. 전후 대략 500만 채의 주택이 당장 필요할 것으로 추정했던 연방정부가 이 방안을 받아들이면서 자동화된 일괄 공정체계에 따라 조립식 주택이 초스피드로 대량건설되었다. 이런 주택단지에는 '레빗타운(Levittown)' 이란 이름이 붙여졌다. 레빗타운은 "친구나 이웃사람에게 뒤지지 않는 생활을 한다(Keeping up with the Joneses)"는 말과 철학을 유행시켰다. 1950년대에 꽃피우게 될 이른바 '표준화경쟁' 이 시작된 것이다.

세계 최초의 컴퓨터와 음속돌파 비행기

1946년 2월 15일 필라델피아 펜실베이니아대학 특설실험실에 국방부 관계자와 보도진 등 200여 명이 모여들었다. 이 대학의 존 모클리(John W. Mauchly, 1907~1980)와 존 프레스퍼 에커트(J. Presper Eckert, 1919 ~1995) 교수팀이 3년 동안 연구해온 세계 최초의 전자계산기 에니악

두 여성이 에니악의 중앙통제패널을 다루고 있다.

(ENIAC; Electronic Numerical Integrator and Calculator) 완성식을 보기 위해 서였다.

거대한 몸체를 뽐내며 방 하나에 꽉 들어찬 기계는 무게만도 30톤이나 되었다. 1만 7468개의 진공관과 1600킬로미터에 달하는 전선이 2.6미터 높이의 파일캐비닛 40개를 가득 채우고 있었다. 터진 진공관을 교체하고 때때로 날아드는 벌레를 잡기 위해 사람들이 항상 대기해야 했는데, '디버깅(debugging; 오류수정작업)'이라는 용어가 여기에서 유래했다. 1회 소비전력이 140킬로와트여서 에니악의 스위치를 올릴 때마다 필라델피아 서부일대의 전등이 희미해질 정도였다. 전원 스위치를 올리자 에니악 내부에 있던 1만 7468개의 진공관이 일제히 깜박이며 연산을 하더니 9만 7367의 5000제곱을 순식간에 계산했다. 컴퓨터시대의 개막을 알리는 역사적 순간이었다. 미 육군이 에니악

인수대가로 펜실베이니아대학에 지불한 돈은 48만 684달러. 지금의 5억 원을 넘는 돈이었다.

에니악이 올린 성과와는 무관하게 일반적으로 컴퓨터의 원조는 독일계 유대인인 존 폰 노이만(John von Neumann, 1903~1957)으로 통한다. 그가 1945년에 발표한 논문은 컴퓨터에 관한 최초의 논문으로 평가받고 있으며 1950년에 완성한 컴퓨터 에드박(EDVAC)은 그에게 '현대 컴퓨터의 아버지'라는 영예를 안겨주었다. 그러나 그는 에커트와 모클리의 연구성과를 가로채서 자기 이름으로 컴퓨터논문을 발표했다는 의혹을 받았다. 에커트와 모클리 연구팀은 격분했지만 노이만이 에니악 작업의 진도를 뛰어넘은 건 사실이었다.

에니악은 당시로선 기적과 같은 혁명이었지만 오늘의 기준으로 보면 '공룡' 과도 같았다. 길이 30미터, 중량 30톤의 이 거대한 공룡컴퓨터를 수용하기 위해서는 최소한 42평(약 138제곱미터)이 넘는 넓은 공간이 필요했다. 150킬로와트의 전력과 몇 만 개의 진공관이 발생시키는 열을 식히기 위한 에어컨도 필요했다. 에니악의 탄생 이후 컴퓨터 개발경쟁은 소형화를 둘러싼 것이었다.

정보혁명은 1946년 최초의 컴퓨터로부터 시작하여 1947년 뉴저지에 있는 벨(Bell) 연구소의 트랜지스터 발명, 1951년 상업적 목적으로 고안된 최초의 디지털컴퓨터 UNIVAC(Universal Automatic Computer) 출현, 1962년 IBM이 최초의 하드디스크드라이브를 개발하고 최초의 플로피디스크드라이브가 만들어지는 과정을 거쳐 1971년 마이크로칩으로 확대되고, 1976년의 PC, 1981년의 소프트웨어 운영체제 개발, 1993년의 인터넷으로까지 발전되었다.

벨 X1 앞에서 포즈를 취한 찰스 예거. 비행기명은 아내의 이름을 따 '글래머러스한 글래니스'라고 지었다.

컴퓨터의 보급은 기존 산업사회가 이른바 탈산업사회(post-industrial society)로 가게끔 하는 동력이 되었다. 컴퓨터 보급률과 전문관리직 계층의 증가는 거의 정비례하는 관계를 보이며 사회의 전반적인 계층 구조를 혁명적으로 바꿔놓는다. 20세기 말에 이르면 에니악보다 1만 배 이상 가볍고 데이터 처리속도도 5000배 이상 빠르지만 무게는 고작 3킬로그램도 안되는 노트북 컴퓨터를 3000달러면 살 수 있게 된다.

1940년대 후반 또 하나의 놀라운 기술발전은 하늘에서 이루어졌다. 1947년 10월 14일 오전 10시 29분 '척 예거'라는 애칭으로 더 유명한 찰스 예거(Charles E. Yeager)는 벨사(社)가 제작한 X1 비행기를 타고 미 서부 모하비사막의 에드워드공군기지를 출발했다. 예거의 X1은 그 자체로는 음속을 돌파할 추진력을 낼 수 없었기 때문에 B29 폭격기에 매달려 이륙한 뒤 지상 3.7킬로미터 상공에서 분리됐다. 마침내 14.7 킬로미터까지 상승한 순간 X1의 속도는 마하 1.05를 기록했다. 예거는 당시 24세에 불과했지만 이미 2차 세계대전 때 무스탕전투기로 유럽 전선을 날았던 베테랑이었다. 1953년 스콧 크로스필드(A. Scott Crossfield, 1921~2006)가 마하 2.0을 돌파하고 그 며칠 뒤 예거가 다시 2.4를 기록하는 등 그들은 속도경쟁의 첨병에 선다.

따지고 보면 모든 게 속도의 문제였다. 어린 시절 2차 세계대전을 겪고, 자라서는 군인으로 알제리전쟁에 참전해 엄청난 충격을 받은 후 전쟁에 대해 깊은 관심을 갖게 된 철학자 비릴리오(Virilio 2004)는 "속도의 폭력은 법이 되었으며 세계의 운명이자 세계의 목적이 되어버렸다"며 모든 것을 '좀 더 빨리'라는 단일한 욕망의 중력장 속으로 밀어넣는다는 의미에서 '속도의 파시즘'이라는 개념을 제시한다. "전쟁은 나의 대학이었다. 모든 것이 거기서 나왔다"고 말하는 그는 경제적·사회적 힘이 아니라 전쟁과 속도가 인간사회와 현대문명의 기초라고 주장한다.

정말 그런 건지는 알 수 없지만 '미국의 세기'가 전쟁과 속도를 동력으로 삼은 건 부인하기 어려운 사실이었다. '속도의 파시즘'으로 인한 고통을 호소하면서도 속도를 늦추면 쓰러지는 '캐치-22'의 딜레마가 '미국의 세기'를 내내 지배하게 된다.

참고문헌 Beauvoir 2000, Blaug 1994, Breit & Hirsch 2004, Chafe 1986, Coren 1997, Cowen 2003, Dent 2005, Fleischer 2006, Gordon 2007, Graebner 1980, Heilbroner 2005, Heller 1979, Huntington 2004, Kuper 1987, Luedtke 1989, Panati 1997, Solberg 1996, Steinem 2002, Vardaman 2004, Virilio 2004, Wallerstein 1994, Zinn 1986·2001a, 강준만 외 1999~2003, 구정은 2009, 권홍우 2010, 민융기 1999, 안정효 2008, 요미우리 1996, 이진경 2002, 일본경제신문사 1995, 조선일보 문화부 1999, 한겨레신문 문화부 1995

자유롭고 책임감 있는 언론
허친스위원회 보고서

허친스위원회 보고서

늘 '자유' 만을 외쳐온 미국 언론을 회의적인 시선으로 바라보는 움직임이 1940년대 후반부터 미국 내에 싹텄다. 적어도 1947년부터 '언론의 사회적 책임' 이라는 개념이 점차 거론되기 시작한 것이다. 물론 그당시 이 개념은 미국 밖에는 잘 알려지지 않았지만 후일 제3세계가 미국의 정보제국주의를 비난하는 데 이론적 기초를 제공하게 될 것이었다.

이 개념에 대한 논의는 루스벨트 대통령과 미국 언론의 매우 불편한 관계에서 비롯되었다. 앞서(6권 3장) 살펴본 바와 같이, 루스벨트는 언론이 정치보도에서 불공정하고 편파적인 태도를 일삼고 있으며 다른 보도에서도 공익을 생각하는 것이 아니라 이윤극대화만을 추구하며 시시껄렁한 가십과 센세이셔널한 보도에만 집착하고 있다고 비난했다. 루스벨트의 비난은 사회 각층으로부터 커다란 공감을 얻고 있었다. 만약 이대로 가다간 어떤 법적 조치가 취해질지도 모른다고 걱정하던 언론계는 자구책을 강구하기 시작했다.

당시 미국 언론계의 대부 격인 『타임』의 사주 헨리 루스(Henry R. Luce, 1898~1967)는 미국 내 저명한 학자들로 구성된 '언론자유에 관한 위원회'를 1943년에 출범시켰다. 정부의 규제를 방지하기 위해 선수를 친 루스의 조치는 미국 언론의 절대적 지지를 받았다.

위원장은 당시 시카고대학 총장 로버트 허친스(Robert M. Hutchins, 1899~1977)가 맡아 이 위원회는 흔히 허친스위원회로 불렸다. 허친스는 당시 학생들에게 인문교양교육을 강조한 '시카고 계획'으로 유명한 인물이었다. 그는 대학은 머리를 쓰는 곳이지 몸을 쓰는 곳이 아니라는 이유로 미식축구팀을 해체했으며 거물급 학자들을 끌어오는 데 노력을 아끼지 않았다. 그가 영입한 인물들 중엔 훗날 네오콘(Neo-Conservatives, 신보수주의자)의 이론적 대부가 되는 레오 스트라우스(Leo Strauss, 1899~1973)도 포함되어 있었다.

허친스위원회는 위원장인 로버트 허친스 외에도 철학자 라인홀드 니부어(Reinhold Niebuhr, 1892~1971)를 포함한 13인의 쟁쟁한 지식인들로 구성되었다. 3년간에 걸친 허친스위원회의 연구결과는 1947년 3월 27일 『자유롭고 책임감 있는 언론(A Free and Responsible Press)』이라는 책으로 출간되었다.

그러나 이 보고서의 내용은 미국 언론의 기대와는 정반대로 나타나고 말았다. 허친스 보고서는 미국 언론이 이윤극대화를 위해 무책임한 타성에 젖어 공중의 이익을 외면한 채 형편없는 보도를 하고 있다고 신랄히 비판했기 때문이다. 허친스 보고서는 "민주주의의 보존과 아마도 문명의 보존까지 자유롭고 책임감 있는 언론에 의존하게 될지도 모른다. 우리가 진보와 평화를 누리고자 한다면 우리는 반드시 그러한 언론을 가져야만 한다"고 강하게 권고했다.

미디어의 사회책임 이론

허친스 보고서는 허친스위원회의 일원인 윌리엄 호킹(William E. Hocking, 1873~1966)의 저서 『언론의 자유: 원칙의 요강(Freedom of the Press: A Framework of Principle)』(1947)과 더불어 오늘날 모든 언론학 교과서에 나오는 언론의 사회규범 이론 가운데 '사회책임 이론'의 이론적 토대가 되었다. 이 원칙은 다음과 같은 원칙으로 구성된다.

"미디어는 일정한 사회적 책임을 준수해야 한다. 이러한 책임은 주로 정보성, 진실성, 정확성, 객관성, 균형성을 유지하는 높은 수준의 직업적 기준에 맞아야 한다. 이와 같은 책임을 받아들이고 적용함에 있어서 미디어는 법과 기존제도의 틀 안에서 자율적 규제를 해야 한다. 미디어는 범죄, 폭력, 질서교란 및 소수민족에 대한 침해를 유발할 수 있는 것들에 대해서는 어떤 것이든 피해야 한다. 미디어는 대체로 다원적이어야 하며 사회의 다양성을 반영하고 다양한 관점을 제시하고 이에 대한 반론도 제시해야 한다. 사회와 공중은 맨 먼저 언급한 원칙에 따라 높은 수준의 미디어활동을 기대할 수 있으며 공익을 위해 미디어에 간섭할 수 있다. 언론인들은 그들의 고용주뿐만 아니라 사회에 대해서도 책임이 있다."

니부어는 허친스위원회의 위원으로서 사회책임 이론의 구성에 큰 기여를 했다. 그는 "사회적 책임"의 원칙을 적극적으로 내세우며 "매

스미디어의 뉴스와 오락 생산에 생산자로 하여금 도덕적 책임을 지게
한다"는 점에서 사회책임주의는 옳다고 주장했다. 그러나 인간의 지
혜를 의심하는 그답게, 니부어는 "미디어를 단속하기 위해" 소비자대
중으로 하여금 압력을 행사하게 하는 것은 매우 어렵다는 점을 인정
했다. 니부어는 민주주의를 거부하지는 않았지만 그것을 끊임없이 성
찰의 대상으로 삼을 것을 요구했다. 그는 "민주주의는 해결 불가능한
문제에 대해 가장 근접한 해결책을 찾는 방식이다"라며 "정의를 위한
인간의 능력이 민주주의를 가능하게 만든다. 그러나 불의를 향하는
인간의 성향은 민주주의를 없어서는 안 될 것으로 만든다"고 말했다.

미국 언론은 허친스 보고서에 대해 분노를 터뜨렸다. 신문들은 이
보고서의 내용을 아예 보도조차 하지 않은 채 철저히 외면했다. '허친
스'라는 말은 모든 신문사에서 '저주의 단어'가 되었다. 이러한 미국
언론의 졸렬한 태도에도 불구하고 허친스 보고서는 미국 헌법 내에
표현의 자유를 보장한 조항이 국가 간의 정보 자유유통에 적용될 수
있다는 그간의 가정을 무너뜨렸다.

유엔 · 유네스코에서의 갈등

허친스 보고서와 더불어 정보 자유유통 원칙에 도전하는 또 하나의
상대가 1940년대 후반에 등장했다. 그것은 바로 그 당시 "전쟁 프로파
간다를 금지시키는 데 거의 편집광적으로 몰두해 있던" 소련이었다.
(Mehra 1985)

소련의 본격적인 반대로 1948년 3월 25일부터 4월 21일 사이에 제
네바에서 열린 유엔의 '정보의 자유에 대한 회의'는 미 · 소 세력으로

양분된 일대 격전장으로 변하고 말았다. 이 회의에서 미국 대표 윌리엄 벤튼(Benton 1948)은 "미국은 정보 자유유통을 위해 모든 수단과 방법을 다 동원할 것"임을 재천명했다. 이에 대해 소련 대표는 "커뮤니케이션 미디어가 극소수의 자본가계급에 의해 독점되고 있는 한 진정한 의미에서의 커뮤니케이션의 자유는 존재할 수 없다"고 반격했다. 그러나 이 회의의 주도권은 아직 미국이 쥐고 있어서 최종결의문은 대부분 미국의 견해를 반영한 것으로 채택되었다.

그렇다고 해서 다른 서방국가들이 미국의 주장을 전적으로 지지한 것은 아니었다. 다만 마지못해 미국의 입장을 따라주었을 뿐 그들 역시 미국의 야심에 대해 경계심을 갖고 있었다. 예컨대 1948년 5월 1일 영국의 『이코노미스트』는 "미국이 자국의 상권을 확장하려고 하는 속셈을 감추고 고상한 척 정보의 자유를 떠들고 있으며 그러한 미국의 음모는 이제 겨우 걸음마단계에 놓여 있는 자국의 통신사를 보호하겠다는 인도와 중국의 노력을 강력히 반대하고 나선 데에서도 잘 드러나고 있다"고 논평했다.

제네바회의 이후 개최된 각종 회의와 제네바회의 결과를 토론한 유엔 경제사회이사회에서는 국가 간의 관계에 있어서 "표현의 자유가 절대적이 아닌 제한된 권리"라는 데 의견을 일치했다. 특히 제3세계 국가들은 "국가 간 정보유통의 자유에 대한 미국의 집요한 주장이 일종의 문화제국주의의 전초라는 데 대해 명백한 두려움을 느끼고 있었다."(Leigh 1948) 제네바회의에 미국 대표로 참석했던 한 언론인은 미국의 문화제국주의를 인정하며 그의 동료들에게 다음과 같이 호소했다.

"우리는 미국의 문화제국주의에 진정한 공포를 느끼고 있으며 특

스페인어로 쓰인 세계인권선언문을 들고 있는 엘리너 루스벨트.

히 미국의 언론사들이 국제뉴스를 양산해내는 데 엄청난 힘을 갖고 있다고 느끼고 있는 약소국과 가난한 나라들과 공동의 이해를 추구해야 한다. 나는 미국의 언론사들이 미국의 편견을 버리고 명실상부한 국제뉴스를 만들기 위해 그 어떤 조치를 취해야만 한다고 믿게 되었다."(Leigh 1948)

이처럼 정보의 자유유통을 추진해온 그간의 방법이 제3세계는 물론 서구국가들로부터 반발을 얻게 되자 미국은 좀 더 간접적이고 세련된 방법을 동시에 구사하려고 애썼다. 1948년 12월 10일에 미국이 주도하여 유엔총회에서 채택된 '세계인권선언' 이 그 좋은 예다. 이 선언의 제19조에는 "모든 사람은 의견과 표현의 자유를 가지며 이 자유는, 외부의 방해 없이 의견을 가질 수 있고 국경을 초월하여 그 어떤 미디어를 통해서든 정보와 사상을 추구하여 수령하고 전파시킬 수 있는 자유를 포함한다"고 되어 있다. 미국은 이후 신세계 정보질서에 반대하는 이론적 근거로 늘 이 조항을 거론하게 된다.

이 세계인권선언은 또한 자본주의와 자유기업체제를 전 세계에 강요하는 또 하나의 조항을 담고 있는데, "모든 사람은 독자적으로 또는 타인과 연대하여 재산을 소유할 권리를 가진다"는 제17조가 바로 그것이다. 그래서 일부 사람들은 이 세계인권선언이 '정보제국주의'를 건설하기 위한 미국의 고차원적 포석이라고 주장하기도 한다.(Wiio 1977)

한편 1945년의 런던 회의에 참석지 않았던 소련과 동구국가들은 유네스코에 가입하지 않은 채 유네스코에 대해 회의적인 시선을 보내고 있었다. 1949년 유네스코 총회 때에는 폴란드와 체코슬로바키아가 참석하여 공산권이 유네스코를 전면 보이콧할지도 모른다는 우려를 불식시키긴 했으나 그들이 참가한 주요목적은 '미국 제국주의'를 비난하는 프로파간다를 위해서였다. 이는 앞으로 유네스코가 동서 간의 프로파간다 격전지로 변할 것이라는 점을 시사하는 것이었다.

참고문헌 Almaney 1972, Altschull 1984 · 1993, Aronson 1970, Benton 1948, Blanchard 1977, Folkerts & Teeter 1998, Gross 1966, Hocking 1947, Kang 1987, Kommers & Loescher 1979, Leigh 1948, MacDougall 1964, Mehra 1985, Osakwe 1972, Rivers & Schramm 1969, Schiller 1973a, Siebert · Peterson · Schramm 1956, The Commission on Freedom of the Press 1947, White 1979, Whitton 1949, Wiio 1977, 강준만 1989, 정우량 2003, 최정호 · 강현두 · 오택섭 1990

철의 장막
'트루먼독트린' 과 이승만

모스크바 3상회의와 한국의 '찬·반탁' 논쟁

1945년 루스벨트는 스탈린에게 "친구를 얻으려면 한 가지 방법밖에 없다. 스스로 친구가 되는 것이다"라고 말했다. 그러나 상황은 변하여 트루먼 시대에 그건 옛날이야기가 되었다. 1946년 1월 5일 트루먼은 "소련에게 강철 같은 주먹을 내보이며 우리의 의지를 강력하게 피력하지 않는다면 다시 새로운 전쟁을 겪게 될 것이다. 소련인들이 알아듣는 말은 단 하나, '당신들에게는 몇 개 사단이 있느냐'는 것뿐이다"라고 말했다. 1946년 9월 국무장관 제임스 번스는 미군이 2년 안에 유럽에서 철수할 것이라는 스탈린의 희망을 저버리고, 다른 점령국의 군대가 독일에 있는 한 미군도 독일에 머무르기로 결정했다.

미국과 소련의 갈등은 한반도에서 더욱 불거지고 있었다. 1945년 12월 16일부터 미국, 영국, 소련 등 3국의 외상들이 전후문제를 처리하기 위해 모스크바에서 3상회의를 열었다. 12월 28일 미·영·소 세

나라 수도에서 발표된 모스크바 결정은 한국의 신탁통치에 관한 내용을 담고 있었는데, 이는 한국에서 격렬한 '찬·반탁' 논쟁을 불러일으켰다. 이 논쟁은 한민당의 입장을 대변하는 『동아일보』의 심각한 오보에 의해 극히 왜곡된 형식으로 다루어졌다.

모스크바 결정서에는 먼저 임시정부를 수립하게 되어 있었고 신탁통치의 방안은 결정하지 않았다. 신탁통치는 미·소 공동위원회가 임시정부와 협의하여 작성하게 되어 있었던바, 임시정부가 신탁통치를 강력히 반대한다면 신탁통치를 받지 않을 가능성도 있었다.

그러나 『동아일보』가 내놓은 일련의 오보는 그런 이성적인 판단을 어렵게 만들었다. 모스크바 결정이 국내에 정확히 알려지기 이전인 12월 24일, 『동아일보』에는 소련이 청진과 원산에 특별이권을 요구한다는 반소 기사가 실렸다. 또 그다음 날엔 24일자의 보도내용을 확인하지 않은 채 그것을 비난하는 반소 기사와 더불어 소련이 대일 참전의 대가로 한반도를 차지하려 한다는 근거 없는 기사가 실렸다. 『동아일보』 최악의 오보는 12월 27일에 나왔다. 12월 27일자 머리기사의 주요내용은 다음과 같았다.

"'소련은 신탁통치 주장, 미국은 즉시독립 주장, 소련의 구실은 38선 분할점령' 모스크바에서 개최된 3국 외상회담을 계기로 조선 독립 문제가 표면화하지 않는가 하는 관측이 농후해가고 있다. 즉 번스 미 국무장관은 출발 당시에 소련의 신탁통치안에 반대하여 즉시 독립을 주장하도록 훈령을 받았다고 하는데 삼국 간에 어떠한 협정이 있었는지 없었는지는 불명하나 미국의 태도는 '카이로 선언'에 의하여 조선은 국민투표로써 그 정부의 형태를 결정할 것을 약속한 점에 있는데

『동아일보』의 1945년 12월 27일자 기사가 도화선이 되어 신탁통치 반대 시위가 전국으로 퍼져나갔다. 이후 정국은 반탁 운동과 '찬탁 좌익 매국노들'에 대한 비난으로 점철되었다.

소련은 남북 양 지역을 일괄한 일국신탁통치를 주장하여 38선에 의한 분할이 계속되는 한 국민투표는 불가능하다고 하고 있다. 워싱턴 25일 발 합동 지급보(至急報)."

모스크바 3상회의 결정서가 공식발표된 것이 서울 시각으로 12월 28일 오후 6시이니 이 기사는 3상회의 결정서가 발표되기 하루 전, 주한 미군사령부가 결정서를 입수하기 이틀 전에 나온 이른바 관측보도였다. 이 기사는 3상회의 당시 미·소 양측 입장과 주장을 정반대로 보도했을 뿐만 아니라 결정서 내용과 전혀 다른 왜곡보도였다.

소련은 조선이 신탁통치문제로 양분돼 격렬한 갈등을 빚고 있는 상황을 미국의 탓으로 돌렸다. 1946년 1월 22일, 소련은 타스(Tass)통신을 통하여 "미국 정부도 참여한 모스크바회담의 결정에 반대하는 대중시위를 고무하는 태도를 취했다"고 미 군정당국을 비난했다. 다음 날 스탈린도 소련 주재 미국 대사 에이버럴 해리먼(W. Averell Harriman, 1891~1986)을 불러 남한에서 벌어지고 있는 모스크바회담의 왜곡사태에 대해 불만을 토로했다.

스탈린의 항의를 받은 해리먼은 급히 서울로 와서 하지에게 신탁통치는 '루스벨트의 생각'이었으며 모스크바에서는 소련이 아니라 오히려 미국이 신탁통치를 추진했고 모스크바협정은 준수되어야 한다고 일러주었지만, 미 군정의 자세는 바뀌지 않았다.

1946년 1월 25일, 소련은 타스통신을 통해 오랫동안 조선의 신탁통치를 주장한 것은 미국이고 조선의 신속한 독립을 주장한 것은 소련이라는 내용의 성명을 발표했다. 또 미국은 조선의 신탁통치를 10년으로 하자고 제안했으나 소련은 5년만 하자고 제안했다는 것도 밝혔다. 하지는 1월 25일자 타스통신 보도를 남한 신문들이 보도하지 못하도록 검열하라고 명령했다.

그럼에도 타스통신의 발표효과는 컸다. 하지의 1946년 2월 24일자 보고를 보면, 1월 초부터 모스크바회의의 내막에 대한 타스통신의 발표가 있던 1월말까지는 "남한에서 공산주의의 쇠퇴기"였으나 타스통신이 발표된 후 "공산주의자들은 다소 강세"를 보인다고 쓰여 있다. 하지는 4월에도 남한에서 공산주의 운동이 강해지고 추종자가 증가하고 있다고 했다.

케넌의 전문, 처칠의 '철의 장막' 연설

한반도에서 불거진 미·소 갈등은 1946년 2월 9일 스탈린의 연설을 통해 전면화되었다. 그는 2차 세계대전이 "현대적 독점자본주의에 토대를 둔 세계적인 경제적·정치적 세력들의 대두가 불러온 불가피한 결과"로 발생했다고 주장하면서 자본주의 국가들 간의 대결이 불가피하다고 보았다. 미국 관리들은 스탈린의 연설을 '불길한' 징후로 보았다. 특히 자본주의 국가들 간의 전쟁불가피성을 주장한 대목에 충격을 받았다.

미 국무부는 소련 주재 대리대사인 조지 케넌(George F. Kennan, 1904~2005)에게 스탈린 연설의 배경을 보고토록 했다. 사안의 중대성을 감안한 케넌은 그가 평소 갖고 있던 소련에 대한 생각과 정책방향을 소논문 수준으로 작성해 '긴 전문(long telegram)'을 보냈다. 스탈린의 연설이 있은 지 2주 후였다. 이 전문은 소련인들을 외국에 대한 피해의식과 불안감으로 점철된 사람들로 묘사하면서 "국민들이 외부세계에 대한 진실을 알까 두려워서 역으로 공격적인 대외정책을 펴는 것이 소비에트 정권의 근본적인 목적이다"라고 결론 내렸다. 이 전문은 소련에 대한 '봉쇄정책(Containment Policy)'의 이론적 지침서가 될 정도로 미국의 대외정책에 큰 영향을 미쳤다.

김봉중(2006)에 따르면 "미국 외교사의 큰 획을 긋는 중요한 순간이었다. 토머스 페인(Thomas Paine)의 유명한 팸플릿 『상식(Common Sense)』(1776) 이래로 미국 외교사의 흐름에 이처럼 결정적인 이념적 토대를 제공한 순간이 어디 있었을까. 학자풍의 소련 전문가인 케넌의 펜에서 흘러나온, 무려 8000여 단어로 조합된 그의 전문은 복잡한 전후외교문제로 갈팡질팡하던 미국의 관료들에게 형형한 빛을 제공했다. 소련의 과거, 현재, 미래를 관통하는 객관적이고 심층적인 분석에 초점을 맞춘 케넌의 전문은 글을 읽는 사람들의 고개를 강하게 끄덕이게 만들었고 순식간에 외교담당자들의 필독문으로 회람되기 시작했다."

프란츠 슈먼은 케넌의 '긴 전문'이 미국 정부에서 강력한 반향을 불러일으킨 것은 그 문건 자체가 보여준 '분석적 탁월함' 때문만이 아니라 "워싱턴에 이미 존재하고 있던 이데올로기적 필요에 봉사했기 때문"이라고 말한다. 사실 타이밍이 절묘했다. 훗날(1967) 케넌도 "이 메시지를 6개월 일찍 받았다면 국무부는 틀림없이 눈살을 찌푸리며 승인하지 않았을 것이다. 만일 6개월 뒤에 받았다면 이 메시지는 불필요한 되풀이로 들렸을 것이다"라고 회고했다.

이 전문 하나로 무명의 외교관 케넌은 순식간에 일약 외교통의 스타로 부상했고 채 2개월도 지나지 않아서 국방대학(National War

College) 교수로 초빙되었다. 또한 1947년 초에는 향후 외교정책의 핵심부서로 자리 잡는, 국무부의 신설부서인 정책기획부(Policy Planning Staff) 부장을 맡아 사실상 대소외교를 주도했다.

케넌의 부상으로 봉쇄정책의 기운이 강하게 감돌기 시작하던 1947년 3월 5일, 전(前) 영국 수상 윈스턴 처칠은 미국 남부의 작은 도시 풀턴(Fulton)에 있는 웨스트민스터대학에서 명예법학박사 학위를 받았는데 옆에서 트루먼 대통령이 지켜보는 가운데 행한 연설에서 "유럽에는 '철의 장막(Iron Curtain)'이 드리워졌다"고 주장했다. 처칠은 소련의 팽창주의에 대항하기 위한 '영어 사용 국민들 간의 형제애적 단결'을 호소했다. 스탈린은 "소련과 한판 붙자는 거냐"며 격노했다. 그는 『프라우다』와의 인터뷰에서 처칠의 연설을 "명예훼손과 무례함과 멍청함의 혼합물"이라고 비난했다.

처칠은 이제 민간인 신분이었지만 그의 연설문은 미국의 관리들은 물론이고 트루먼에 의해 사전에 검토되었다는 점에서 무시할 수 없는 의미를 지닌 것이었다. 『네이션(Nation)』은 "이미 악화되고 있는 소련과 서구국가들 간의 관계에 큰 해독을 끼쳤다"고 비판했으며 『월스트리트저널(The Wall Street Journal)』은 영미 간의 긴밀한 관계에 대한 처칠의 제안을 적극적으로 반대했다. 그럼에도 처칠의 연설은 미국의 정책변화와 소련의 위협에 대한 미국민의 이해를 바꾸는 데에 적잖은 기여를 했다.

이승만의 '남한 단독정부 수립' 외교
이런 국제상황은 한국에도 큰 영향을 미쳤다. 당시 이승만(1875~1965)

은 남한만의 단독정부 수립을 위한 대미(對美) 로비를 위해 미국을 방문 중이었다. 그는 원래 5~6주 동안 미국에 체류할 예정이었지만 아무런 성과가 없자 체류기간을 연장해가면서 미국 정부의 동향을 주시할 수밖에 없었다. 미국에서 이승만을 열심히 도운 건 패터슨-매코믹(Patterson-McCormick), 스크립스하워드(Scripps-Howard), 허스트(Hearst) 등 보수계열 신문들이었다. 『타임』의 사주 헨리 루스는 이승만의 로비스트인 임영신(1899~1977)을 위해 록펠러센터에 사무실까지 내주는 등 열성을 보였다.

임영신은 이승만이 프란체스카(Francesca D. Rhee, 1900~1992)와 결혼하기 전 이승만의 청혼을 받은 적이 있었는데 고민하다가 나이 차이를 문제 삼은 주변의 반대에 굴복해 그 구혼을 완곡하게 거절했다. 그러나 임영신의 이승만에 대한 흠모는 여전해 이승만의 이름에서 딴 승당(承堂; 이승만의 집)이라는 아호(雅號)를 지어 애용했다. 임영신은 프란체스카가 서울에 도착하는 1946년 3월 25일까지 윤치영(1898~1996) 내외와 함께 돈암장과 마포장에서 이승만의 비서로 일했었다.

미 국무성은 이승만의 주장을 무시하고 접견요청조차 받아들여 주지 않았다. 그러나 국제정세는 이승만에게 유리하게 돌아가고 있었다. 미국의 동아시아 정책은 1947년 초부터 중국 중심주의에서 일본 중심주의로 전환되기 시작했으며, 이와 관련된 정책협의를 위해 미국 정부는 1947년 2월 초 하지를 워싱턴으로 불러들였다.

이승만은 3월 9일 워싱턴에서 하지를 은밀히 만났다. 이 만남에서 이승만은 미 군정의 과도정부 수립을 위한 구체적 일정을 알았을 가능성이 높다. 회담 후 이승만은 국내에 전보를 보내 모든 행동계획을 입법의원에서의 보통선거법 통과로 통일시킬 것을 지시했기 때문이다. 물론 이는 단정구상을 추진하는 데도 매우 유리한 방법이라는 판단을 했을 것이다. 미 군정이 과도 입법의원에 부과한 일차적인 과제도 보통선거법 제정이었다. 그건 미 · 소 공위 재개에 대비하여 남한 측 협의대상이 될 새로운 대표기구를 구성하기 위한 것이었지만 남한 단독정부 수립을 위한 도구이기도 했다.

트루먼독트린

1947년 3월 12일 이승만에게 큰 도움이 될 결정적인 사건이 터졌다. 트루먼 대통령이 그날 상하 양원 합동회의 연설에서 이른바 '트루먼 독트린' 으로 불리는 선언을 한 것이다. 트루먼은 현 세계가 두 개의 상이한 이데올로기 원칙 간의 선택문제에 직면해 있다면서 다음과 같이 말했다.

"첫 번째 생활방식은 다수의 의지에 토대를 둔 것으로서 자유로운 제도, 대의정치, 자유선거, 개인적 자유의 보장, 언론 및 종교의 자유 그리고 정치적 억압으로부터의 자유에 의해 특징지어지는 생활방식이다. 두 번째 생활방식은 다수에 대한 소수의지의 강요에 토대를 둔 것으로서 테러와 억압, 언론통제, 조작선거 그리고 개인적 자유의 억압에 의존한다."

이어 트루먼은 "미국의 목적은 소수파가 독재정치를 강요하는 공산 침략주의에 대항해 자유민주주의제도와 영토 보전을 위해 투쟁하는 세계의 모든 국민을 원조하는 것"이라고 선언하면서 그리스와 터키에 공산세력의 진출을 저지하기 위한 자금 4억 달러를 의회에 요청했다.

1946~1949년에 발생한 그리스 내전(Greek Civil War). 영국과 미국의 지원을 받은 그리스 정부군과, 그리스 공산당의 군사조직으로 불가리아 · 유고슬라비아 · 알바니아의 지원을 받은 그리스 민주군이 대립했다.

    당시 그리스에서는 공산주의자들이 주도하는 반란이 발생했는데 1947년 2월 영국은 붕괴 직전의 그리스 정부에 대한 원조중단과 주둔군철수 발표를 하면서 미국이 개입할 것을 요청했다. 트루먼은 그 지역에서 소련의 영향력을 봉쇄할 목적으로 그리스와 터키를 위한 경제군사원조에 4억 달러를 배정한 것이었다. 그리스 · 터키 원조법안은 4월 22일 상원에서 62대 23으로, 5월 8일 하원에서 287대 107로 각각 통과되었다.

    미국은 만일 그리스가 사라진다면 "공산주의의 바다 한가운데 남게 될 터키 역시 지켜질 수 없다"는 생각에 포괄적인 위협을 걱정했다. 트루먼은 미국이 그리스와 터키를 안전하게 지키지 못한다면 "근동과 중앙아시아 전체 그리고 이탈리아, 프랑스, 독일에서도 가장 강력한 반작용을 초래"할 수밖에 없다며 "행동하지 않는 것, '요새미국'으로의 복귀, 고립주의, 이 모든 것이 가져올 결과는 단 하나뿐이다. 즉 수많은 국가들을 줄줄이 소련의 입속에 던져 넣는 것이다"라고 말했다.

얼마 후 국무장관이 될 딘 애치슨(Dean G. Acheson, 1893~1971)은 그리스와 터키에 대한 원조승인을 요청하는 연설에서 나중에 '도미노 이론'으로 발전되는 이른바 '썩은 사과 이론'을 제시했다. "같은 통속에 들어 있는 사과 가운데 썩은 사과가 하나 있으면 다른 사과들도 썩는다. 이와 마찬가지로 그리스가 썩으면 이란과 동방의 모든 지역이 썩는다. 그렇게 되면 소아시아뿐만 아니라 이집트를 포함한 아프리카도, 이미 가장 강력한 공산당들로부터 위협받고 있는 이탈리아와 프랑스를 포함한 유럽도 같이 썩고 만다."

그러나 트루먼독트린은 봉쇄정책의 원조인 케넌이 보기에도 너무 지나친 것이었다. 케넌은 물론 해군 차관 제임스 포러스틀, 1947년 1월에 사임한 번스의 뒤를 이어 국무장관이 된 조지 마셜 등은 트루먼독트린으로 인해 소련과 극단적인 대결로 치닫게 되지 않을까 우려했다. 칼럼니스트 월터 리프먼(Walter Lippman, 1889~1974)도 트루먼이 필요 이상으로 전후 상황을 이데올로기적 대결로 몰고 간다고 비판했다.

트루먼은 '미국의 세기'라고 하는 상징과 실체에 큰 의미를 부여했던 건 아니었을까? 그리스와 터키는 지중해를 지키기 위한 보루였던

바, 영국이 그곳에서 손을 뗀다는 것은 '세계사의 한 장이 끝나는' 순간이었기 때문이다. 이와 관련해 김봉중(2006)은 다음과 같이 말한다.

"1947년 2월 21일, 영국 정부에서 그리스에 대한 '포기각서'를 공식적으로 받고 난 후 미국 관리들은 부산하게 움직였다. 그 당시 기록과 회고록들을 면밀히 살펴보면 그들이 무척 들떠 있었다는 것을 알 수 있다. 전후 여러 복잡한 외교사안들 중에서 특히 이 문제에 더욱 그랬다는 것이 역력히 나타난다. 언젠가는 그럴 것이라고 예상했지만 영국의 요청에 의해서 미국이 '세계적 책임'을 공식적으로 떠맡게 되는 역사적 순간이었기 때문이다."

트루먼독트린과 한국

이승만은 트루먼 선언을 쌍수를 들어 환영하면서 이것이 모든 나라에 서광을 비출 것이라고 말했다. 이승만은 트루먼에게 감사의 편지를 보내 한국에 이 정책을 수용케 함으로써 민족주의자와 공산주의자 사이에 협조를 이끌어내려는 미 군정의 정책을 포기토록 권했다. 그는 "미국 지역 내에서 즉각적인 과도 독립정부를 수립함으로써 공산주의의 진출에 대한 방파제를 구축해야 한다"고 주장했다. 이후 이승만은 트루먼독트린을 자신의 미국에서의 위대한 공로로 선전하게 된다.

국내 우익도 트루먼독트린을 대환영했다. 김구(1876~1949)는 트루먼이 전 세계 자유애호인민에게 희망을 주었다는 내용의 메시지를 보냈으며 한민당 위원장 김성수(1891~1955)는 트루먼에게 찬사를 표하는 무선전보를 보냈다. 한민당의 장덕수(1895~1947)는 "이것은 트루먼에게 큰 불빛이다. 긴 터널의 출구가 보이기 시작했다"고 말했다.

『뉴욕타임스』는 1947년 3월 20일자 보도에서 미국이 3년간 6억 달러의 대한(對韓) 원조계획을 검토 중이라고 했는데 이 또한 이승만의 공으로 돌아갔다. 트루먼독트린이 나온 지 열흘 후인 3월 22일, 기세가 오른 이승만은 뉴욕에서 "미국은 30일 내지 60일 이내에 남조선 독립정부의 수립을 용허하고 유엔가입을 지원하는 동시에 서울에 대사 수준의 미국 고등판무관을 파견할 것"이라고 주장했다. 미 국무성은 이승만의 말은 광신적이라며 언어도단이라고 반박했지만 이후의 상황은 이승만의 주장대로 돌아갔다.

이승만은 흡족한 기분으로 4월 5일 귀국길에 올랐다. 그는 도쿄에 들러 맥아더를 만났고 중국에 들러 장제스와 국민당정부의 환대를 받았다. 애초부터 이승만의 방미(訪美)는 '국내용'이라는 목적도 있었던 것이므로 그런 거물들과의 만남은 국내에서 이승만의 지위를 높여줄 것이 분명했다.

한국에 도착할 때에 이승만을 개선장군처럼 보이게 만들 수 있는 또 하나의 희소식이 날아들었다. 4월 19일 서윤복이 보스턴 마라톤대회에서 2시간 25분 39초의 대회신기록으로 우승을 한 것이다.(남승룡은 10위였다.) 이승만이 이 행운을 거저 얻은 건 아니었다. 이승만은 1945년 10월 27일 해방경축 체육대회에서 이런 호소를 한 적이 있었다.

"젊은이들이여, 빨리 태극기를 세계에 휘날려다오. 35년간 세계를 다니며 도와달라고 호소하였으나 코리아를 아는 나라가 없더라. 그러니 여러분이 세계대회에서 우승하여야 한다."

그렇게 스포츠의 외교적 가치를 잘 알고 있는 이승만인지라 그는 대회 전날 임영신에게 전화를 걸어 "마라톤 선수를 격려하라"는 지시를 내렸다. 임영신은 35킬로미터 지점에서 서윤복에게 물을 건네주는 등 열심히 응원을 했고 우승 이후 장장 43일간이나 서윤복 선수일행을 이끌고 미국 전역을 순회하면서 코리아의 이름을 빛내는 동시에 그 영광을 이승만에게도 돌리는 국내외용 외교전을 펼쳤던 것이다.

'이승만 외교의 승리'

이승만은 도미(渡美) 5개월여 만인 4월 21일에 귀국했다. 서윤복의 보스턴 마라톤대회 우승소식까지 전해진 터라 '이승만 외교의 승리'는 더욱 화려하게 치장되었다. 일각에선 이승만 진영이 서윤복의 마라톤 우승을 정치적으로 이용한다는 비판까지 나올 정도였으니 이승만이 그 점에서 성공을 거둔 건 분명한 사실이었다. 『동아일보』 4월 22일자는 이승만의 귀국을 「독립전취에 불후의 공적 쌓고 거족적 감격리 이 박사 작일 환국」이라는 제목으로 대서특필했다.

이에 화답하듯 이승만은 4월 23일에 발표한 귀국성명에서 '트루먼' '장제스' '맥아더' '하지' 등의 이름을 거론하면서 자신감이 넘치는 모습을 보여주었다. "트루먼 대통령이 한국에 민주정체 건설을 절대지지하며, 국무성 당국 모씨는 한국에 총선거로 독립정부를 수립함에 찬성이고 중국은 장 주석 이하 정부당국과 민중여론이 다 동일히 만강열정을 표하며 맥아더 장군은 나와 2시간 동안 담화에 한인들이 자치자주할 능력 있는 것과 관리사용의 필요는 누구나 인정치 않을 사람이 없다고 …… 화성돈(워싱턴)에서 하지 중장과 나와 협의된 것이 더욱 충분하여 입법의원을 통하여 총선거제도 통과의 필요를 역설……."

4월 27일 열렬한 환영 속에 열린 귀국환영대회에서 이승만은 입법의원이 총선거법안을 만들어 남한 과도정부, 즉 단독정부를 수립해야 하며 이제 김구와 김규식(1881~1950)은 임정법통론과 좌우합작론을 모두 포기하고 "나와 같이 보조를" 취해야 할 것이라고 주장했다.

그러나 어떤 독트린이 대통령에 의해 발표되었다고 해서 그것이 곧장 전 분야에 걸쳐 일시에 실천적 지침이 되는 건 아니었다. 아직 시간이 더 필요했다. 1947년 2월 하지는 미 국무부에 "한반도의 통일을 위해 미·소 양국 정부가 곧 조치를 취하지 않으면 한반도는 내란에 빠질지 모른다"고 보고한 바 있었다. 1947년 4월 모스크바 외무장관회의에서 미 국무장관 조지 마셜은 소련 외무장관 뱌체슬라프 몰로토프(Vyacheslav M. Molotov, 1890~1986)에게 다시 한국 문제를 제기하여 미·소 공동위원회의 재개에 합의했다.

1947년 5월 21일로 예정된 제2차 미·소 공위 개최를 앞두고 단독정부론을 공격적으로 외쳐대는 이승만은 미·소 공위를 망치기에 딱 알맞은 위험인물이었다. 그래서 이승만은 하지의 지시에 의해 연금상태에 들어갔다. 하지만 대세는 이승만의 편이었다. 우여곡절 끝에 1948년 5·10 남한 단독 총선거를 거쳐 1948년 8월 15일 이승만을 초대대통령으로 한 대한민국 정부가 수립된다.

참고문헌 Bender 2006, Cumings 1986, Davis 2004, Kennedy 1996, Schoenbrun 1984, Stueck 2001, 김봉중 2006, 김성진 1999, 김정배 2001, 김창훈 2002, 도진순 1997, 박명림 1996a, 박영수 1998, 박찬표 1997, 서중석 1991·2000·2000a, 송광성 1995, 유영익 1995, 이강수 1995, 이삼성 2001, 전상인 2001, 정병준 2005, 정용욱 1995·2003a, 정해구 1996

냉전(冷戰)의 구조화
마셜플랜과 CIA 창설

마셜플랜

1947년 6월 5일 5성장군 출신인 국무장관 조지 마셜은 하버드대학 졸업식연설에서 이른바 '마셜플랜(Marshall Plan)'으로 알려진 유럽 부흥계획을 역설했다. 마셜은 전쟁으로 파괴된 유럽의 참상을 거론하면서 "미국은 세계경제가 정상화되도록 무슨 일이든 해야 한다. 그렇지 않으면 정치적 안정도, 항구적 평화도 없다. 우리의 정책은 특정국가가 아니라 기근, 가난, 절망, 혼돈을 막기 위한 것이다"라고 말했다.

마셜플랜은 인도주의적 목적만을 위한 것은 아니었다. 마셜은 이미 1개월여 전인 4월 28일 "서방은 이제 소련에 대한 정책에서 더 이상 돌이킬 수 없는 시점을 건넜다"고 선언했다. 마셜플랜은 4년간 유럽의 선별된 국가들에 120억 달러 이상의 돈을 퍼붓는 경제적 원조로 소련의 팽창주의를 저지하겠다는 계획이었다. '마셜플랜' 직후 미국의 대소(對蘇) 봉쇄정책이 가시화되기 시작했다.

미국 정부가 제작한 마셜플랜 홍보 포스터. 여러 서유럽 국가들의 국기 위로 "날씨가 어떻든 '함께' 움직여야 한다" 라고 쓰여 있다.

처음부터 마셜플랜에서 소련을 배제하자고 결정되었던 건 아니다. 미국은 물론 영국과 프랑스는 내심 소련이 스스로 빠지기를 원했겠지만 그래도 명색이 '전쟁동맹국'인 소련을 배제할 수 있는 명분이 없었다. 6월 27일 마셜플랜 문제를 논의하기 위해 영국 · 프랑스 · 소련 외무장관이 프랑스에서 만났는데 소련 외무장관 몰로토프는 중도에 소련은 참가하지 않겠다고 선언하고 퇴장해버렸다. 스탈린의 지시 때문에 그랬다는 설도 있지만 영국과 프랑스의 계획된 작전의 결과였다는 설도 있다. 정치가 에이버럴 해리먼은 "영국과 프랑스가 실로 교묘하게 소련을 마셜플랜에서 배제시켰다"고 말했다.

그 진실이 무엇이건 소련과 동유럽이 빠지는 덕분에 영국과 프랑스는 미국 원조의 가장 큰 수혜를 누렸다. 3년간 미국의 원조액은 120억

6000만 달러였는데, 이는 1990년대 중반 기준으로 환산하면 600억 달러에 이르는 거액이었다. 원조총액 기준 상위 5대국은 ①영국 26억 7500만 달러 ②프랑스 20억 6000만 달러 ③서독 11억 7400만 달러 ④이탈리아 10억 3400만 달러 ⑤네덜란드 8억 900만 달러 등으로, 이 5개국이 전체의 70퍼센트에 육박했다. 마셜플랜에 따른 미국의 원조 자금은 전적으로 미국 상품을 사는 데 쓰여야 한다는 조건이 붙었으므로 미국으로선 결코 '밑지는 장사'는 아니었다.

마셜플랜은 한국의 장래에도 큰 영향을 미쳤다. 이 계획 속엔 이미 남한만의 분단정부라고 하는 씨앗이 잉태되어 있었다. 마셜은 1947년 애치슨에게 "한국에 분단정부를 수립하고 일본 경제와 연결하라"는 자필 메모를 남겼다.

마셜플랜은 당시 트루먼보다 훨씬 인기가 좋은 마셜의 이미지를 이용함으로써 양당의 적극적인 지지와 범국민적 지지를 받아내자는 뜻에서 트루먼 대신 마셜이 발표했다. 마셜은 이 공로로 1953년 노벨평화상을 수상한다.

조지 케넌의 'X 논문'

마셜플랜이 발표된 지 1개월 후인 1947년 7월, 마셜플랜의 실무기획자였던 조지 케넌은 외교전문잡지 『포린 어페어스(Foreign Affairs)』에 'X'라는 가명으로 기고한 「소련 행동의 연원」이라는 제목의 논문에서 소련의 팽창주의 세력화는 불가피하며 따라서 '기민하고 주의 깊게 대응세력을 동원해' 소련을 봉쇄할 필요가 있다고 주장했다.

"미국은 당분간 소련과 긴밀한 관계를 기대할 수 없다. 미국은 소련을 파트너가 아닌 경쟁자로 보아야 한다. 소련은 평화와 안정을 존중하지 않을 것이다. 또 사회주의와 자본주의가 영구히 행복하게 공존할 수 있다고 결코 믿지 않는다. 소련은 모든 경쟁국가를 혼란에 빠뜨리고 그 영향력을 약화시키기 위해 신중하고 집요하게 노력할 것이다. 다행히 소련은 아직 서방에 비해 약한 위치에 있다. …… 소련 사회는 자신의 모든 잠재력을 약화시킬 결점들을 갖고 있다. 그러므로 미국은 소련이 평화롭고 안정된 세계의 이익을 침해할 기미를 보이는 모든 지역에서 자신감을 갖고 불굴의 군사력으로 소련에 대결하는 확고부동한 봉쇄정책을 추진할 수 있다."

케넌의 논문은 1989년 소련 진영이 붕괴할 때까지 서방외교의 기조가 되어온 '봉쇄'라는 하나의 독트린의 이론적 기초로서의 위상을 재확인했다. 트루먼독트린과 마셜플랜은 바로 그런 봉쇄정책의 선구가 된 것이다. 제럴드 콤스(Jerald A. Combs)는 케넌의 봉쇄이론이 미국 대외정책 집단의 강력한 지지를 받은 이유는 대소련 강경정책과 평화시 국외에 대한 미국의 개입정책을 철학적으로 정당화했기 때문이라며 다음과 같이 말한다.

"케넌이 'X 논문'의 필자라는 사실은 금방 밝혀졌다. 그의 논문은 유럽에 대한 미국의 갑작스러운 재개입에 대한 철학적 단초로 간주되었다. …… 소련과의 화해를 지지하던 자유주의자들과 급진주의자들은 추방되었다. 점점 강화되는 소련에 대한 강경노선을 비판한 헨리 월리스도 밀려났다. 월리스가 1948년 제3당 후보로서 전개했던 대통령선거운동도 패배했다." (이삼성 2001)

총알과 폭탄이 난무하진 않지만 언제든 그런 상황으로 치달을 수 있는 '차가운 전쟁' 즉 '냉전(cold war)' 시대가 열린 셈이다. '냉전' 이란 말은 칼럼니스트 월터 리프먼이 대중화시켰지만 그 원조는 금융인이자 루스벨트의 보좌관으로 뉴딜정책과 전시경제정책 수립에 참여했던 버나드 바루크(Bernard Baruch, 1870~1965)다. 그는 1947년 사우스캐롤라이나의 컬럼비아에서 연설을 하면서 '냉전'이란 말을 처음 사용했다.

2000년 12월 미국에서 역사학 및 정치학 교수 450명을 대상으로 "지난 50년간 미국 행정부가 이룩한 가장 큰 업적은 무엇인가"라는 설문조사를 한 결과 마셜플랜이 1944년 이후 워싱턴 정부의 가장 대표적인 업적으로 꼽혔다. 그다음 업적으로는 참정권확대가 꼽혔으며 이외에도 질병감소와 공공편의시설 확대, 작업장에서의 인종차별 감소 등이 미 연방정부의 대표적 업적으로 거론되었다. 조사를 담당한 관계자는 마셜플랜이 업적 1위로 꼽힌 것에 대해 예상하지 못한 결과라며 놀라움을 나타냈으나 조사에 응한 역사정치학자 중 80퍼센트는 마셜플랜이 매우 중요한 것이라고 말했으며 또 82퍼센트는 마셜플랜이 매우 성공적이었다고 답했다.

CIA 창설과 후버의 활약

냉전시대의 개막에 맞춰 중앙정보국(CIA; Central Intelligence Agency)이 창설된 것은 결코 우연이 아니다. CIA는 2차 세계대전 중인 1942년에 설치된 미국전략정보국(OSS)의 후신으로 1947년 7월 26일 트루먼이 소련의 국가전복활동 위협에 대응하여 창설을 승인했다.

OSS는 한국 현대사에도 큰 영향을 미쳤는데, 이승만은 OSS와 가까

OSS는 1944년 말, 일제 저항운동을 배후조종하기 위해 중국에서 활동하는 한국 그룹(Korean Group)을 창설 키로 하고 뉴욕과 로스앤젤레스 등 한국인들이 많이 거주하는 지역에서 주로 요원을 선발했다.

웠고 여러 한국인들이 OSS 요원으로 활약하기도 했다. OSS의 구성원 은 하버드, 예일 등 아이비리그 출신과 동부 명문 엘리트세력인 변호 사, 언론인, 교수, 박사 등이 차지했는데, 이런 이유 때문에 OSS는 약 자(略字)를 따서 별칭으로 "오, 최상류 계급의 사교계여(Oh So Social)" 라고 불리기도 했다. CIA 역시 미국 전략국의 그런 전통을 이어받아 상류계급의 기득권 수호와 관련 있는 지배엘리트 집단으로서의 정체 성을 갖게 된다.

FBI(Federal Bureau of Investigation, 연방수사국) 국장 존 에드거 후버(J. Edgar Hoover, 1895~1972)는 CIA를 자신의 산하에 두고 싶어 했으나 트 루먼은 이것만은 허락하지 않았다. 후버는 이에 격분해 어떠한 서류 나 정보도 CIA에 주지 말도록 지시했으며 두 기관 사이의 냉랭한 관계는 후버가 죽을 때까지 지속된다.

1937년 1000명 미만이었던 FBI 직원 수는 2차 세계대전이 끝날 무렵에는 4000명에 육박했다. FBI는 거대한 제국이 되었다. 원래 트루먼은 후버를 해임하겠다는 방침을 세웠지만, 역대 대통령들의 경우처럼 그 역시 후버의 농간에 넘어가고 말았다. 후버는 그간 루스벨트에게 해온 비밀정보 제공 서비스를 즉각 트루먼에게 해줌으로써 그를 포섭한 것이다.

트루먼은 후버의 그런 서비스가 매우 편리하고 중요하다는 걸 느낀데다 자신의 약점도 있어 후버와 타협하고 말았다. 무슨 약점인가? 트루먼은 고향인 미주리 주 캔자스시티의 부패한 민주당원들과 오랫동안 관계를 맺어왔다. 그는 필요할 경우 마피아를 동원해서라도 자신의 뜻을 관철하곤 했던 톰 펜더개스트(Thomas Joseph Pendergast, 1873~1945)를 정치적 후원자로 삼아 성장한 것이다. 트루먼의 상원진출을 가능케 한 것도 펜더개스트였다. 물론 후버는 이 모든 걸 다 알고 있었기에 또 후버와 대통령의 '동거관계'가 시작된 것이다.

후버가 위기에 몰릴 때마다 나타난 구세주는 반공전쟁이었다. 트루먼은 "우리는 공산주의자들이라는 도깨비에 너무 신경과민이다"라고 말했지만 1947년 반공산주의 압력에 부응해 연방정부 내에 충성위원회를 설치하고 공산주의 동조자들에 대한 소문의 진상을 조사하도록 명령했다. 수천 명이 조사를 받았으나 이렇다 할 흔적은 나오지 않았다. 그러나 조사과정에서 많은 사람들이 증거 없는 혐의만으로 생계수단을 빼앗겼다.

그런 상황에서 후버는 자신의 조직을 이용해 공산주의의 위협을 과장되게 발언하기 시작함으로써 다시 영웅으로 등장했다. 그해 『뉴스위크(Newsweek)』의 표지에 등장한 성조기에 둘러싸인 후버의 얼굴은 미국인들에게 '공산주의와 싸우는 방법' 을 말하고 있었다.

1938년 공산주의자에 의한 정부 전복기도를 조사한다는 명목으로 설치되었지만 이렇다 할 활동이 없었던 '하원 반미국적활동조사위원회(HUAC; House Un-American Activities Committee)' 에선 리처드 닉슨(Richard M. Nixon, 1913~1994)이 맹활약하고 있었다. 10년 전 닉슨은 FBI에 응모해 채용 일보직전까지 갔다가 적극성이 떨어진다는 이유로 후버에 의해 채용이 취소된 바 있었다. 과거의 그런 껄끄러운 관계를 덮고 이제 닉슨과 후버는 반공전사로서 상호협력관계를 유지했다.

1953년까지 공산주의자들을 색출해서 처벌하는 일을 수행한 HUAC의 막후 실세는 후버였다. 그는 특히 할리우드에서 음습한 공산주의의 냄새가 난다고 생각하고 대대적인 숙청을 시작했다. 청문회는 배우 게리 쿠퍼(Frank James Cooper, 1901~1961)와 로버트 테일러(Spangler Arlington Brugh, 1911~1969)에게 혐의를 두었으며, 비협조적인 증인으로 낙인찍은 감독 존 휴스턴(John Marcellus Huston, 1906~1987), 배우인 캐서린 햅번(Katharine Houghton Hepburn, 1907~2003), 험프리 보가트(Humphrey DeForest Bogart, 1899~1957) 등을 비난했다.

뿐만 아니라 유력한 작가와 언론인들의 뒤를 캐서 소위 '위험분자' 들을 찾아내기 위해 미행과 감시, 우편물에 대한 검열을 서슴지 않았다. 도로시 파커(Dorothy Parker, 1893~1967), 펄 벅(Pearl Sydenstricker Buck, 1892~1973), 어니스트 헤밍웨이(Ernest M. Hemingway, 1899~1961), 존 스타인벡(John Ernst Steinbeck, 1902~1968) 등 수많은 유명작가들은 평생 동안 FBI의 의혹의 눈길에서 자유로울 수 없었다.

아인슈타인이나 채플린(Charlie Chaplin, 1889~1977)도 후버가 지독히 싫어한 감시대상이었으며, 그들에 관해 FBI가 보관하고 있는 서류는 수천 쪽에 달했다. FBI의 감시가 어찌나 혹독했던지 아인슈타인은 1947년 "나는 이 나라에 참으로 위대한 자유가 있다고 들었기 때문에 건너온 것이다. 결국 나는 자유의 나라로 미국을 선택한 우를 범했고 이것은 나의 여생에서 돌이킬 수 없는 실수였다"고 개탄했다.

같은 해 6월 23일에 제정된 태프트-하틀리법(Taft-Hartley Act)은 냉전을 수행하기 위한 국내의 방파제라고 해도 좋을 정도로 노동조합을 강력통제했다. 이 법은 노동자 측의 부당노동행위를 새로 설정하고 단체교섭에 대한 규제를 강화함으로써 와그너법을 대폭 수정해 지금까지 노동조합에 유리했던 뉴딜시대의 노동정책을 뒤집은 것이었다. 그래서 반대자들은 '노예노동법'이라고까지 비난했다.

태프트-하틀리법은 다른 작업장에서 노동자들을 지지하며 벌이는 연대파업을 금지하는 등 오직 고용주에 대항하는 행동만 가능하게 만들었다. 가장 중요한 건 불법파업에 대해 노조가 벌금을 물게 됐다는 점이다. 또한 노조상근직은 모두 공산당원이 아니라는 점을 서약하도록 했다. 닐(Neale 2004)은 "이 법안은 기본적으로 노조 내의 투사들을 공격하는 반공주의 성전(聖戰)의 일부였다"고 말한다.

코민포름과 '베를린 봉쇄'

1947년 10월 소련은 마셜플랜에 대응하여 코민포름(Kominform)을 창설했다.(이전에 조직되었던 코민테른은 1943년 5월 22일에 해체되었다.) 코민포름엔 소련, 폴란드, 유고슬라비아, 불가리아, 루마니아, 헝가리, 체코, 이탈리아, 프랑스 공산당 등 9개국 공산당 대표가 참가했다. 소련 대표 안드레이 주다노프(Andrei A. Zhdanov, 1896~1948)는 연설에서 세계는 두 진영으로 분열되었다고 선포하고, 미국은 제국주의와 자본주의 진영을 주도하고 소련은 반제국주의와 반자본주의를 이끌 것이라고 선언했다.

양 진영의 갈등은 1948년 3월부터 불거지기 시작했다. 서방은 패전국 독일 내 자신들의 관할구역을 합쳐 하나의 경제단위를 만들기로 하고 서베를린에 마르크화를 도입하는 등 '서독화'를 밀고 나갔다. 이에 반발한 소련은 연합국 공동관리위원회를 박차고 나갔으며 서베를린과 서독을 잇는 철도와 도로, 수로를 차단했다. 6월 24일 소련은 미국, 영국, 프랑스, 소련 4개국으로 구성됐던 베를린 행정위원회가 폐지됐다면서 "서유럽 연합국은 이제 베를린에 대해 아무런 권리가 없다"고 선언했다. 이후 반세기 동안 세계를 짓누른 냉전의 서막이 된 '베를린 봉쇄(Berlin blockade)'의 시작이었다.

봉쇄 사흘째부터 미국과 영국은 항공편으로 서베를린에 생필품을 공수했고 수출길이 막힌 서베를린의 공업생산품을 밖으로 실어 날랐다. 서독과 서베를린 간 도로가 끊기자 서방국들은 공중에 다리를 놓아 매일 7300톤의 물자를 서베를린에 공급했다. 이후 11개월 동안 인구 200만 명의 서베를린을 살리기 위해 서방은 2억 2400만 달러를 퍼부었다. 동시에 서방은 동유럽 금수(禁輸)조치를 실시, 소련의 항복을 이끌어냈다. 소련은 결국 이듬해 5월 봉쇄를 풀었다.

이와 관련해 구정은(2009)은 "봉쇄 당시 공수작전에 참가한 서방국

서베를린으로 보내는 우유를 실은 수송기.

조종사들은 2차 세계대전의 적국이던 독일 국민들에 대한 미움이 채 가시지 않은 상태였으나 서베를린의 처참한 상황을 보고 마음이 바뀌었다"며 다음과 같이 말한다.

"게일 핼버슨(Gail Halvorsen)이라는 미군 조종사는 굶주린 독일 어린이들에게 껌을 건넸고 점차 여러 조종사가 아이들에게 껌과 사탕을 가져다주기 시작했다. 조종사들은 껌과 사탕을 손수건에 싸 공중에서 떨어뜨렸다. 이런 행동은 논란을 불러일으키기도 했지만, 옛 적국 어린이들을 위한 '사탕폭탄' 이야기가 언론에 실리면서 미국에서는 사탕모으기 캠페인까지 벌어졌다. 핼버슨은 '사탕폭격기(Candy Bomber)'라는 별명으로 유명해졌다. 사탕폭탄은 냉전 기간 두고두고 미국과 독일 간 우정의 상징이 되었다."

독일 정부는 1974년 핼버슨에게 최고의 영예인 '연방대십자훈장'

게일 핼버슨이 낙하산에 사
탕을 묶고 있다.

을 수여했다. 핼버슨은 1989년 옛 유고연방 내전이 시작되자 보스니
아-헤르체고비나에 미군 C130 수송기를 타고 날아가 다시 사탕을 투
하했으며 2004년에도 이라크 어린이들에게 곰인형과 축구공 등 장난
감을 투하했다. 그런 선물공세보다는 아예 전쟁을 하지 않으면 더 좋
을 텐데, 그건 아무래도 불가능한가 보다. 그렇다면 전쟁은 발명품인
동시에 필연이란 말인가?

참고문헌 Bryson 2009, Chomsky 2003a, Cumings & Harootunian 2001, Davis 2004,
Galbraith 1959, Gardner 1997, Gordon 외 1998, Kennan 1962, Neale 2004, Steel 1996,
Summers 1995, 구정은 2009, 김민웅 2003, 김영번 2000, 백승찬 2009, 요미우리 1996, 이구한
2006, 이기택 2000, 이삼성 2001

유대인은 누구인가?
이스라엘 건국

이스라엘의 건국

1948년 5월 14일 이스라엘이 건국되었다. 팔레스타인에 대한 영국의 위임통치가 5월 14일에 종결되자 그날 오후 6시를 기해 국가수립을 선포한 것이다. 135년 로마 제국에 대규모 반란을 일으켰다 실패한 후 가혹한 보복을 받고 사방으로 흩어진 유대민족의 재결집이 1800여 년 만에 이루어진 셈이다. 1차 세계대전 이후 유대인들의 시오니즘 운동을 이끌었으며 신생 이스라엘의 초대수상으로 선출된 벤 구리온 (David Ben-Gurion, 1886~1973)은 "유대민족의 역사적 권리와 국제연합의 결의에 따라 팔레스타인에 유대국가를 수립하고 이 나라를 이스라엘이라고 부를 것을 선포한다"고 말했다. 그로부터 정확히 11시간 후 미국은 이스라엘을 최초로 승인했다.

이스라엘의 건국 역사는 팔레스타인에 최초의 시온주의자 정착촌이 건설된 1882년으로 거슬러 올라간다. 1917년 중동을 점령한 영국은 벨포어 선언(영국의 외무장관 아서 벨포어[Arthur James Balfour, 1848~ 1930]가 팔레스타인에 민족적 고향을 건설하겠다는 유대인의 주장을 지지한 선언)을 통해 시오니즘을 지지했지만 유대인과 아랍민족의 지지가 동시에 필요했던 영국이 이후 애매한 입장을 보이자 유대인국가 건설은 차질을 빚게 되었다.

이스라엘의 건국은 2차 세계대전 시 600만 명의 유대인이 학살된 후에 본격화되었다. 트루먼 대통령의 협력에 의해 팔레스타인 문제는 유엔으로 넘어갔고 유엔총회는 1947년 11월 팔레스타인을 아랍국가와 유대국가의 두 영역으로 분할하는 결의안을 통과시켰다.

이 결의안의 통과엔 4개월 전에 일어난 '엑소더스(Exodus)호 사건'이 큰 영향을 미쳤다. 7월 11일 남프랑스의 세트(Sete)항에서 출발한 비밀이주선 엑소더스호는 많은 유대인들을 싣고 있었다. 당시 팔레스타인을 위임통치 하는 영국의 감시를 피해 유대인을 팔레스타인에 잠입시키는 비밀이주선은 140척이 넘었다. 그런데 엑소더스호는 7월 18일 팔레스타인 상륙 직전 영국 함대에 나포돼 독일로 강제송환되었다.

유대인들에겐 일시적 불행이었지만 정치적으론 대성공이었다. 당시 유대인의 비밀이주 업무에 종사했던 요셉 알모그에 따르면 "엑소더스호에 의한 비밀이주는 실패로 끝났다. 그러나 그 진상이 마침내 라디오를 통해 전 세계에 전해져 건국을 염원하는 유대인들에 대한 뜨거운 동정심을 불러일으켰다. 이스라엘 건국과 직접적 연관이 있는 그해 11월 유엔의 팔레스타인 분할결의에 대한 추진력으로도 작용했다. 독일에 수용된 난민들도 그해 가을에는 우리가 몰래 탈출시켜 무사히 팔레스타인으로 돌아올 수 있었다."

아랍민족은 2000년 전의 연고권을 주장하고 나선 유대인들의 주장을 황당하게 여겼지만 힘의 논리는 이스라엘 쪽으로 기울고 있었다. 이스라엘의 건국은 오늘에 이르기까지 끊임없는 갈등과 분쟁을 낳는다.

유대인의 족보

유대인은 누구인가? 앞으로 유대인 문제는 계속 불거질 것이기에 여기서 유대인에 대한 공부를 하고 넘어가자. 전 세계 유대인의 수는 오늘날 1600만 명으로 추산된다. 이스라엘에는 600만 명이, 다른 나라들에는 1000만 명이 산다. 유대인들의 세계 분산을 디아스포라(diaspora)라고 한다. 오늘날 이 말은 유대인들처럼 어떤 특정장소를 준거로 결집된 것은 아니더라도, 강한 정서적·민족적 공동체를 형성하는 현상을 총칭하는 개념으로 사용되고 있다.

1905년 이라크 쿠르드에 거주하는 유태인 가족의 모습.

유대인은 나치 인종주의의 희생자가 되었지만 유대인 내부에도 피부색에 따른 차별이 만만치 않다. 이스라엘의 600만 명 인구 가운데 솔로몬의 후예로 불리는 에티오피아 출신 유대인(Falasha)은 10만 5000명인데 이들은 빈곤과 백인유대인들의 차별대우로 고통받고 있다.

유대인이라고 해서 다 유대종교를 믿는 건 아니다. 정통파 유대종교인들은 이스라엘의 유대인 중 약 6퍼센트에 지나지 않는다. 머리에

'키파(kippa)'라고 하는 빵모자를 쓰는 종교적 유대인이 30퍼센트이며, 나머지 64퍼센트는 유대교에 전혀 관심이 없는 세속인들이다. 언론은 유대종교인들의 이중적인 도덕성을 폭로하는 기사를 자주 실을 정도로 종교인과 세속인 사이의 관계는 별로 좋지 않다. 세계적으로 유명해진 『탈무드』는 정통파 유대종교인들만 배울 뿐 세속인은 거들떠보지도 않는다.

유대인들이 가장 성공을 거둔 나라는 단연 미국이다. 유대인은 2000년 기준으로 미국 인구 2억 8000만 명의 2.2퍼센트에 해당하는 600만 명에 불과하지만, 아시아계 950만 명에 비해 막강한 영향력을 행사하고 있다. 부시 행정부의 실세로 군림한 신보수주의자들의 실력자들이 대부분 유대인이었다.

유대인의 1인당 소득은 비유대인의 2배에 달하고 미국 최고부자 40명 중 16명이 유대인이다. 또 뉴욕과 워싱턴의 일류 로펌에서 일하는 변호사들의 40퍼센트가 유대인이다. 유대인 소유의 언론사는 『뉴욕타임스』와 『워싱턴포스트』 등 50여 개로 전체의 3퍼센트, 언론인은 전체의 6퍼센트에 불과하나 대도시와 영향력 있는 매체와 자리에 집중되어 있다. 할리우드는 유대인이 창설했다고 해도 과언이 아니다. 컬럼비아픽처스의 창설자 해리 콘(Harry cohn, 1891~1958)과 유니버설의 창설자 컬 레뮬(Carl Laemmle, 1867~1939), 20세기폭스의 윌리엄 폭스, MGM의 루이스 메이어, 워너브러더스의 해리(Harry)·알버트(Albert)·샘(Sam)·잭(Jack) 워너(Warner) 형제, 대형영화관 체인인 로즈 인 코포레이션의 마커스 로(Marcus Loew, 1870~1927) 등 영화계 거물들은 모두 유대인이다.

유대인은 미국 주요 대학 교수의 20퍼센트, 과학과 경제 분야에서 미국인 노벨상 수상자의 40퍼센트를 차지하고 있다. 유대인은 세계인구의 0.25퍼센트에 불과하지만 노벨상 전체 수상자의 27퍼센트를 차지하고 있으며 세계적 천재인 카를 마르크스(Karl Marx, 1818~1883), 지그문트 프로이트(Sigmund Freud, 1856~1939), 알베르트 아인슈타인 등이 모두 유대인이다. 유대인은 원래 머리가 원래 좋은 건가? 마즈루이(Mazrui 2001)는 유대인은 탈무드 전통에 따라 법전화된 법률과 서약에 의해 지배당했기 때문에 분석, 비판, 사유에서 특별한 우위를 보였으며 지적 수행능력에 따라 사회적 보상을 하는 동기부여 구조가 발달했으며 엄격한 동족결혼에 묶여 지적으로 우월한 유전자 풀(pool)을 유지하고 축적했으며 직업생활의 제한을 받아 자유직업에서 전문화를 택했기 때문이라고 분석했다.

저명한 진화론자인 그레고리 코크란(Gregory M. Cochran) 박사가 이끄는 미국 유타대학 연구진은 일부 유대인의 천재성이 이들에게 많이 나타나는 유전병을 유발하는 유전자 덕분이라고 주장했다. '아슈케나지(Ashkenazi; 중·동부유럽 출신 유대인)' '세파르디(Sephardi; 이베리아반도·북아프리카 출신 유대인)' '오리엔탈(Oriental; 중동 출신 유대인)' 중에서 아슈케나지의 지능지수는 일반인보다 평균 12~15포인트 높으며, 북유럽인 가운데 아이큐 140 이상은 1000명 가운데 4명이지만 아슈케나지는 23명이나 된다는 것이다. 프로이트, 아인슈타인, 트로츠키, 헨리 키신저(Henry Alfred Kissinger), 조지 소로스(George Soros) 등도 아슈케나지다.

연구진은 아슈케나지에 똑똑한 유전자가 많은 이유로 역사적 배경을 들었다. 중세유럽에서 아슈케나지는 기독교인들이 경멸하는 고리대금업, 세금징수, 무역 등 지능을 필요로 하는 일에만 종사했으며 이들 가운데 상류계급은 더 많은 아이를 낳아 '똑똑한 유전자'가 계속 후세에 전해졌다는 것이다. 또 타 종족과 거의 결혼하지 않는 관습도 똑똑한 유전자와 유전병을 대물림하는 데 큰 역할을 했다고 주장한다.

반유대주의의 정치학

유대인들은 어느 나라에서건 뛰어난 상술로 막강한 경제력을 갖고 있기 때문에 간혹 그 나라의 민족주의 정서의 공격목표가 되기도 한다. 특히 나치 시절 유대인들은 유럽에서 집중적인 공격의 대상이 되었다. 네오클레우스(Neocleous 2002)는 "아렌트가 주장하는 바와 같이, 나치즘이 유대인들을 이해하는 방식 중 하나이자 유대인을 '위협'으로 간주했던 이유 중 하나는 유대인이 '민족이 없는 사람들'이며, 민족적 세계에서도 무민족적 구성요소라는 점이다"라며 다음과 같이 말한다.

"요컨대 유대인에게 민족은 없다. 유대인은 여타 다른 이방인들과 같은 그런 이방인들이 아니다. 왜냐하면 유대인들은 독일뿐 아니라 다른 어떤 것도 자기들의 본거지로 생각하지 않기 때문이다. 유대인에게 이방인으로 산다는 것은 일시적 상태라기보다는 일종의 본질이다. …… '민족이 없는 상태' 덕분에 유대인들은 다른 민족의 경계를 자유롭게 넘나들 수 있었다. 민족이 구원의 토대이며 민족을 매개로 하여 회복과 재생이 일어난 이래로, 유대인들의 '무민족적 위상'은 이를테면 내부에서 민족을 통한 구원을 위협하게 된다."

오늘날엔 아주 선한 얼굴을 하고 있는 나라도 예외 없이 유대인을 위협으로 간주했던 과거를 갖고 있다. 예컨대 스웨덴은 어떤가? 앵겔 (Angell 2001)은 "2차 세계대전 중에는 독일을 뒤좇아 스웨덴 기업들이 유대인들을 비즈니스 세계에서 배제하기 시작했다. '유대인 없는 사회'가 되려는 열망에 사로잡힌 은행과 기업들은 고의적으로 고객의 혈통내역을 나치 지지자들에게 팔았다"고 말한다. 2000년 러시아 대통령 블라디미르 푸틴(Vladimir V. Putin)이 미디어 재벌들을 탄압할 때 여론은 열렬한 지지를 보냈는데 그 이유 중 하나는 그들이 러시아인의 혐오대상인 유대인이었기 때문이다.

반유대주의의 또 다른 근거 중 하나는 유대인이 "예수를 죽인 민족"이라는 2세기경 로마 가톨릭이 내린 규정이었다. 히틀러도 유대인을 학살하는 여러 이유 중의 하나로 이것을 내세웠다. 그래서 바티칸과 이스라엘은 늘 사이가 좋지 않았다. 텔아비브에 있는 디아스포라 박물관 입구에는 "나치가 유대인을 학살할 때 기독교인들은 침묵하고 있었습니다"라고 쓰인 문구가 있다. 세계에서 크리스마스를 가장 조용하게 보내는 나라도 바로 이스라엘이다.

요한 바오로 2세는 교황 역사상 최초로 아우슈비츠 강제수용소를 방문해 홀로코스트 당시 바티칸이 묵인한 사실에 대해 사죄의 뜻을 밝혔다. 또 그는 "유대교는 기독교에 의해 대체된 종교가 아니라 기독교와 공존하는 정통성 있는 종교"라는 결정을 내림으로써 화해의 가능성을 열었다. 2005년 5월 19일, 독일 출신으로 10대 때 나치 청년단 '히틀러 유겐트(Hitler-Jugend)'에 가입했던 전력을 갖고 있는 신임 교황 베네딕토 16세(Benedictus XVI)는 강론에서 유대인 학살 등 나치의 만행을 강도 높게 비판했다.

유대인에 대한 바티칸의 과거와 관련해 슬로베니아의 철학자 슬라보예 지젝(Slavoj Žižek)은 "나치에 대한 바티칸의 행동 가운데 가장 이해할 수 없는 수수께끼는 매체에서 떠들어대는 것처럼 홀로코스트에 대한 교황의 침묵이 아니다. 물론 이는 용서할 수 없는 일이지만 어떤 특수한 상황성으로 이해할 수는 있다. 이보다 훨씬 더 이해할 수 없는 것은 2차 세계대전 후 가톨릭교회가 나치 전범자들이 미국 남부로 탈출하는 데 적극적으로 협조했다는 점이다"라고 말한다.

이스라엘의 정치인 나탄 샤란스키(Natan Sharansky)는 『민주주의를 말한다(The Case for Democracy)』(2005)라는—조지 부시(George W. Bush) 대통령이 열심히 읽었다는—책에서 "예전의 반유대주의는 어찌 보면 유치했고 별 효과도 없었지만 오늘날 새로운 반유대주의는 예전에 비해 훨씬 더 교묘해졌으며 예전의 반유대주의가 유대인과 유대교 비판에 초점을 맞췄다면 새로운 반유대주의는 유대인들의 국가 자체에 초점을 맞추고 있다"고 주장했다. 그는 오늘날 반유대주의의 목소리는 인권이라는 이름으로 치장되어 있기 때문에 반유대주의자들의 숨은 의도를 찾아내기가 여간 어려운 것이 아니라고 말한다.

그러나 샤란스키가 이스라엘과 유대인은 100퍼센트 옳다고 주장하려는 게 아니라면, 이스라엘과 유대인의 문제점도 지적하면서 자신의 주장을 폈더라면 더 좋았을 것이다.

참고문헌 Angell 2001, Caryl 2001, Finkelstein 2004, Harvey 1994, Lind 2003, McBride 1997, Mazrui 2001, Myers 2005, Neocleous 2002, Ridings & McIver 2000, Sharansky 2005, Whitfield 1982, 공종식 2005, 남성준 2005, 박기상 2001, 박재선 2002, 소정현 2000, 손혜신 2001, 오치 미치오 1999, 오치 미치오 외 1993, 요미우리 1996, 이건욱 2000, 이영돈 2002, 이태규 2005, 정인환 2005, 조선일보 문화부 1999

제4장

욕망의 분출과 갈등

1948년 대선
해리 트루먼 재선

'듀이, 트루먼을 물리치다'?

1948년 공화당 전당대회는 트루먼이 공산주의에 관대하다는 비난일색의 성토장이 되었다. 선거운동 기간 중 공화당 대선후보 토머스 듀이는 민주당이 정부의 공산주의자를 교사(敎唆)했다고 비난했으며, 그의 대선 러닝메이트인 캘리포니아 주지사 얼 워런(Earl Warren, 1891~1974)도 트루먼이 공산주의에 지나치게 관대하다고 비난했다.

선거는 듀이의 승리처럼 보였다. 국내적으로 취임 초기 물가상승과 노동자들의 파업으로 인한 사회불안이 높아져 이미 1946년의 중간선거에서 공화당이 압승, 여소야대 정국이 초래되었다. 1948년 마셜플랜이 본격적으로 시작되면서 미국 내 반대세력이 늘어갔으며 민주당 내 분열이 심화돼 대부분의 언론 또한 대통령선거에서 공화당의 토머스 듀이 후보가 당선할 것이라고 예측했다. 여론조사 결과도 5~15퍼센트 격차로 듀이가 이길 것이라고 예측됐다.

그러나 트루먼은 그런 예측에 굴하지 않고 유명한 3만 마일(약 4만 8000킬로미터) 전국유세를 통해 유권자에 직접 호소하고 나섰다. 600만 명 이상의 사람들에게 300번 이상의 연설을 했다. 그는 아내와 딸을 동반하고 다니면서 대중의 마음을 파고들었다. 그는 선거유세에서 이런 논평으로 청중들을 웃기곤 했다. "제너럴모터스, 제너럴일렉트릭, 제너럴푸드 그리고 제너럴 맥아더. 제가 아는 모든 제너럴이 다 공화당 명단에 들어가 있습니다. 그런데 제너럴 웰페어(general welfare; 공공복지)가 빠졌군요."

『시카고 트리뷴(Chicago Tribune)』이 그 유명한 오보 「듀이, 트루먼을 물리치다」라는 제목의 기사를 내보낼 정도로 막판까지 듀이의 우세가 확연해 보였지만 결과는 트루먼의 승리로 나타났다. 일반 투표에서 트루먼 49.9퍼센트, 듀이 45.1퍼센트, 선거인단 투표에서 303대 189로 그야말로 극적인 승리였다. 트루먼은 공화당계 신문인 『시카고 트리뷴』을 군중들 앞에서 신나게 흔들어 보이면서 승리를 자축했다. 트루먼의 승리를 예측하지 못한 갤럽도 조롱거리가 되었다.

재선 후 트루먼은 농민보조금 제공, 의무적 건강보험 실시 등 새로운 사회개혁정책을 시도했다. 이 정책은 "모든 집단과 모든 개인은 정부로부터 공정한 대우(Fair Deal)를 받을 권리가 있다"는 그의 연설에 근거해 '페어 딜' 정책으로 명명되었다. 그러나 사회보장, 노동권확립, 경제통제, 시민권확대 등을 시도한 일련의 개혁정책들은 의회 내 보수파들에 의해 대부분 묵살돼 이렇다 할 성과를 거두진 못했다.

'페어 딜'의 실천이 어렵다는 건 이미 1948년 대선에서 입증된 것으로 보였다. 남부의 인종차별주의자들이 1948년 7월 17일 앨라배마

재선에서 승리한 다음 날, 오보를 실은 「시카고 트리뷴」을 들어 보이는 트루먼.

주의 버밍햄에서 소위 '딕시크랫(Dixiecrat Party)'으로 알려진 '주권민주당(States' Rights Democratic Party)'을 창당하여 사우스캐롤라이나 주지사 스트롬 서몬드(Strom Thurmond, 1902~2003)를 대통령 후보로 내보냈기 때문이다. 민권정책에 대한 반대 그리고 이에 저항하는 민권운동은 1950년대와 1960년대에 폭발한다.

"The Buck Stops Here"

원자폭탄 투하 결정에서부터 한국전쟁 참전에 이르기까지, 트루먼만큼 재임기간 중 매우 중요한 결정을 많이 내려야 했던 대통령은 없었다. 이와 관련해 트루먼은 "모든 책임은 내가 진다(The Buck Stops Here)"는 말을 백악관 집무실 책상 위 팻말에 새겨두고 좌우명으로 삼은 것으로 유명하다.

이 말의 유래에 대한 해석은 다양한데, 포커 게임에서 공정하게 딜러의 순번을 결정하기 위해 사용한 '사슴뿔 칼(buckhorn knife)'에서 나왔다는 주장이 가장 일반적이다. 손잡이가 사슴뿔로 된 칼을 다음

딜러에게 넘겨주는 것(passing the buck)이 곧 책임과 의무를 전가한다는 관용어로 굳어졌고, 이에 따라 수사슴 혹은 1달러를 의미했던 'buck'에 '책임'이라는 뜻이 추가됐다는 것이다.

트루먼은 나중에 대통령 이임식 연설에서도 "대통령은 그가 어떤 사람이건 간에 결정을 해야 한다. 그 누구에게도 책임을 전가할 수 없다. 그 누구도 대통령의 결정을 대신해줄 수 없다. 결정은 온전히 대통령의 몫이다(The President —whoever he is— has to decide. He can't pass the buck to anybody. No one else can do the deciding for him. That's his job)"라고 힘주어 말했다. 'The buck stops here' 명패 뒷면엔 '나는 의심이 많은 사람(I'm from Missouri)'이라는 뜻의 문구가 쓰여 있었다는데 이는 자신의 결단이 충분한 심사숙고 후에 이루어졌음을 은연중에 과시하고자 한 것으로 보인다.

실제로 트루먼은 루스벨트와는 달리 명쾌한 결정을 내리곤 했다. 물론 그게 늘 좋은 것만은 아니었다. 그는 경험부족을 감추기 위해 협상에서 냉엄한 모습과 자만심을 보였고 그래서 유연성이 부족하고 이분법적 성향이 강하게 비쳤다. 그의 이런 특성이 미·소 관계악화를 초래한 점도 있다.

냉전의 회오리

1948년 조지 케넌은 국무성 정책팀을 위해 쓴 「정책기획연구 23」이라는 최고기밀문서에서 "우리는 전 세계 부의 50퍼센트 정도를 소유하고 있지만 인구는 전 세계의 6.3퍼센트밖에 되지 않는다. …… 이런 상황에서 우리가 시샘과 원한의 대상이 되고 있다는 것은 너무나 당연한 일이다"라며 다음과 같이 말했다.

"우리가 앞으로 해야 할 실질적 임무는 이 우월한 지위를 계속 유지할 수 있도록 그 관계를 정형화하는 것이다. …… 그러기 위해서 우리는 모든 감상과 몽상을 제거해야 한다. 우리의 관심은 어디든 당장의 국가적 과제가 걸려 있는 곳으로 쏠려야 한다. …… 우리는 인권, 생활수준의 향상, 민주화 따위의 비현실적이고 …… 애매모호한 주제에 대한 언급을 그만두어야 한다. 이제 오직 힘이라는 개념으로만 문제를 해결해야 하는 시대가 머지않았다. 그때는 우리가 이상주의적 슬로건에서 더 자유로울수록 목적하는 바를 더욱 쉽게 성취할 수 있을 것이다."

바로 이 원리에 따라 1949년 4월 소비에트 블록에 맞서 서유럽을 방어할 목적으로 북대서양조약기구인 나토(NATO; North Atlantic Treaty Organization)가 창설되었다. 미국, 캐나다, 영국, 프랑스, 벨기에, 네덜란드, 룩셈부르크, 노르웨이, 덴마크, 아이슬란드, 이탈리아, 포르투갈 등 12개국 대표가 워싱턴에서 서명식을 가졌다. 나토 가맹국들은 가맹국 중 어느 한 나라에 대한 무력공격도 전체 가맹국에 대한 공격으로 간주한다는 데에 합의했다.

미국은 1778년 아메리카 독립혁명 기간 중 프랑스와 맺었던 동맹 이래로 유럽 국가들과 평시 군사동맹을 맺은 적이 없었기 때문에 이 조약은 뜨거운 논란을 불러일으켰다. 트루먼은 나토가 유럽인들에게 공산주의에 대항할 의지를 심어줄 것이라고 주장하면서 동맹의 비준을 설득했다. 1949년 7월 21일 미 상원은 이 협정을 비준했으며 초대 나토군 최고사령관으로는 1950년 12월 아이젠하워가 임명된다. 미국

1948년 중국 초대 대통령으로서 취임연설을 하는 장제스. 다음 해에 대만으로 도주해 1950년 총통으로 취임했으며 한국전쟁이 발발하자 남한에 지원군을 보냈다.

이 1955년 5월 9일 서독의 비무장원칙을 무시하고 서독을 나토에 가입시키자, 소련은 한 달 후인 6월 7일 나토에 대응해 동유럽 위성국가들과 바르샤바조약을 맺는다.

1949년 8월 국무성은 백서를 출간하고 중국에서 미국 정책이 실패했다고 보고했으며, 9월 23일 트루먼은 긴급기자회견에서 소련이 처음으로 핵폭탄실험에 성공했다고 발표했다. 12월에는 공산주의에 패배한 장제스 국민당정부가 대만으로 도주했다. 냉전의 회오리가 몰아치기 시작한 것이다.

중남미정책도 그 영향을 받았다. 케넌은 1950년 라틴아메리카 주재 대사들에게 브리핑을 하면서 미국 외교정책의 관심사는 반드시 "우리(라틴아메리카)의 천연자원들을 보호하는 것"이어야 한다고 역설했다. 그는 라틴아메리카 전체에 퍼져 있는 위험스러운 생각, 즉 "정부가 국민의 복지에 직접적 책임이 있다는 사상"과 싸워야 한다며 다음과 같이 주장했다.

"이 마지막 해결책은 그다지 마음에 들지 않겠지만 그러나 우리는 각국 정부가 경찰력을 동원해 이를 억누르게 하는 데 망설이지 말아야 한다. 공산주의자들이란 본질적으로 반역자들이므로 그것은 불명예스러운 일이 아니다. …… 만약 집권체제가 방종하고 긴장이 풀려 있으며 공산주의자가 침투해 있다면, 자유주의적 정부보다는 차라리 강권체제 정부가 더 낫다."

이렇듯 본격적인 냉전체제가 열리고 있었다. 촘스키(Chomsky 1996)는 "냉전이란, 소련의 지배세력에게는 그들의 제국내부와 동유럽의 위성국들을 단단히 장악할 수 있게 했고 미국에게는 제3세계와의 전쟁을 지휘하고 유럽의 동맹국들을 조종할 수 있게 했던, 소련과 미국 사이의 무언의 협정과도 같은 것"이라고 주장한다. 이런 냉전 메커니즘을 통해 미국과 소련은 "상대방이 저지른 범죄들을 들추어내어 공포를 야기함으로써 그들의 가장 중요한 적, 즉 자국의 국민들을 조종했다"는 것이다. 그 원인이 무엇이건 냉전시대는 "당신은 누구 편인가"라고 묻는 삶의 문법을 대중의 일상적 삶에 주입시키는 결과를 초래한다.

참고문헌 Chomsky 1996, Dole 2007, Griffith 1997, Ridings & McIver 2000, 김진웅 1999, 나윤도 1997-1998, 박경재 1995, 손세호 2007, 이구한 2006, 이삼성 2001, 이유식 2009, 이진준 1998, 임귀열 2009

1948년-텔레비전의 해
1940년대의 TV와 영화

에드워드 머로의 라디오 저널리즘

루스벨트와 히틀러의 라디오 이용이 말해주듯이, 2차 세계대전을 전후로 한 시기는 라디오의 전성시대였다. 라디오 수신기는 1930년 1475만 대에서 1935년 2600만 대, 1940년 4500만 대로 급증했다. 라디오 광고비도 급증해 1930년 6000만 달러에서 1935년 1억 500만 달러, 1940년 2억 달러를 기록했다.

2차 세계대전은 라디오 뉴스가 저널리즘의 위력을 발휘하는 기회가 되었다. 특히 CBS 기자 에드워드 머로(Edward R. Murrow, 1908~1965)의 활약이 눈부셨다. 그는 1938년 3월 독일이 오스트리아를 점령했다는 소식을 듣고 유럽으로 날아가 미국인들에게 전쟁상황의 느낌을 생생하게 전달해 전설적인 명성을 얻었다. 그는 간단하고 권위 있게 말하는 화법을 구사했으며 극적 효과를 위해 침묵을 사용하기도 했다.

머로의 3월 13일 첫 방송은 이랬다. "여기는 비엔나, 에드워드 머로입니다. 지금은 새벽 2시 30분이고 히틀러는 아직 도착하지 않았습니다. 그가 언제 이곳에 도달할지는 아무도 모르는 것 같습니다. 그러나 대부분의 사람들은 내일 아침 10시 이후로 예상하고 있습니다. 물론 한눈에도 비엔나는 엄청난 환영준비를 하고 있는 것이 분명합니다. 저는 바르샤바와 베를린을 거쳐 불과 수 시간 전에 이곳에 도착했습니다. 바르샤바는 흥분된 분위기가 거의 없음이 분명합니다. 사람들은 조용히 일터로 나갔습니다. 카페는 만원입니다. 손님을 기다리는 마차마부들은 털 코트로 몸을 감싸고 있었는데 위기상황과는 아주 먼 것처럼 보였습니다."

머로는 나중에 영국으로 날아가서 방공호로 조심스럽게 걸어가는 사람들의 발걸음 소리를 담기 위해 마이크를 인도 가까이 갖다 대기도 했다. 대부분의 라디오 뉴스는 생중계로 방송되었는데, 머로는 이런 생중계의 효과를 극대화하는 보도기법을 구사했다. "저는 몇 분 있으면 바로 가까운 이곳에서 총격 소리를 듣지 않을까 생각합니다. …… 여러분은 곧 두 번의 폭음을 들으실 겁니다."

머로의 방송 중 가장 유명한 방송으로 평가받는 1940년 9월 12일의 방송은 다음과 같다. "여기는 런던, 오전 3시 30분입니다. 오늘은 '일상적인 밤'이라 불릴 수 있는데 9시경에 공습경보가 있었고 그 이후 간헐적인 폭격이 있었습니다. 오늘밤은 전보다 더 많은 고성능폭탄이 터졌고 소이탄은 적었던 듯합니다. 단지 두 군데에 불길이 보입니다. 여전히 독일인들은 폭격기를 한 대나 두 대씩 보내고 있습니다. 대공포화는 치열했지만 20분간 런던이 조용할 때가 있습니다."

미국의 참전 후에 라디오는 보도매체로서의 진가를 더욱 유감없이 발휘했다. 진주만 기습 때부터 그랬다. 기습이 일어난 1941년 12월 7일은 일요일이라 신문이 발행되지 않았기에 모든 사람들이 라디오에 귀를 기울였다. 이런 전쟁보도가 가져온 '호황' 덕분에 1940년대 전반 내내 전국의 930여 개 라디오 방송국은 거의 모두 흑자를 기록했다.

4대 네트워크 체제

라디오와 달리 텔레비전 방송은 전쟁 중 큰 타격을 입었다. 일본의 진주만 폭격 이후 미국 내 텔레비전 방송국 건설이 모두 중지되고, 9개 텔레비전 방송국만이 운영되었으며, 뉴욕의 3개 방송국도 일주일에 4시간 방송하던 것을 하루로 축소하여 방송했다.

그런 상황에서 NBC는 독과점규제에 의해 2개 라디오 네트워크 중 하나를 처분해야 하는 상황에 처했다. 이미 1937년 NBC와 CBS는 685개 방송국 중 210개를 네트워크 산하에 두었지만, 실제 시장점유율은 88퍼센트에 이르렀다. NBC는 2년여에 걸친 법적 투쟁에서 패소하여 1943년 10월 "블루" 네트워크를 매각했으며, "블루" 네트워크는 1945년 6월 이름을 ABC(American Broadcasting Company)로 개명했다. 이로써 미국의 방송계는 NBC, CBS, 듀몬트(Du Mont), ABC 등 4대 네트워크 체제로 재편되었다.

1945년 9월 2일 2차 세계대전이 공식적으로 종전되었을 때에 미국 내 텔레비전 수상기 수는 7000대에 불과했으나 10월 8일 정부가 텔레비전 방송국 건설과 수상기 제조에 대한 금지령을 해제함에 따라 텔레비전은 곧 비약적인 발전을 하게 되었다. 1946년 할리우드 거물인 20

세기폭스사 대표 대릴 재녁은 "텔레비전은 6개월 이상 버티지 못할 것이다. 매일 밤 작은 나무상자를 들여다보고 있으면 금방 싫증이 날 테니까"라고 호언했지만 진심이라기보다는 '희망사항' 이었을 것이다.

1946년부터 텔레비전 수상기는 대량생산 체제에 들어가 백화점에 주요상품으로 등장하기 시작했다. 텔레비전 수상기의 대량생산은 시급히 해결돼야 할 한 가지 기술적 문제를 부각시켰다. 그건 바로 컬러텔레비전 방식이었다. CBS가 개발한 컬러텔레비전 방식은 곧 대량생산 체제에 들어갈 수 있었으나 기존 흑백텔레비전 수상기를 사용할 수 없다는 문제가 있었기 때문에 하루빨리 미 연방통신위원회(FCC; Federal Communications Commission)의 공인을 받아야 할 상황에 처해 있었다. 반면 미 전기·방송회사 RCA가 개발한 컬러텔레비전 방식은 아직 완성단계에 있는 건 아니었으나 기존 흑백텔레비전 수상기와 양립할 수 있다는 장점을 갖고 있었다. FCC는 CBS와 RCA 사이의 치열한 '컬러텔레비전 전쟁' 에 휘말려 이러지도 저러지도 못하고 결정을 보류하고 있었다.

1948년 미국 내 텔레비전 수상기가 17만 2000대에 도달한 가운데 NBC는 "1948년-텔레비전의 해" 라는 대대적인 캠페인을 전개했다. 이러한 캠페인과 함께 텔레비전의 1948년 대통령선거 보도는 텔레비전의 지위를 한층 격상시켜주었다. FCC에는 텔레비전 방송국 허가신청이 쇄도하기 시작했다. 방송국이 급증함에 따라 FCC는 새로운 기술적 문제에 직면했다. FCC는 그간 막연하게 동일 채널의 방송국 간 최소거리를 150마일로 잡아 방송국허가를 내주었으나 날이 갈수록 방송국 간의 전파중복현상이 많이 발생하고 있다는 보고를 접한 것이다.

결국 FCC는 주파수조정을 위한 시간적 여유가 필요하다는 이유로 1948년 9월 30일 방송국 신규허가에 '동결(freeze)' 조치를 취하고 말았다. 동결이 선언될 당시 미국 내엔 22개 시에서 39개 방송국이 방송을 하고 있었고 이미 86개 방송국이 허가를 받아 텔레비전 방송을 시작하려던 중이었으며 신청을 접수한 303건은 허가가 보류되었다.

방송 스폰서십의 변화

동결이 선언된 가운데도 텔레비전은 대중매체로서의 영향력을 서서히 발휘하기 시작했다. 텔레비전 수상기도 1949년 94만 대에서 1950년 387만 5000대로 급증했다. 1949년에 텔레비전의 '성과 폭력' 묘사가 이미 사회문제로 등장하여 온갖 종류의 위원회가 생겨났다. 또 시청자의 큰 인기를 얻어 범람한 퀴즈쇼가 사행심을 조장한다는 이유로 사회문제로 비화되자 1949년 8월 FCC가 개입하기에 이르렀다. 네트워크들은 FCC의 퀴즈쇼 금지조치가 FCC의 권한을 벗어난 '검열'이라며 법원에 제소했고 이 문제는 수년간 법정투쟁 끝에 결국 네트워크들의 승리로 끝을 맺었다.

1949년 NBC의 편성책임자로 임명된 팻 위버(Pat Weaver, 1908~2002)는 당시로서는 획기적인 2시간 30분짜리 대형 쇼 〈새터데이 나이트 리뷰(Saturday Night Revue)〉를 선보였다. 당시 AT&T는 미국의 동부와 중서부를 연결하는 동축 케이블(coaxial cable)을 수 회선만 운영하고 있었던 관계로 이 회선을 이용하기 위한 네트워크들의 경쟁이 치열했기 때문에 NBC가 케이블을 2시간 30분이나 점유한다는 데 대한 다른 네트워크들의 반발이 매우 심했다. 결국 NBC는 처음 한 시간은 시카고에서 방송하고 또 지방방송국들이 다른 네트워크 프로그램도 방송할 수 있는 자유를 허용하는 차원에서 2시간 30분짜리를 1개의 프로그램으로 간주해서는 안 된다는 FCC의 유권해석에 따를 수밖에 없었다.

〈새터데이 나이트 리뷰〉가 30분짜리 프로그램 5개의 형식으로 취급된 것은 뜻밖에도 스폰서십의 일대변화를 가져오는 계기가 되었다. 당시 프로그램 광고는 네트워크가 부담하는 방식(sustained), 전국적 광고주 없이 각 지역별로 광고를 하는 방식(co-op), 한 광고주가 자체 프로그램을 책임지는 방식(direct)의 3가지 방식만 존재했다. 그러나 〈새터데이 나이트 리뷰〉를 계기로 1개 프로그램에 여러 전국광고주가 참여하는 이른바 '참여 스폰서십(participating sponsorship)'이 보편화되기 시작했다.

빌보드 차트와 앨프레드 히치콕

2차 세계대전은 미국의 엔터테인먼트 산업에 새로운 활력을 불어넣었다. 예컨대, 패션계만 하더라도 1938년 미국판 『보그(Vogue)』가 창간되었지만 패션의 주도권은 파리를 중심으로 한 유럽이 행사하고 있었다. 그러나 1940년 7월 나치 점령군에 의해 파리가 점령당하고 유럽 전역이 전쟁의 피해를 입게 되자, 패션계의 주도권이 자연스럽게 미국으로 이동되기 시작했다.

1940년 『빌보드(Billboard)』가 최초로 일주일간의 레코드 판매실적을 독자적으로 조사·집계한 '빌보드 인기음악 차트'를 발표하기 시작하면서 대중가요도 더욱 풍요로워졌다. 1940년 최고의 히트곡은 청년가수 프랭크 시내트라(Francis A. Sinatra, 1915~1998)를 거느린 토미 도

한 라디오 방송에 출연한 프랭크 시내트라.

시(Thomas Francis Dorsey, 1904~1957)가 발표한 'I' ll Never Smile Again(다시는 웃지 않으리)' 이었는데, 이 노래는 이후 10년간 내내 '톱 텐'의 자리를 지켰다.

1942년엔 "진주만을 기억하라"와 관련된 가요들도 나왔다. 대표적인 곡으로는 'Remember Pearl Harbor(진주만을 기억하라)'와 'This Is the Army(이것이 군대다)' 였다. 그 밖에도 많은 전쟁애국가요들이 나왔지만, 1942년의 최고 히트곡은 빙 크로스비(Bing Crosby, 1903~1977)의 'White Christmas(화이트 크리스마스)' 다. 이 노래는 첫해에만 악보가 100만 장이나 팔려나갔고 1976년 말까지 미국과 캐나다에서 총 1억 800만 장의 레코드가 판매되는 등 불멸의 가요로 자리 잡았다. 전후 이전에 대유행이었던 밴드는 유행에 뒤떨어진 것으로 취급받았고 그 대신 시내트라, 크로스비, 다이너 셔, 페리 코모(Pierino Ronald Como,

스릴러의 거장 히치콕은 자신이 감독한 영화에 행인, 신문광고 모델 등으로 잠깐 모습을 비쳤다. 그의 카메오 출연 장면을 찾는 것 또한 영화의 흥미거리다. ⓒ 중앙일보

1912~2001) 같은 솔로 가수들이 인기를 독차지했다.

전쟁을 피해 미국으로 몰려든 유럽의 인력도 미국에겐 큰 축복이었다. 예컨대, 영화 쪽의 대표적인 인물로는 1939년 할리우드 제작자 데이비드 셀즈닉(David O. Selznick, 1902~1965)의 요청을 받고 할리우드에 입성한 영국의 거장 감독 앨프리드 히치콕(Alfred J. Hitchcock, 1899~1980)을 들 수 있다. 그는 할리우드에서 〈레베카(Rebecca)〉(1940)를 연출해 큰 성공을 거두고 그해 아카데미 작품상을 수상했다. 하지만 진정한 의미에서 히치콕이 최초로 만든 할리우드 영화는 1940년작 〈해외특파원(Foreign Correspondent)〉이었다. 이 영화는 카메오(Cameo)와 더불어 히치콕 영화의 또 다른 특징이기도 한 '맥거핀(MacGuffin)'이 본격적으로 등장한 작품이다. 맥거핀이란 이 영화에서 사용된 별 의

미 없는 암호명으로, 영화줄거리에서 그리 중요하지 않은 것을 마치 대단한 것처럼 위장하여 관객들을 속이는 일종의 속임수장치다.

이후 히치콕은 〈스미스 부부〉 〈서스픽션〉 〈파괴 공작원〉 〈의혹의 그림자〉 〈구명보트〉 〈스펠 바운드〉 〈오명〉 〈패러딘 부인의 사랑〉 〈로프〉 〈염소좌 아래서〉 〈무대공포증〉 등 매해 영화 한 편씩을 연출하며 당대의 할리우드 스타들을 자신의 영화들 속에 끌어들였다. 잉그리드 버그먼(Ingrid Bergman, 1915~1982)(〈망각의 여로〉 〈오명〉 〈염소좌 아래서〉), 캐리 그랜트(Cary Grant, 1904~1986)(〈서스픽션〉 〈오명〉), 그레고리 펙(Gregory Peck, 1916~2003)(〈망각의 여로〉 〈패러딘 부인의 사랑〉), 제임스 스튜어트(James Maitland Stewart, 1909~1997)(〈로프〉), 마를레네 디트리히(Marlene Dietrich, 1901~1992)(〈무대 공포증〉) 등이 그들이다.

1940년대 할리우드

전후 할리우드가 입은 최고의 혜택은 1946년 5월 28일 미 국무장관 제임스 번스와 프랑스 총리 겸 외무장관 레옹 블룸(AndrLon Blum, 1872~1950) 사이에 맺어진 '블룸-번스 협정'이다. 이 협정이 미국 영화수입에 대한 모든 종류의 제한을 철폐했기 때문이다. 그해 6월 22일 레옹 블룸은 '미국에 대한 감사의 표시'로 이 협정을 받아들여야 했음을 실토했다. 그 결과 프랑스 스크린을 미국 영화들이 온통 점령하게 되었다. 1947년 상반기에 영화관들은 미국 영화를 337편 상영했지만 프랑스 영화는 54편 상영하는 데 그쳤다.(박상익 2009)

1940년대 할리우드엔 새로운 변화의 바람이 불었다. 메이저 스튜디오들은 1952년까지 그들이 소유하고 있던 극장들을 포기해야만 했다.

1938년부터 1948년까지 10년간의 법정투쟁 끝에 대법원은 '미국 정부 대 파라마운트' 사건에서 영화업계의 수직적 통제가 상거래에 제약을 주고 독점화를 조장하고 있다고 판결했던 것이다.

이 판결 이후 할리우드는 수입이 줄게 되자 유럽 시장에 눈을 돌렸으며, 이때 바로 영화수출협회(MPEA; Motion Picture Export Association of America)가 생겼다. 이 기구는 미국영화협회(MPAA; Motion Picture Association of America)의 일개 부서에 지나지 않았지만 미국 정부의 후원 아래 공격적인 국외시장 개척에 임했다. 그 결과 1950년 미국 영화산업의 수익 중 40퍼센트가 국외로부터 거둬들인 것이며 1960년에 이 수치는 무려 53퍼센트에 달했다.(노순동 1999, 이용관 · 김지석 1992)

1940년대를 대표하는 영화로는 1941년에 개봉한 오슨 웰스(George Orson Welles, 1915~1985)의 〈시민 케인(Citizen Kane)〉이 꼽힌다. 이미 라디오드라마 연출로 명성을 떨친 웰스의 데뷔작인 이 영화는 여러 가지 점에서 영화사에 혁신적인 작품으로 기록된다. 이전까지 영화는 화면의 특정부분에만 초점을 맞췄지만 〈시민 케인〉은 화면의 전경, 중경, 후경을 모두 명확히 보여주는 '딥 포커스'를 실현했다. 딥 포커스 덕에 영화는 다층적인 의미를 지니는 '텍스트'가 되었다. 또한 〈시민 케인〉은 영화에서 시간의 흐름을 표현하는 방식, 음악 · 음향 사용 등의 면에서 모두 과거의 영화와 단절하는 창의성을 보여줬다. 이 영화는 당대의 언론재벌 윌리엄 랜돌프 허스트(William Randolph Hearst, 1863~1951)의 삶에 기반을 둔 것으로 알려졌다. 허스트는 〈시민 케인〉의 개봉을 막기 위해 압력을 가했으나 뜻을 이루지 못했고 결국 자신이 소유한 수십 개 언론사에서 이 영화를 언급조차 하지 못하게 했다.

〈추격자들(The Searchers, 감독 존 포드)〉(1956)에 출연한 존 웨인. 자신의 가족을 살해한 인디언 범인을 추격하는 전직 보안관 '에단(Ethan)' 역을 맡았다.

이 때문인지 〈시민 케인〉은 흥행엔 성공하지 못했다.(백승찬 2009)

1940년대의 대표적인 스타로 서부영화의 '아이콘'이 된 존 웨인 (John Wayne, 1907~1979)을 빼놓을 순 없겠다. 1928년 존 포드(John Ford, 1895~1973) 감독의 영화에 단역으로 데뷔한 웨인은 라울 월시 (Raoul Walsh, 1887~1980) 감독의 〈빅 트레일(The Big Trail)〉(1930)에서 처음 주연을 맡았지만 흥행에 실패해 이후 10년간 수십 편의 이류 서부영화에 출연했다. 평범한 배우로 끝나버릴 뻔했던 웨인을 살린 건 존 포드였다. 포드는 고전서부극의 정점이라 할 수 있는 〈역마차(Stagecoach)〉(1939)의 링고 키드 역을 웨인에게 맡겼고, 웨인은 이 영화로 영화계의 스타로 떠올랐다. 그는 이후 〈아파치 요새(Fort Apache)〉(1948), 〈황색 리본을 한 여자(She Wore A Yellow Ribbon)〉(1949), 〈리오 그란데 (Rio Grande)〉(1950), 〈말 없는 사나이(The Quiet Man)〉(1952) 등 포드 감독의 영화에서 계속 주연을 맡으면서 정의와 질서를 회복시키고 말없

이 황야로 떠나는 고독한 영웅의 상징이 되었다.(김진우 2009)

웨인은 전쟁영화에도 출연해 2차 세계대전 참전병사들을 '프런티어맨'으로 묘사하는 일에 앞장섰다. 이런 '전쟁의 프런티어화'를 잘 표현한 대표적인 작품은 게리 쿠퍼가 주연을 맡은 〈요크 중사(Sergeant York)〉(1941)다. 이 영화의 선동효과가 어찌나 뛰어났던지 상원의원 제럴드 나이(Gerald P. Nye, 1892~1971)는 상원청문회에서 이 영화를 "전쟁 히스테리를 조장하기 위해 만든 영화"로 지목했다.(Carpenter 1990) 그 밖에도 〈카사블랑카(Casablanca)〉(1942), 로널드 레이건이 출연한 〈타깃 도쿄(Target Tokyo)〉(1945) 등 많은 영화들이 2차 세계대전 중 미국인의 애국심을 고취시키는 데에 앞장섰다.(민병두 2001)

1946년 아카데미작품상을 수상한 윌리엄 와일러(William Wyler, 1902~1981)의 〈우리 생애 최고의 해(The Best Years Of Our Lives)〉는 전후문제를 다룬 멜로드라마풍 애국주의 영화였다. 2차 세계대전이 끝나 고향에 돌아온 세 병사가 사회에 적응해가는 과정을 그린 이 작품은 어두운 시대가 물러가고 새로운 시대가 찾아온다는 것을 암시함으로써 미국인들의 사기진작에 기여했다. 종전 후 사회문제가 된 참전군인들을 위해 국방부의 주도로 제작된 관제영화라는 설이 있지만 미국인들이 간절히 바라는 무엇인가를 정확히 건드리고 짚어냄으로써 흥행에 성공했다. 실제로 여론조사를 통해서도 미국인들의 다수가 1946년을 '우리 생애 최고의 해'로 여기고 있음이 드러났다.(사루야 가나메 2007, 이구한 2006)

디즈니의 이념투쟁

월트 디즈니(Walter E. Disney, 1901~1966)의 활약은 어떠했던가. 1937년 12월 21일 개봉한 최초의 장편만화영화 〈백설공주(Snow White and the Seven Dwarfs)〉는 이름도 얼굴도 없는 난쟁이들에게 제각기 독특한 개성을 부여하고 백설공주를 그럴싸하게 꾸미기 위해 '백설공주'를 '백설공주와 일곱 난쟁이'로 바꿈으로써 관객들에게 친근감을 주는 데 성공했다.

지금이야 장편만화영화를 당연하게 여기지만, 당시엔 "누가 90분 짜리 만화영화를 끝까지 지켜보겠느냐"는 견해가 절대우세였다. 이 영화는 실패할 것이라는 영화계의 우려와는 달리 총 2000만 명이나 되는 관객을 끌어들였고, 관객동원만으로 얻어진 수입이 800만 달러에 달했다. 또한 이 영화는 10개 국어로 번역돼 46개국에 수출되었다. 〈백설공주〉의 성공으로 창립자 월트 디즈니는 1938년에 하버드대학으로부터 명예문학석사 학위를, 예일대학으로부터는 명예예술석사 학위를 받았다.

1939년 초 월트 디즈니는 〈백설공주〉의 성공에 힘입어 캘리포니아 버뱅크에 부지를 사들여 새 스튜디오를 지었고 〈피노키오(Pinocchio)〉, 〈밤비(Bambi)〉(1942), 〈판타지아(Fantasia)〉 등 세 편의 장편만화영화를 기획했다. 이중 260만 달러를 들인 〈피노키오〉는 1940년 2월에 개봉하여 〈바람과 함께 사라지다(Gone With The Wind)〉(1939) 다음으로 관객동원에 성공한 영화가 되었다.

디즈니의 만화영화는 독일의 히틀러마저 감동시켰던 것 같다. 그림에 상당한 재주를 갖고 있던 히틀러는 2차 세계대전 중에도 종종 그림

'일곱 난장이' 인형과 함께한 월트 디즈니.

을 그렸는데 훗날 그가 〈백설공주〉와 〈피노키오〉의 캐릭터들을 그린 그림이 발견되었다.

그러나 히틀러까지 감동시킨 〈피노키오〉는 260만 달러의 제작비를 다 회수하지 못해 디즈니의 자금사정을 악화시키는 결과를 가져왔다. 경영악화에 시달리자 디즈니는 1940년 4월 주식을 공개해 자금을 끌어들였다. 막대한 제작비를 들여 1940년 11월 13일 개봉한 〈판타지아〉의 흥행부진으로 디즈니는 또다시 자금압박에 시달려야 했지만 〈판타지아〉는 시간이 지날수록 가치를 인정받는 명작으로 자리매김함으로써 디즈니사의 향후 발전을 위한 밑거름이 되었다.(백승찬 2009) 디즈니는 1941년 60분 길이의 〈덤보(Dumbo)〉를 내놓았다. 〈덤보〉는 일본의 진주만기습이 있기 일주일 전에 개봉돼 흥행에 성공했다. 전쟁 동안 디즈니는 군사홍보용 애니메이션을 제작하며 스튜디오의 명맥을 이어나갔지만 〈밤비〉와 〈세 명의 기사(The three Caballeros)〉(1945)

등의 상업용 애니메이션은 흥행에 실패했다.

1940년부터 사망할 때까지 FBI에게 할리우드 동향을 정기적으로 보고하는 비밀첩보원이기도 했던 월트 디즈니는 이즈음 이념투쟁에 더 열을 올리는 듯했다. 그는 디즈니 스튜디오의 노동자들이 미국 노동총연맹산별조합에 가입하려고 하자 그들을 해고하면서 공산주의자거나 공산당 동조자들이라고 비난하는 등 노조파괴에도 앞장섰다. 이 시기에 제작된 초기 장편만화영화 〈백설공주〉 〈피노키오〉 〈판타지아〉 〈밤비〉 〈덤보〉 등은 하나같이 동일한 주제를 담고 있었는데, 그것은 가족의 신성성과 그 신성성이 깨졌을 경우에 도래하는 비극이었다. 엘리엇(Eliot 1993)은 디즈니가 "FBI와 손을 잡자마자 미국이라는 거대한 가족의 안정을 위협하는 전복세력을 제거하는 일에 혼신의 힘을 다했다"고 말한다.

1944년 2월, 월트 디즈니는 할리우드의 반공주의자들이 만든 단체 영화동맹(MPA)의 발기인이 되어 부의장직에 올랐다. 그는 1944년 4월 7일, 보수주의자인 공화당 로버트 레이놀즈(Robert Rice Reynolds, 1884~1963) 상원의원에게 편지를 보내 하원 반미국적활동조사위원회가 할리우드에 침투해 있는 공산주의 세력에 대해 전면적인 조사를 벌여야 한다는 서한을 보냈다. "할리우드의 영화산업 사장들이 반미사상과 신념을 살포하려는 공산주의자들, 전체주의적인 사고를 가진 자들을 애지중지하는 극악무도한 행위를 하고 있다"는 이유에서였다. 그는 1947년 10월, 하원 반미국적활동조사위원회 주최로 열린 청문회에 나가, 전에 디즈니사에서 파업을 일으켰던 만화가 데이비드 힐버먼이 공산주의자임에 틀림없다고 증언하기도 했다.

1947년은 월트 디즈니에게 행복한 한 해였다. 이해에 디즈니는 할리우드의 노동조합을 분쇄했을 뿐만 아니라 자연 다큐멘터리 〈물개섬(Seal Island)〉이 흥행에 성공함으로써 흑자로 전환할 수 있었다. 1950년 장편만화영화 〈신데렐라(Cinderella)〉도 흥행에서 큰 성공을 거두자 디즈니는 1953년 배급으로 인한 배당금을 여타 배급사에게 넘기고 싶지 않다는 이유로 독자적인 배급사 브에나비스타(Buena Vista)를 설립한다. 이후 디즈니의 승승장구는 곧 '미국의 세기' 발전사와도 맥을 같이한다.

참고문헌 Barkin 2004, Castleman & Podrazik 1982, Currid 2009, Czitrom 1982, Eliot 1993, Englert 2006, Giannetti 1976, Jendricke 1997, Koenig 1999, Panati 1997, Stephens 1999, Summers & Summers 1966, 강준만 외 1999-2003, 김진우 2009, 노순동 1999, 민병두 2001, 박상익 2009, 백승찬 2009, 사루야 가나메 2007, 이구한 2006, 이상원 2000, 이용관 · 김지석 1992, 이종호 2010, 최보윤 2007

욕망이라는 이름의 전차
'킨제이 보고서' 충격

'뉴 룩'과 '비키니 수영복'

1947년 파리 패션계엔 '뉴 룩(New Look)' 태풍이 몰아쳤다. 뉴 룩은 크리스티앙 디오르(Christian Dior, 1905~1957)가 그해 2월 12일에 선보인 패션쇼가 기존의 패션계에 거의 혁명이라 해도 좋을 정도로 파격적이었다는 걸 강조하기 위해 붙인 용어였다. 도대체 어느 정도였기에 그랬을까? 디오르의 컬렉션 쇼에 대해 미국 패션잡지계의 거물 베티나 발라드는 이렇게 말했다.

"디오르의 컬렉션 쇼는 모든 사람들이 파리에 기대하던 마지막 모습이었다. 바야흐로 패션계의 나폴레옹, 알렉산더 대왕, 카이사르가 탄생한 것이다. 프랑스 패션계는 재도약과 새로운 충격 그리고 방향전환을 필요로 하고 있었다. 이제 디오르는 완전한 정복을 이루어냈다."

대단히 과장된 찬사이긴 하지만, 당시 파리는 물론 유럽은 2차 세계대전의 상흔에서 아직 회복되지 않았다는 점을 염두에 둘 필요가 있다. 전시체제하에서 여성들의 옷차림이 어떠했을지는 짐작하기 어렵지 않다. 종전 후에도 전시의 사회적 분위기는 지속되었을 것이다. 그런데 한 패션디자이너가 그런 사회 분위기에 반란을 일으킨 것이다.

디오르가 선보인 뉴 룩은 무엇보다도 화려했다. 천을 엄청나게 많이 쓴 스커트, 꼭 조이는 허리, 깊숙이 파인 가슴 등의 특징을 가진 뉴 룩은 전후 '여성성의 복귀'와 '새로운 꿈'을 의미했다. 전시체제하에서 여성의 옷은 남성의 옷과 마찬가지로 완전히 실용적 가치에만 국한되었으니 그런 실용적인 옷차림에서 '꿈'을 찾긴 어려웠을 것이다. 그러나 아무리 '꿈'일망정 그걸 갖는 데에도 빈부격차는 있게 마련이었다. 뉴 룩은 그런 갈등을 몰고 왔다.

"지금까지 어떤 유행도 뉴 룩만큼 사회에 큰 반향을 불러일으킨 적은 없었다. 이 새로운 유행에 불만을 품은 사람들의 분노는 대단했다. 파리 시내 한복판에서 서로 옷을 찢어 당기며 싸우고 있는 여자들을 찍은 사진들이 신문에 실리곤 했다. 여전히 남루한 옷을 입고 있는 르 삐가의 주부들은 뉴 룩 풍의 드레스를 입은 여자가 지나가기만 하면 화를 참지 못했다. 그녀들은 잘 차려입고 지나가는 여자에게 달려들어 블라우스를 움켜쥐고는 발기발기 찢어버렸다. 어이없이 봉변을 당한 가여운 여인은 거의 반나체가 되어 그 자리를 빠져나오곤 했다." (Pochna 1995 · 1996)

뉴 룩에 대한 논쟁과 사회적 갈등이 프랑스보다는 미국에서 더 뜨겁게 일어났다는 게 흥미롭다. 1947년 9월 디오르는 미국을 방문했다. 가는 곳마다 수천 명의 시민들이 몰려들어 그를 환대했지만 여권운동 단체들은 거센 반대운동을 전개했다. 조지아 주에서는 한 여성이 버

2차 세계대전 중에는 여성 중공업 노동자들이 증가함에 따라 실용적인 옷차림이 늘어났다. 사진은 1942년 텍사스의 항공사 여성 노동자가 공장기계를 다루는 모습.

스 자동문에 치마가 끼는 바람에 버스가 설 때까지 한 블록을 끌려가 부상을 당하는 불상사가 발생했다. 그녀는 자신의 경험을 근거로 뉴 룩 반대운동을 전개했다. 긴 치마는 위험하며 뉴 룩은 남녀평등에 반 대하는 음모라는 것이다. 하기야 둘레가 18미터나 되는 치마, 받침살 대로 편 드레스, 문을 드나들기도 힘든 커다란 모자, 진주장식의 긴 장 갑 등을 갖춘 여자가 어떻게 자유로운 활동과 일을 할 수 있겠는가?

뉴 룩이 부유하고 유행에 민감한 여성들에게 폭발적인 인기를 누렸 지만, 역사적으로 더 큰 의미를 갖는 1940년대 후반의 대표적인 패션 흐름은 '비키니 수영복' 이었다.

'비키니(bikini)' 라는 이름은 어디서 유래되었는가? 1946년 미국은 태평양 마셜 군도의 환초(環礁)인 비키니에서 167명의 원주민들을 소개(疏開, 한곳에 집중된 주민이나 시설물을 분산함)한 뒤 제2차 원자폭탄 실험을 실시했다. 유럽에선 이 실험을 또 한 번의 충격으로 받아들였고 그 충격의 연상효과를 노려 그해 여름 파리 패션계엔 비키니라는 이름의 파격적인 여성수영복이 선을 보였다. 파리에서부터 시작된 비키니 수영복의 유행은 곧 미국 그리고 전 세계적으로 확산되었다.

'욕망이라는 이름의 전차'

성(性)문화의 충격적인 개방에 대한 암시는 비키니 수영복에만 그치지 않았다. 1차 세계대전 때도 그랬지만 전쟁은 여성의 노동참여를 급증케 했고, 이는 그만큼 여성들의 목소리가 높아지는 지위상승의 결과를 가져왔다.

그런 가운데 아서 밀러(Arthur Miller, 1915~2005)와 함께 전후 미국 연극의 양대산맥 역할을 해온 테네시 윌리엄스(Tennessee Williams, 1911~1983)의 희곡 〈욕망이라는 이름의 전차(A Streetcar Named Desire)〉는 통속적인 성적 주제를 노골적으로 취급함으로써 성개방화의 물결을 이끌었다.

〈욕망이라는 이름의 전차〉는 1947년 뉴욕 배리모어 극장에서 엘리아 카잔(Elia Kazan, 1909~2003)의 연출로 무대에 올랐는데, 이는 역사에 남는 훌륭한 공연으로 기록되었다. 스탠리 역을 맡은 말런 브랜도(Marlon Brando, 1924~2004)의 연기도 돋보였다. 이해에 윌리엄스는 뉴욕극비평가협회상, 퓰리처상, 도널드상을 수상했다. 퓰리처 상금은 미주리대학 저널리즘 스쿨의 장학금으로 기증했다.

'스탠리(말런 브랜도 분)'는 처형(妻兄)인 블랑쉬에게 야만적인 공격성을 드러내는 인물이다.

〈욕망이라는 이름의 전차〉는 2년 동안 성황리에 공연된 후 동명의
영화로 제작되었다. 윌리엄스가 각본을 쓰고 엘리아 카잔이 감독한
이 영화에는 초연 때의 캐스트가 모두 등장하고 블랑쉬 역만 비비언
리(Vivien Leigh, 1913~1967)가 맡았다. 원래 카잔은 이 작품을 영화로 옮

길 생각은 없었지만 원작자인 윌리엄스의 집요한 설득으로 메가폰을 잡아 원작과 거의 똑같은 영화를 만들었다. 그 탓에 이 영화는 연극의 '붕어빵 영화버전' 정도로 치부되는 수모를 얻은 특이한 작품으로 통하고 있다.

원작과 거의 똑같다곤 하지만 표현의 자유는 영화 쪽이 훨씬 덜했다. 엘리아 카잔에 따르면 "워너브러더스는 심의를 원했다. 그들은 영화의 미(美)나 예술적 가치에 대해서는 조금도 관심이 없었다. 그들에게 영화는 단지 한 편의 연예였다. 그것은 예술이 아니라 장사였다. 그들은 온 가족이 이 영화를 보러오도록 하려고 했다. 그들은 어느 누구라도 등을 돌리게 할 어떤 것도 영화에 들어가는 것을 원하지 않았다. 동시에 그들은 사람들을 끌 수 있을 만큼 지저분하기를 바랐다." (Romanowski 2001)

'연극보다는 못하다'는 평가에도 불구하고 이 영화는 1951년에 열린 아카데미시상식에서 미술감독상을 비롯해 여우주연상(비비언 리), 남우조연상(칼 말든), 여우조연상(킴 헌터)을 수상하는 등 후한 점수를 받았다.

　뉴욕 출신 유대인의 가족적 배경에서 성장한 밀러와 달리 옛 남부의 몰락하는 가문의 후손인 윌리엄스는 미시시피 주의 콜럼버스에서 태어나 1938년 뉴올리언스에 거주하면서 그곳의 보헤미안적 분위기에 심취했다. 그는 동성애자로서 "나는 내가 흑인이라는 느낌을 언제나 가졌다"고 말할 정도로 아웃사이더 근성이 강한 사람이었다. 카잔은 그리스계 유대인, 브랜도는 중산층의 생활관습을 비난한 중산층이었는데 세 사람 모두 아웃사이더로서 자유분방을 내세우는 인습타파주의자들이었다. 핼버스탬(Halberstam 1996)은 〈욕망이라는 이름의 전차〉가 "단지 한 편의 희곡에 불과한 것이 아니라 일대사건이었다"며 다음과 같이 주장한다.

　"이 희곡은 미국 사회와 문화생활에서 하나의 강력하고도 새로운 조류의 중요한 일면으로 자리매김을 했다. 블랑쉬의 숙녀연하고 여왕인 듯한 허세가 스탠리의 원시적 성욕에 의해 잔인하게 공격을 당한다는 플롯조차도 상징적인 것처럼 보였다. 매일 밤 브로드웨이에서는 관객들이 눈에 띄게 감동을 받은 채 극장 문을 나섰다. 그것은 블랑쉬의 비극적 파멸에 대한 반응 때문만은 아니었다. 아마도 어떤 의미에서는 그들이 그들 자신의 문화와 생활에서 막 변모하기 시작한 폭력적 변화의 일면을 보았기 때문이었는지 모른다."

　〈욕망이라는 이름의 전차〉는 한국에서도 조금 다른 이유로 하나의 문화적 현상이 되었다. 1955년 극단 신협이 공연을 시작한 지 6일 만에 9826명의 관객을 동원하면서 "현관문 유리창이 파괴될 정도로" 많은 관객이 몰려들었던 것이다. 1950년대에 두 차례나 재공연될 정도로

〈욕망이라는 이름의 전차〉는 많은 관객을 사로잡았다. 최성희(2008)에 따르면 "내용 면으로 볼 때 미국 남부 문화, 동성애, 강간(근친상간)을 다루고 있는 〈욕망이라는 이름의 전차〉는 한국적 전통이나 정서와는 상당한 차이를 보이는 작품이어서, 오늘날의 우리로서는 50년 전의 한국 사회가 반발과 검열 대신 환영과 열광을 보냈다는 것이 오히려 신기하게 느껴질 정도다."

킨제이 보고서 충격

미국에서 〈욕망이라는 이름의 전차〉를 보고 깊은 감명을 받은 사람 중에는 인디애나대학의 동물학 교수 앨프리드 킨제이(Alfred Charles Kinsey, 1894~1956)가 있었다. 1950년 이 연극을 보기 전에 『남성의 성적 행동(Sexual Behavior in the Human Male)』이라는 놀라운 책을 출간한 바 있는 저자였다. 그는 자신과 윌리엄스가 방법은 다르지만 매우 비슷한 일을 하고 있다고 생각했으며 그런 공감대를 바탕으로 두 사람은 곧 좋은 친구가 되었다. 그들은 미국인들이 성본능을 감추기 위해 사용하는 가면을 분쇄하자는 데에 뜻을 같이했다.

1948년 1월 7일 킨제이가 『남성의 성적 행동』이라는 책을 상·하권으로 출간했을 때 세상은 경악했다. 킨제이가 사회가 믿고 싶어 하는 미국인의 성적 행동과 실생활에서 이루어지는 성행위의 실제 사이에 커다란 차이가 있음을 연구결과로 알아냈기 때문이다. 책은 출간되자마자 열흘 만에 6쇄 인쇄에 18만 5000부의 판매고를 기록했고 이후 한동안 부동의 베스트셀러 목록에 들었다.

10년 동안 9000명을 인터뷰한 결과를 토대로 작성한 이 보고서에

1953년 「타임」 8월호의 표지 인물로 선정된 킨제이.

따르면, 기혼남성의 85퍼센트는 혼전성경험이, 성공한 사업가들 가운데 적어도 80퍼센트 이상이 혼외정사 경험이 있었다. 유부남의 30~45퍼센트는 아내 몰래 바람을 피웠고, 남성 셋 중 하나는 동성애 경험이 있었으며, 남성의 90퍼센트는 자위행위를 했다. 남성들에게 성의 '배출구'에 대해 물었을 때 전체 답변에서 '진정한 이성애 성교'는 고작 4위를 차지했다. '자위', '몽정', '이성애적 애무' 다음으로 말이다. 킨제이는 성교라는 개념을 다양한 성적 방출이라는 생각으로 바꾸어놓은 것과 마찬가지로 '동성애', '이성애', '양성애'라는 개념들이 협소하다고 공격했다.

본래 킨제이는 성문제에 있어선 보수적인 모범생이었다. 칼뱅교도로 일 중독자였으며 의학자가 아니라 동물학자였다. 그가 이런 엉뚱한 일에 뛰어든 건 1920년대 인디애나대학에서 결혼에 관한 비공식 강좌를 맡아달라는 요청을 받고 나서부터였다. 동물학 중에서도 곤충학을 연구했던 그는 동물과는 달리 인간의 성적 행동에 관한 믿을 만한 통계자료가 거의 없다는 점에 충격을 받고 그에 관한 기록을 남겨야겠다는 강한 사명감을 갖게 되었다.

킨제이를 더욱 놀라게 만든 건 학생들의 성에 대한 무지였다. 그는 학생들의 성행위사례들을 수집하기 시작했다. 처음엔 자신의 강의를 듣는 수백 명의 학생들을 인터뷰 대상으로 삼았지만 점점 더 다양한 사람, 다양한 지역으로 연구범위를 넓혀나갔다. 록펠러재단 의학부로부터 지원을 받아 조수 몇 명을 데리고 그 일을 미친 듯이 해낸 것이다.

이제 킨제이라는 이름은 낯 뜨거운 성폭로에 늘 붙어다니는 불명예스러운 이름이 되었으며 지각이 있는 사람들조차 그를 학문적인 관음증환자로 여겼지만, 킨제이는 이에 굴하지 않고 1953년 가을 두 번째 책인 『여성의 성적 행동(Sexual Behavior in the Human Female)』을 출간했다.

이에 따르면 여대생 4명 가운데 1명꼴로 혼전성관계를 경험했으며 그 가운데 거의 과반수가 후회하지 않는다고 답했다. 유부녀의 29.6퍼센트는 혼외정사를 경험했고, 여성의 60퍼센트는 자위행위를 했으며, 여성 여덟 중 하나는 동성애를 체험했다. 이런 조사 결과들과 더불어 킨제이는 이른바 '질 오르가슴'은 미신이며 자위가 성교에 해로운 영향을 끼친다는 주장은 사실무근이라고 반박했다. 이 책은 25만 부가 팔리는 등 더 폭발적인 관심의 대상이 되었다. 킨제이는 1956년 8월 25일 7985번째 인터뷰를 하고선 급성폐렴에 걸려 62세로 사망한다.

'가족의 황금시대'에 대한 도전

왜 많은 사람들이 킨제이의 책에 분노했던가? 여성단체는 어머니와 아들·딸에 대한 모욕이라고 격분했고 보수적인 언론들은 "좋은 남편들을 종마(種馬) 취급했다"고 비판했다. 빌리 그레이엄(Billy Graham)

목사는 "킨제이의 책이 이미 타락하고 있는 미국의 도덕에 입힌 손해를 계산하기는 불가능하다"고 비난했다. 신학자 반 더슨은 "보고서가 정말 사실이라면 미국인들의 성적 타락상은 역사상 최악의 로마 시대보다 더 심하다"고 말했다.

진보적인 개신교목사들까지 비난에 동참했다. 라인홀드 니부어도 공격대열에 가담했다. 니부어는 1953년에 쓴 글에서 킨제이의 견해를 과학의 특권이라는 미명하에 감추어진 인간영혼에 대한 무지의 소치라고 혹평하면서 성교는 상대방에 대한 지속적인 책임감 안에서 이루어져야 한다고 강조했다. 일부과학자와 의사들도 비난에 동참하긴 했지만 그들은 대체적으로 직업적인 질투심 때문에 침묵을 지켰다.

킨제이의 조사방식과 관련해 조사대상자가 백인, 중서부 중산층, 대학생 들에 치우쳤고 조사에 응한 자원자들 중에는 죄수와 성범죄자들도 포함되어 있으며 정상적 신뢰도가 낮은 경우라는 점 등은 오늘날에도 지적되는 문제다. 그러나 그런 문제를 인정한다 해도 광범위한 사례수집을 토대로 하는 미국 성연구의 전통이 확립된 것은 전적으로 킨제이의 공로다.

성적 자유의 옹호에 관한 한, 킨제이는 프로이트주의자들보다 한 수 위였다. 어떤 생물학적 행동도 '비정상'으로 범주화하기를 거부한 킨제이는 미국의 프로이트주의자들이 불행하게도 그런 범주화를 즐겨 하는 성직자들과 철학자들의 전통을 이어받았다고 보았다. 승화(sublimation)라는 정신분석적 개념은 성적 금욕을 새로운 방식으로 요구한 것에 불과하다는 것이다.

맥래런(Mclaren 2003)은 "아마도 반페미니즘 정서를 이용하려는 시도였겠지만, 킨제이는 젊은 남자들에 비해서 불과 5분의 1정도밖에 안되는 성충동을 가진 나이 든 여자들이 억압적 형태의 성교육을 가르치고 비행청소년 반대운동을 지휘한다는 잔인한 아이러니에 특히 주목했다"며 다음과 같이 말한다.

"사회가 성을 금지하려고 하는 것은 쓸데없는 짓이었다. 군대와 감옥도 그런 금지를 강요하는 데 실패했는데 하물며 시민사회에서 무엇을 기대한단 말인가? 어떤 경우든 킨제이는 섹스가 품위를 떨어뜨리는 것이 아님을 주장했다. 그는 자신의 성적 충동에 굴복하는 사람은 정신적·도덕적 부적응자라는 오래된 주장에 대해, 성적으로 가장 능동적인 사람들이 직업적으로 가장 성공한 사람들에 속한다는 통계자료로 응수했다. 사람마다 제한된 분량의 성 에너지가 있어서 함부로 그것을 써버리면 안 된다는 식의 '정자경제학(seminal economy)'에 대한 19세기적 사고에 맞서서 킨제이는 성적 활력이 건강의 징표라고 단언했다."

이어 맥래런은 "그의 충격적인 발견들로 인해 냉전체제 히스테리를 조장하는 보수주의적 신문들과 정치가들은 그에게 오명을 씌웠다. 킨제이가 공산주의에 공감했다는 생각을 진지하게 받아들인 사람은 거의 없었다. 그러나 그는 의회에서 징계를 당했으며 그 때문에 록펠러 재단의 지원도 끊겼다"며 다음과 같이 말한다.

"지금 와서 말이지만 '가족의 황금시대(golden age of the family)'라고 많은 이들이 열광하며 맞이했던 수십 년간 그의 주장들이 만들어졌음을 고려하면 그 주장들은 훨씬 더 경악할 만한 것이다. 바로 이 '가족의 황금시대' 문화 안에서 승전국 미국은 영화를 통해, 후에는 〈오지

2007년 여자친구들과 포즈를 취한 휴 헤프너. 그가 27세(1953년)에 창간한 플레이보이 창간호는 750만 부가 팔려나갔다. © Luke Ford

와 해리엇(Ozzie and Harriet)〉(1952-1966), 〈비버에게 맡겨라(Leave it to Beaver)〉(1957-1963) 같은 텔레비전쇼를 통해 전통의 성별기준은 신성불가침이라는 사실을 세계에 전했던 것이다."

킨제이의 두 보고서는 미국인들이 겉보기와는 달리 가슴속 깊은 곳에 '욕망이라는 이름의 전차'를 숨겨두고 있다는 사실을 확실하게 밝혀주었다. 그의 연구를 통해 정상과 일탈의 기준, 이성애와 동성애의 연속성, 성의 기준으로서의 오르가슴 등이 새롭게 정립됐고 섹스에 대한 정의(definition)는 다시 만들어졌다. 또 여성의 성적 자아 신장과 성평등운동에도 커다란 영향을 미쳤다. 킨제이가 성 해방의 선구자였음을 입증하겠다는 듯 킨제이를 영웅으로 여기면서 그의 연구자료를 중요한 사업기반으로 삼은 휴 헤프너(Hugh Marston Hefner)라는 젊은 이가 1953년 창간한 『플레이보이(Play Boy)』는 첫 표지모델로 메릴린 먼로(Marilyn Monroe, 1926~1962)의 누드사진을 게재함으로써 큰 성공을 거둬 '플레이보이 제국'을 건설한다.

전자복사기의 상품화

당대엔 그 파장을 짐작도 못했겠지만 1940년대 말 한 가지 놀라운 기술발전의 성과가 상품화되었으니 바로 전자복사기의 출현이다. 1930년대에 체스터 칼슨(Chester Carlson, 1906~1968)이라는 사람은 뉴욕 전자회사에서 특허권대리인으로 일하던 중 날마다 쌓이는 서류뭉치를 처리하는 데에 진저리를 내고 있었다. 원본을 놓고 단추만 누르면 복사본을 내놓는 기계는 없을까? 그런 고민과 연구 끝에 그가 전기를 이용한 건식복사기 실험에 성공한 건 1938년 10월 22일. 상품화에는 10년 이상이 더 지나야 했다.

그동안 칼슨은 자신의 발명품을 상품화 해줄 수 있는 곳을 찾아 20여 개 회사를 전전해야 했다. 1947년에서야 제록스의 전신인 핼로이드가 칼슨의 발명특허권을 샀고 1949년 첫 복사기 생산에 돌입했다. 칼슨은 1959년 훨씬 실용적인 복사기 '제록스 914'를 내놓는데 이 상품의 텔레비전 광고가 인상적이다. 어린 여자아이가 편지를 복사하고 나자 아빠가 묻는다. "어느 것이 진짜지?" 아이는 골똘히 원본과 복사본을 비교해 보다가 "기억이 나지 않아요"라고 외친다. 이 복사기는 날개 돋친 듯 팔려나갔다. 이렇게 해서 '제록스왕국'이 세워진다.

전자복사기가 나오기 10여 년 전인 1935년 발터 벤야민은 「기술복

제시대의 예술작품(Das Kunstwerk im Zeitalter seiner technischen Reproduzierbarkeit)」이라는 글을 썼다. 이에 따르면 "아무리 완벽한 복제라고 하더라도 거기에는 한 가지 요소가 빠져 있다. 그것은 시간과 공간에서 예술작품이 갖는 유일무이한 현존성, 다시 말해 예술작품이 위치하고 있는 장소에서 그 예술작품이 지니는 일회적 현존성이다. …… 복제에서 빠져 있는 예술작품의 유일무이한 현존성을 우리는 아우라(Aura)라는 개념을 가지고 다음과 같이 요약해서 말할 수 있을 것이다. 즉 예술작품의 기술적 복제 가능성의 시대에서 위축되고 있는 것은 예술작품의 아우라다." 벤야민은 아우라의 붕괴로 인해 예술의 신비적 · 종교적 요소가 제거된 반면, 정치적 · 해방적 기능을 갖게 되었다는 점에 주목했다.

같은 이치로 이후 전자복사기는 정보와 사상과 주장을 전파하는 데에 혁명적인 영향을 미친다. 훗날 전 NBC 사장 로렌스 그로스먼(Lawrence K. Grossman)이 말하듯 "인쇄술은 우리를 모두 독자로 만들었다. 복사기술은 우리를 모두 출판인으로 만들었다. 텔레비전은 우리를 모두 시청자로 만들었다. 디지털화는 우리를 모두 방송인으로 만들고 있다." 그런 전파속도에 있어서 '욕망이라는 이름의 전차' 가 1940년대 후반의 속도를 상징한다면 훗날 대중은 그것과는 비교할 수 없을 정도로 빠른 '욕망이라는 이름의 초고속 인터넷' 을 타고 수많은 킨제이들이 홍수처럼 쏟아내는 보고서들에 압도당하게 된다.

참고문헌 Benjamin 1983, Black & Garland 1997, Bologne 2006, Chafe 1986, Evans 1998, Ewen 1996, Farrell 1987, Fischer-Mirkin 1996, Friedman 2000, Halberstam 1996, McLaren 2003, Panati 1997, Pochna 1995 · 1996, Romanowski 2001, Williams 1947, 민융기 1999, 유신모 2009, 이상원 2006, 이형식 1994, 조선일보 문화부 1999, 최성희 2008

애치슨 선언
북진통일론의 부메랑

주한미군 철수와 북한의 선전공세

1948년 8월 15일 대한민국 정부가 수립되고 약 한 달 후인 9월 9일 북한에는 조선민주주의인민공화국이 세워졌다. 북한 주둔 소련군이 약 3000명의 병력을 군사고문단요원으로 잔류시키고 1948년 말까지 철수한 데 이어 주한미군도 1949년 6월 29일까지 약 500명의 군사고문단만 남기고 철수를 완료했다.

미군 철수 후 남은 미 군사고문단의 역할은 이승만의 북진통일론에 대비해 북쪽에 대한 도발을 못하게끔 군비를 축소하는 것이었다. 이미 1949년 4월 미국에게 '무기를 달라'고 외치는 국민의 시위가 전국 방방곡곡에서 100만 명의 인파를 동원하며 2주간 계속되었지만 미국은 들은 척도 하지 않았다. 이승만은 1949년 4월 26일자로 미국과 방위조약을 맺을 것을 요청했지만 미국은 이것도 거절했다.

보도연맹 설립에서부터 국회프락치사건에 이르기까지 대대적으로

국민보도연맹은 좌익인사들을 전향시키는 취지로 결성되었는데, 사상적 낙인이 찍힌 사람들을 강제로 국민보도연맹원으로 등록했다. 사진은 1950년 7월 공주 형무소재소자 및 국민보도연맹원 학살 현장. ⓒ 연합뉴스

벌어진 폭력적인 반공(反共) 캠페인 또는 이른바 '6월 대공세'는 미군 철수 직전, 정치적 방해요소들을 제거하기 위한 것으로 평가받고 있다. 최근 밝혀진 미 CIA 문서에 근거해 이 시기 이승만이 중도파를

숙청하기 위한 계엄령을 모의했다는 주장도 제기되고 있다.

1949년의 상황은 거의 준 전시상황을 방불케 했다. 김일성(1912~1994)은 1949년 신년사에서 '국토의 완정(完整)'이라는 용어를 13번이나 사용하는 등 남한에 대한 흡수통일의지를 강력하게 피력했다. '완정'은 '완전히 정리한다', '완전히 정비한다'는 뜻으로 사실상 무력통일을 의미하는 것이었다.

1949년 6월 24일 북조선로동당은 남조선로동당을 흡수해 조선로동당을 출범시켰다. 위원장엔 김일성, 제1부위원장엔 남조선로동당을 대표해 부수상 겸 외무상인 박헌영(1900~1955), 제2부위원장엔 소련파의 영수 허가이(1890~1953)가 선출되었다. 6월 28일엔 북조선민주주의민족전선이 남조선민주주의민족전선을 흡수해 조국통일민주주의전선을 발족시켰다. 조국통일민주주의전선은 실권 없는 선전기구로서 발족과 동시에 여러 가지 '평화통일' 방안들을 제시했다. 그 가운데 하나가 바로 9월 15일에 남북총선거를 실시해 통일국회와 통일정부를 세우자는 것이었다.

북한은 1949년 6~7월 내내 '9월 총선'을 받아들이라며 집중적인 평화통일 제의공세를 폈다. 여기에 『로동신문』 등 모든 매체들이 총동원되었다. 이승만도 이에 질세라 1949년 11월 26일 북괴가 정권을 해체하여 남북자유선거를 실시하자고 제안했다.

38선 근처 무력충돌과 북진통일론

1949년 봄 38선 근처에선 남북 무력충돌이 빈번하게 일어나고 있었다. 1949년 5월부터는 무력충돌이 본격화되었다. 5월 21일부터 6월

23일까지 황해도 옹진반도에선 한 달 동안 남북이 각각 1300여 명 이상의 병력을 투입시키는 충돌이 발생했다. 8월 초순 옹진에선 수일간 치열한 전투가 벌어졌다. 8월 4일 북한이 2개 연대병력과 포병부대를 동원해 공격함으로써 대규모 국경분쟁으로 번진 이 전투에서 국군은 53명 사망 121명 부상, 인민군은 266명 사망 295명 부상이라는 피해를 입었다.

북한 쪽은 "1949년 1년 동안 남조선은 1836회나 월경했다"고 주장했으며, 남한 쪽은 "북한군은 38도선을 실전훈련장으로 보고 1949년 한 해에 874회나 불법으로 사격하거나 침범했다"고 기록하고 있다. 둘 모두 과장된 통계일망정 거의 매일 충돌이 일어났던 건 사실이다.

38선 주변에서 일어난 군사적 분쟁의 다수가 남한군 측의 공격에 의한 것이었다. 김영명(1992)은 "공격은 주로 현지사령관들의 주도로 발생했지만 이승만은 이를 저지하기 위해 노력하지 않았다. 여기에서는 이승만 정부가 북한에 대해 새로이 자신감을 갖게 된 원인이 개입되었다"며 다음과 같이 말한다.

"이에는 여순반란과 제주도반란의 진압과 유엔에서 남한 정부가 한반도에서의 유일합법 정부로 승인받음으로써—유엔의 실제 결의안은 이보다는 애매했지만—생긴 외교적 성공 등이 작용했다. 국경분쟁의 개별적인 전투에서는 남한이 전과를 올렸으나, 이러한 전투들은 장기적으로 남한 측에 불리하게 작용했다. 북에 비해 불리한 군사력을 쓸데없이 낭비했을 뿐 아니라 이승만의 호전성을 우려한 미국이 군사원조를 '방어무기'에만 국한시켰기 때문이었다."

아닌 게 아니라 이승만은 이즈음 북진통일론을 외쳐댔다. 북진통일

이승만이 제주도로 출동하는 토벌군을 격려하고 있다. '제주 4·3 사건'은 1948년 4월 3일부터 1954년 9월 21일까지 제주도에서 5·10 총선에 반대하는 공산주의자가 일으킨 항쟁과 그에 대한 유혈진압을 가리킨다.

론은 7월부터 고개를 들었다. 국방장관 신성모(1891~1960)는 7월 17일 대한청년단훈련장에서 "국군은 대통령으로부터 명령을 기다리고 있으며 명령만 있으면 하루 안에 평양이나 원산을 완전히 점령할 수 있다"고 큰소리쳤다. 그는 그 발언이 문제가 되자 자신의 의도가 오해되었다고 해명했지만, 9월 초에도 때가 오기만 기다릴 뿐이고 밀고 갈 준비는 이미 됐다고 주장했다.

이승만까지 직접 가세했다. 이승만은 1949년 8월 10일 기자회견에서 '남북통일' 구호가 '실지(失地)회복'으로 바뀐 배경에 대한 질문에 답하면서 북진을 암시한 데 이어, 1949년 9월 30일 외신기자회견에선

"우리는 북한의 실지를 회복할 수 있으며 북한의 우리 동포들은 우리들이 소탕할 것을 희망하고 있다", 10월 7일 외신기자회견에선 "우리는 3일 내로 평양을 점령할 수 있다고 나는 확신한다", 12월 30일 기자회견에선 "우리는 새해에 통일을 이룩해야 하며 할 수 있다고 믿는다"고 말했다.

북진통일을 위한 예비조치였는지는 모르겠지만 남한은 1949년 가을부터 빨치산에 대한 대대적인 동계 토벌작전에 들어갔다. 주한미군 사고문단장 로버츠에 따르면, 1949년 11월에서 1950년 3월 사이에 있었던 동계 토벌작전으로 6000명 이상의 게릴라를 살해했다.

애치슨 선언

중국에선 어떤 일이 벌어지고 있었던가? 중국 공산당원 수는 1937년 4만 명에서 1945년에는 121만 명으로 늘어났다. 일본이 항복한 1945년 8월, 공산당은 이미 19개 성(省)에서 약 1억 명의 인구를 통치하고 있었고 정규군 100만 명과 민병 220만 명을 보유했다. 전면적인 내전에 돌입한 끝에 공산군은 1949년 1월 22일 북경에 입성했다. 마오쩌둥(毛澤東, 1893~1976)은 1949년 10월 1일 중화인민공화국의 수립을 정식으로 선포했고, 국민당군은 그해 12월 10일 50만 명의 잔존부대로 대만으로 철수했다. 1921년 7월 상하이에서 불과 57명의 당원으로 출발한 중국 공산당이 창당 28년이 되는 1949년에 전 중국을 지배하게 된 것이다. 중화인민공화국의 수립 1개월 전인 1949년 8월 29일 카자흐스탄의 한 사막지대에서 이루어진 소련의 핵무기 실험성공과 더불어 중국 공산당의 전 중국 장악은 '서방 측을 경악게 하는 사건'이었다.

그럼에도 1950년 1월 12일 미 국무장관 딘 애치슨(Dean Acheson, 1893~1971)은 워싱턴에 있는 내셔널 프레스클럽에서 행한 '태평양에서의 미국의 안전과 권익'이란 주제의 정책연설에서 한국이라는 국명은 거론하지 않았지만 사실상 한국을 제외시킨 미국의 극동방위선에 대해 언급했다. 애치슨은 이 연설에서 아시아에서 미국의 군사력은 제한되어 있다고 지적하면서 극동의 방위선은 알류샨열도, 일본, 오키나와제도, 필리핀제도를 잇는다고 규정했다. 이 연설의 핵심은 미국의 대(對)아시아 봉쇄선인 도서(島嶼)방위선을 제시한 것과 소련이 중국을 식민지화하려 한다는 것이었다.

한국이 도서방위선에서 배제되었다고 해서 미국의 봉쇄선이 대한해협으로 내려온 것을 의미하는 건 아니었다. 애치슨은 그 연설에서 "한국과 대만이 군사적으로 침략을 당하면 우선 공격당한 국민이 이에 맞서 싸워야 하지만, 그다음에는 결코 갈대처럼 약하지 않은 유엔헌장에 따라 모든 문명세계가 개입해야 한다. 한국에 대한 원조 포기나 중단은 가장 철저한 패배주의이며 아시아에서 미국의 이해관계에 대한 가장 넋 나간 짓이다"라고 말했다.

어느 모로 보건 미국의 '위신' 문제가 걸려 있었기 때문에 미국은 결코 한국을 포기할 수 있는 입장이 아니었다. 그러나 애치슨 선언이 나온 지 일주일 후 미 하원은 대한(對韓) 경제원조 6200만 달러 지출안을 1표 차로 부결시켰다. 미국의 원조순위에서 한국은 서유럽은 물론 중동국가들보다 하위에 속해 있었다.

이승만의 북진통일론

1950년 1월경 서울의 쌀값은 6주 동안 두 배로 오르고 매일 6퍼센트씩 상승했다. 당시 한국인들에게 쌀은 생명선이었다. 쌀값은 당연히 사회안정의 척도라 할 만한 것이었다. 그런 상황에서 정부가 해야 할 일이 무엇인지는 자명한 것이었건만, 오히려 이승만 정부는 북진통일론으로 사회불안을 호도하려고만 들었다. 1950년 1월 24일 국방장관 신성모는 내외기자회견 석상에서 "실지회복을 위한 모든 준비가 다 되어 있으므로 다만 명령만 기다리고 있다"고 말했다.

미국『뉴욕타임스』1950년 1월 31일자는 극동특파원 월터 설리번(Walter Seager Sulilvan Jr, 1918~1996)의 기사를 게재했다. 이 기사는 "중국 공산당의 승리는 공산주의자로서보다는 부패무능한 중국의 전통사회를 개혁하려는 혁명세력으로서 중국사회의 혁명기운에 편승했기 때문에 가능했다"는 애치슨의 1월 12일 연설을 인용하면서 이승만을 장제스에 비유했다. 이승만은 중국 대륙의 혁신기운에 거역하여 결국 패망해버린 장제스처럼 남한에서 혁명기운에 거역하고 소수만을 위한 부패한 통치를 하고 있다는 것이었다. 또 이 기사는 중국에서 장제스가 실패한 경험에 비추어볼 때 한국인들이 장래의 한국 운명을 결정할 것이므로 남한의 내정개혁 없이는 미국 정부가 부패하고 독재적인 이승만 정권에 아무리 원조해야 소용없을 것이라고 평가했다.

그러나 이승만은 1950년 3·1절 기념축사에서도 북진통일론을 역설했으며, 4월 6일엔 북 측에 유엔 감시하에 인구비례에 의해 국회의원을 선출하여 대한민국 국회에 합류하여 통일정권을 수립하자고 주장했다. 김일성과 박헌영 등의 죄도 용서하고 포섭하겠다는 '아량'까지 베풀었다. 북한의 평화통일 제의는 군사적 공격을 위한 명분 축적 용이었던 반면, 이승만의 그런 주장과 아량은 도대체 무엇을 위한 것 인지 알 길이 없었다.

이승만이 그런 환상에 빠져 있을 때 김일성은 모스크바를 방문하고 있었다. 한국전쟁 공모를 위해 이미 1949년 3월과 12월에 모스크바를 극비리에 방문했던 김일성은 이제 마무리작업 차원에서 1950년 4월 모스크바를 세 번째 방문했으며 5월엔 중국을 방문해 주석 마오쩌둥 을 만났다. 그러나 남한 국방장관 신성모는 1950년 5월 10일 "현재 우 리 해군은 일단 유사시에는 …… 하고 싶은 행동을 어디까지든지 할 수 있는 힘과 태세를 갖추고 있다"고 큰소리쳤다.

'공갈정책'의 비극

이승만 정권의 북침허풍은 '말썽꾼' 혹은 '전쟁도발자'라는 이승만 의 이미지를 미국에 각인시키는 효과 이외엔 아무것도 없었다. 이호 재(2000)는 이승만이 실속 없는 허세만 부림으로써 미국으로부터 공급 받고자 했던 필요한 무기를 얻지 못했기 때문에 그의 무력통일 정책 은 시종일관 북한을 위협한 '공갈' 정책이 돼버렸다고 말한다.

"한국전쟁 돌발 자체가 바로 이승만 대통령의 '공갈정책'이 실패 한 결과라고 할 정도로 그의 '무력통일 공갈'은 매우 중요하고 심각 한 결과를 가져왔다. 그가 무력으로 통일하겠다고 허세를 부림으로써 국내외에서 그의 실력과 의도에 관해 많은 오해를 하게 되었다. 국내 외의 많은 사람들은 이승만과 그의 정권이 북한에 비해 우월한 힘을 가지고 있거나 그렇지 못하다면 적어도 자위할 수 있는 실력을 가지고 있을 것이라고 믿었다. 따라서 이들은 이 박사에게 더욱 무기를 주려고 하지 않았다. 다른 한편으로 한국이 북한에 비해 군사력에 있어 열세하다는 것을 아는 사람들은 무기만 주면 이 대통령과 그의 군대가 38선을 넘어 북진할 것이라는 점을 두려워해서 그에게 무기를 공급하지 않으려 했다. 이에 못지않게 중요한 그의 공갈정책의 결과는 이승만의 위협이 실현되어 한국군이 북진할 경우에 대비해서 김일성과 그의 북한 공산정권이 더욱 군비확장에 박차를 가했을 것이라는 점이다."

이승만 지지자들은 이승만의 '공갈'에 깊은 뜻이 있었을 거라고 신비화하는 경향이 있다. 이승만을 가리켜 '외교의 귀재'라고 부르는 신화가 이를 잘 말해준다. 그러나 이후 이승만의 행태가 스스로 잘 말해주겠지만, 그는 너무 나이를 먹은 탓인지 주변에 대한 관찰력과 판단력에 심각한 장애를 갖고 있었다. 그가 지나치다 싶을 정도로 날카로웠던 건 자신의 권력을 지키고자 하는 권력투쟁에 국한해서였다.

한국전쟁이 터지자 조지프 매카시(Joseph R. McCarthy, 1908~1957)는 애치슨의 연설이 스탈린과 김일성에게 남침의 청신호를 보내준 것이라고 비난했으며 다른 우파정객들도 이런 비난에 동참했다. 나중에 좌파적 시각의 역사학자들은 '애치슨 라인'이 북한의 남침을 유도하기 위해 미국 주전파가 구사한 고도의 술책이었다는 음모론을 제기했다. 허동현(2010)은 "그러나 이 두 주장 모두 7700 단어에 이르는 긴 연설문의 몇몇 문구만을 지나치게 자의적으로 부각시키는 침소봉대의 오류를 범했다"며 김일영의 다음과 같은 해석이 실제에 부합한다고 말한다.

"애치슨의 연설은 한국과 대만을 방위선에서 제외시킴으로써 재정 지출 삭감을 주장하는 미 의회와 군비의 효율적 사용을 주장하는 군부를 다독이면서 북진통일이나 본토수복을 외치는 이승만과 장제스의 무모한 모험을 견제하고 그러면서도 유엔을 끌어들여 두 나라의 안전을 확보하겠다는 다목적 발언이라고 보는 것이 타당하다."

애치슨의 의도가 무엇이었건, 그의 연설이 한국전쟁이라는 불행한 결과를 초래하는 데에 일조한 건 분명한 것 같다. 그러나 한국에도 일부 책임은 있었다. 호전적인 북진통일론의 부메랑이라고나 할까? 훗날(1954) 애치슨은 한 세미나에서 "만약 대한민국이 확고한 보장을 받았다면 매우 도발적이고 호전적이 되었을 것"이라고 말함으로써 자신의 발언이 남한의 도발을 의식한 점도 있었음을 시인했다. 한국의 입장에선 책임도 못 질 허풍과 공갈의 비용을 너무 값비싸게 치른 셈이다.

참고문헌 Cumings & Halliday 1989, Stueck 2001, 김영명 1992, 김영호 1998, 김철범 1995, 김학준 1995, 남종호 2002, 박명림 1996 · 1996a, 서중석 1995 · 2000, 이기택 2000, 이도영 2003, 이완범 2000, 이정식 1995, 이호재 2000, 전쟁기념사업회 1992, 정용석 1999, 한표욱 1996, 허동현 2010

매카시즘
조지프 매카시의 등장

'매카시 데케이드'

'매카시즘(McCarthyism)'은 "논리적인 이론이나 사실의 근거 없이 정적을 비난하거나 공산주의 등으로 몰아 탄압하는 일"을 뜻한다. 이 말을 낳게 한 장본인 조지프 레이먼드 매카시(Joseph R. McCarthy, 1908~1957)는 미국의 공화당 상원의원이었다. 미국에서는 1946년에서 1954년까지를 흔히 '매카시 데케이드(McCarthy Decade)'라고 부르지만, 매카시즘이란 말을 낳게 한 매카시의 활동기간은 1950년에서 1954년까지의 5년간이다.

매카시즘은 한마디로 공산주의 문제를 개인 또는 특정 집단의 이익을 위해 정치적으로 악용하는 것을 말한다. 공적 문제를 사적 욕망충족의 도구로 활용하는 것이다. 매카시즘은 매카시의 등장 이전에도 있었지만 매카시만큼 그런 악용을 잘한 사람은 전무후무하다. 매카시는 과연 어떤 인물이었던가?

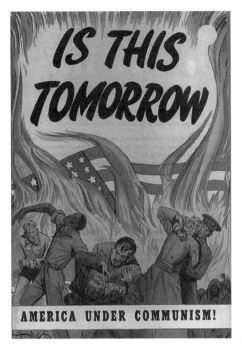

　매카시는 1908년 11월 14일 미국 위스콘신 주 그랜드슈트(Grand Chute)에서 태어났다. 그는 14세에 학교를 그만두었다가 20세에 다시 학교로 돌아와 고교과정을 1년 만에 끝냈다. 머리는 꽤 좋은 젊은이였던 모양이다. 이후 1935년 위스콘신 주에 있는 마케트대학 법학과를 졸업하고 변호사로 활동했다. 하지만 변호사로는 별 재미를 보지 못했는데 그는 당시 포커에 몰두했던 것으로 알려져 있다. 그 후 매카시는 1939년 위스콘신 판사직선거에 출마해서 당선되었다. 그는 선거과정에서 경쟁자인 현직자의 나이가 66세인데도 73세라고 주장하는 등 사실을 날조했는데 이런 솜씨는 날이 갈수록 무르익는다.

　매카시는 판사직에 있으면서 여러 가지 비리를 저질러 위스콘신 주

대법원으로부터 징계를 두 번이나 받았다. 그래서 그랬는지는 알 수 없으나 그는 1941년 판사직을 갑자기 그만두고 해병대장교로 입대했다. 이미 이때에 정치에 뜻을 두었던 것으로 보인다. 그는 군복무 중인 1944년 상원의원에 출마하기 위해 공화당 지명을 노렸으나 실패하고 1945년 제대 이후 본격적으로 정치에 뛰어들었다.

매카시는 1946년 선거에서 공화당 예비선거에 출마해 당시 현직 상원의원이던 로버트 라 폴렛(Robert M. La Follette, Jr., 1895~1953), 본선에서 민주당 후보 하워드 맥머레이(Howard J. McMurray, 1901~1961)를 누르고 상원의원에 당선되었다. 상원의원으로서 그의 활동은 지극히 평범했다. 단지 의회에서 '불한당(ruffian)'이라는 악명을 얻었을 뿐이다. 그는 의회 내에서도 형편없이 구겨진 옷을 입고 돌아다니는가 하면 아무 의자에서나 누워 잠을 자곤 했다. 그리고 아무 때나 두 주먹을 불끈 쥐는 해병대식 제스처를 남발했다.

그의 그런 행동을 그렇게 해서라도 유명해져야겠다는 그의 치밀한 계산에서 비롯된 것이라고 보는 사람들도 있다. 그는 나치친위대를 칭찬하는 발언을 해 물의를 빚은 적도 있었는데, 위스콘신 주에 많이 사는 독일계 주민들의 성향으로 미루어 크게 밑질 건 없는 발언이라는 것이다. 어찌됐거나 그는 불한당으로 악명을 얻는 것 이외에는 이렇다 할 활동 없이 4년을 보냈다. 많은 사람들이 그가 다음번 선거에서 재선되긴 어려울 것이라고 점치고 있었다.

매카시도 자신의 한계를 절감하고 초조감을 느꼈던 모양이다. 다시 성공하고 싶은 욕망이 불처럼 타오르지 않았을까? 그는 자기 주변의 친지들에게 어떻게 해야 재선에 성공할 수 있겠느냐고 물었다. 1950년

1월 7일 그는 자신의 정치적 조언자들로부터 귀가 번쩍 뜨일 말을 듣게 되었는데 그건 바로 '반공'이었다. 1949년 중국의 공산화, 소련의 원폭실험과 유럽·극동에서의 영향력 증대 그리고 당시 미국을 휩쓸고 있던 외국인 혐오증 등은 반공의 정치적 상품가치를 크게 돋보이게 만들었다.

반공의 '정치적 상품화'

매카시의 변신은 빨랐다. 그로부터 한 달 후인 1950년 2월 9일 그는 웨스트버지니아 주 휠링(Weeling)에서 행한 연설을 통해 역사에 길이 남을 매카시즘의 포문을 열기 시작했다. 그는 자신의 손에 국무성에 근무하는 공무원들 가운데 당원증까지 가진 공산당원 205명의 리스트가 있다고 주장했다. 그러나 그건 거짓말이었다. 그 명단은 FBI 안보 관련 체크리스트로 의례적인 단순조사 대상자까지 포함한 것인데다 명단에 있는 대부분의 사람들은 이미 오래전에 국무성을 떠났다.

매카시의 뒤엔 FBI 국장 후버가 있었다. 자신의 주장에 대한 입증 자료를 요구받자 매카시는 후버에게 도움을 청했다. 후버는 매카시를 나무랐다. 그의 방식이 너무 서투르다는 이유에서였다. 그는 매카시에게 날조된 주장은 두루뭉술하게 해야 한다고 충고하면서 자신의 부하들에게 매카시를 도울 수 있는 자료를 찾아보라고 지시했다.

그러나 그의 연설의 효과는 컸다. 매카시는 하루아침에 전국적인 인물로 부상했다. 미국의 상원의원이 미국의 국무성에 침투한 공산주의자의 명단을 그것도 205명이나 갖고 있다는데 언론이 가만있을 리 없었다. 너도나도 매카시의 주장을 대서특필하고 나섰다. 뉴스 가치만 높다면 무조건 크게 터뜨리고 보는 무책임한 언론 덕분에 매카시는 거짓말을 하는 데에 재미를 붙였다.

1950년 3월 30일 매카시는 상원에서 국무성의 극동담당 부서와 VOA(Voice of America)는 자유세계보다는 공산주의에 더 충성하는 사람들에 의해 거의 전적으로 통제되고 지배되고 있다고 주장했다. 또 1950년 5월 그는 애틀랜틱시티에서 행한 연설에서 어린 시절 집안의 닭장에서 스컹크를 쫓아내곤 했던 불유쾌한 경험을 이야기하며 "지금 워싱턴엔 더 위험하고 냄새가 독한 스컹크들이 득실거리고 있다"고 주장했다.

1950년 6월 25일 한국전쟁은 매카시에게 날개를 달아주었다. 그 전쟁은 공산주의에 대해 공포감을 갖고 있던 많은 사람들로 하여금 매카시를 구세주처럼 여기게 만들었다. 매카시는 신바람이 났다. 1950년 8월 그는 밀워키에서 행한 연설에서 미국의 젊은이들이 한국에서 죽어가고 있으며 이는 정부 고위관리들이 서구문명보다는 공산주의에 더욱 충성을 하고 있기 때문이라고 주장했다.

한국전쟁 발발로 뒤숭숭해진 분위기를 타고 공화당이 우세한 의회는 1950년 9월 국내보안법(매캐런법)을 제정해 공산당원들이 정부에 등록할 것을 요구했다. 이는 정치사찰의 범위를 연방정부 공무원으로부터 민간단체와 개인에게까지 확대한 것이었다.(안윤모 2001)

앨저 히스·로젠버그 사건

공산주의에 대한 공포는 매카시 혼자서 만들어낸 건 아니었다. 이미 그의 등장 이전부터 공산주의에 대한 공포는 신문의 머리기사를 장식하곤 했다. 그럼에도 그 공포를 드라마틱할 정도로 실감나게 키우는 데에 매카시만큼 발군의 실력을 보인 사람은 없었다. 매카시의 등장 이전에 불거졌지만 매카시의 활약으로 더욱 세간의 주목을 받은 사건이 있었다. '앨저 히스' 사건이다.

매카시가 등장하기 전, 휘태커 챔버스(Whittaker Chambers, 1901~1961)는 앨저 히스(Alger Hiss, 1904~1996)가 공산당원이며 고위층에까지 손이 닿는 소련 간첩단의 일원이라고 주장하고 나섰다. 휘태커는 전향한 전 공산당원으로 『타임』의 편집책임자를 지냈으며, 히스는 동부 기득권층 가정 출신으로 올리버 웬델 홈스(Oliver Wendell Holmes, Jr., 1841~1935)의 법률서기를 거쳐 루스벨트의 뉴딜정책에도 참여한 진보적 관리로 1947년엔 카네기국제평화기금 총재직을 맡은 인물이었다. 휘태커는 FBI가 자신이 과거에 소련을 위해 스파이 활동을 한 것을 조사하자 이것을 피하기 위해 히스를 물고 늘어진 것이었다.

1948년에 열린 하원 반미국적활동조사위원회 청문회에서 히스는 리처드 닉슨의 공격을 받았지만 혐의를 전면 부인했다. 그 과정에서 닉슨은 전국적인 인물로 부상했다. 1950년 히스는 재판에서 유죄가 인정돼 5년형을 선고받고 그중 3년을 복역한 뒤 1954년에 석방되었다. 1975년 히스는 나이 70세에 매사추세츠 법조계에 다시 복귀하여 1996년 사망할 때까지 변호사 업무를 계속했다. 진보파와 보수파의 대결구도 때문에 이 사건과 관련된 책이 20권 이상 출간되었다.

히스 사건이 신문의 머리기사를 장식한 것과 거의 때를 같이해 독일 태생의 저명한 물리학자 '클라우스 푹스 간첩사건'에 대한 전말도 밝혀졌다. 푹스(Klaus Fuchs, 1911~1988)는 컬럼비아대학에 재직하면서

로젠버그 사건은 미국에서 평시에 간첩죄로 처형된 최초의 사례다.

'맨해튼 프로젝트'에도 가담했고, 전시에는 로스앨러모스 원자폭탄 개발에도 참여했던 인물이다. 그는 미국의 원자폭탄 기밀을 소련에 넘겨주었다는 혐의로 체포되었다. 유태계의 젊은 군인 데이비드 그린 글래스(David Greenglass)도 공범으로 체포되었는데, 그는 미완의 원자폭탄 스케치를 그의 누이 부부인 줄리어스 로젠버그(Julius Rosenberg, 1918~1953)와 에셀 로젠버그(Ethel Rosenberg, 1915~1953)에게 넘겨주었다고 자백했다.

1950년 6월 16일 FBI 요원들이 줄리어스 로젠버그의 집에 들이닥쳐 그를 체포했고, 3주 후 아내 에셀도 체포되었다. 1951년 재판정에서 로젠버그 부부는 무죄를 주장했지만 받아들여지지 않았다. 이 사건은 국제적인 이슈가 되었다. 로젠버그 부부의 무고함을 믿은 프랑스의 대표적 지성 장 폴 사르트르(Jean-Paul Sartre, 1905~1980)는 이 사건을 "법을 빙자한 린치"라고 불렀고 알베르트 아인슈타인, 장 콕토(Jean Cocteau, 1889~1963), 파블로 피카소(Pablo Ruiz Picasso, 1881~1973), 프리다 칼로(Frida Kahlo de Rivera, 1907~1954) 등 시대를 대표하는 지성들이 미국 정부의 조처를 강력히 비난했다. 교황인 피우스 12세(Pius XII, 1876~1958)마저 아이젠하워 대통령에게 사면을 호소했다. 그들에게 이 사건은 사법의 수치요, 국가권력에 의한 살인과 다름없었다.

그러나 1953년 6월 19일 사형이 집행되었다. 미국에서 평시에 간첩 혐의를 받아 처형된 이는 로젠버그 부부가 처음이다. 로젠버그 변호인들은 로젠버그 부부가 반유태주의, 반공산주의라는 광란의 분위기에서 모함을 받고 유죄를 선고받아 처형된 것이라고 주장했다. 나중에 밝혀진 바에 따르면, 줄리어스 로젠버그가 간첩이었던 것은 사실이나 그의 혐의는 크게 과장된 것이었다. 그린글래스도 2001년 저널리스트 샘 로버츠(Sam Roberts)가 쓴 『형제(The Brother)』(2003)에서 자신의 목숨을 구하기 위해 누이를 팔았다는 점을 인정했다.

그러나 1990년에 출간된 니키타 흐루쇼프(Nikita S. Khrushchev, 1894~1971)의 회고록은 로젠버그 옹호파의 주장도 과장되었음을 시사한다. 1958년에서 1964년까지 소련의 최고지도자였던 흐루쇼프는 회고록에서 로젠버그 부부의 '중대한 협조'로 소련의 원자탄개발이 가속화되었다는 점을 인정하면서 그들의 업적을 높이 찬양했기 때문이다. 금태섭(2010)에 따르면 "로젠버그 부부의 처형을 지지했던 사람들에게 흐루쇼프의 자서전은, 정치적 목적을 위해서라면 좌파들은 명백한 사실마저 왜곡한다는 것, 그럼에도 언젠가는 진실이 밝혀지고 끝내 정의가 승리한다는 것을 보여주는 산 증거가 되었다."

반면 소련의 전설적인 스파이 알렉산데르 페클리소프(Aleksandr Feklisov, 1914~2007)는 1997년 『워싱턴포스트』와의 인터뷰에서 줄리어스와 50차례 만나 산업정보를 넘겨받았으나 핵 관련 정보는 대단치 않은 것이었다고 했다. 게다가 에셀은 사건과 아무런 관련이 없다고 덧붙였다. 미국에선 이 사건과 관련된 책도 20권 이상 출간되었다.

어떤 사건이건 이념문제에 연루되면 진실은 늘 안개 속을 헤매게 마련이다. 한국전쟁의 종군기자로 참여한 필립 나이틀리(Phillip Knightley)는 "전쟁의 최초의 희생자는 진실이다"라는 명언을 남겼지만 총알 없는 이념전쟁도 진실의 희생을 요구하는 건 마찬가지였다. 이제 그런 희생이 대규모로 저질러지는 '매카시의 시대'가 본격적으로 열렸다. 이념이라는 포장의 상당부분은 실체이기도 했지만 또 상당부분은 이해관계를 달리 하는 세력들 사이에서 빚어진 욕망의 분출과 충돌이라고 하는 '욕망투쟁'이었다.

참고문헌 Baskerville 1954, Cumings & Halliday 1989, Davis 2004, Frey 2004, Kutler 1982, Morganthau 1994, Sherrill 1983, Summers 1995, 금태섭 2010, 박재선 2002, 백승찬 2009, 오치 미치오 1999, 차현진 2010

제5장

한국전쟁의 발발

"지옥도 이보다 더할 순 없다"
한국전쟁 발발

'남침유도설'을 낳을 정도의 무방비

1950년 4월 19일 미국 보스턴에서 개최된 마라톤대회에서 함기용, 송길윤, 최윤칠이 나란히 1, 2, 3등을 차지했다. 『조선일보』는 이 뉴스를 1면에 대서특필했는데 비정치기사가 1면을 메운 것은 이것이 처음이었다. 남한이 내부정치에 목숨을 걸다시피 하던 그때에 북한은 모든 남침준비를 끝내놓고 있었다.

북한은 1950년 6월 7일 '조국의 평화통일'을 제창하면서 "8월 4~8일 사이에 남북총선거를 실시하자"는 연막작전을 펴더니 6월 25일 새벽 4시 40분을 기해 남침을 개시했다. 북한은 그간 치밀한 전쟁준비를 해온 반면, 남한은 이승만의 허풍에 가까운 북진통일론에 대한 미국의 견제로 인해 전쟁에 대해 무방비상태였다. 1950년 6월 당시 북한은 13만 5000여 명의 지상군을 확보하고 있었는데 이때 대한민국의 병력은 정규군 6만 5000여 명, 해안경찰대 4000여 명, 경찰 4만 5000여 명뿐이었다.

북한군은 소련제 T-34형 탱크 240여 대, 야크전투기와 IL 폭격기 200여 대, 각종 중야포와 중박격포로 무장하고 있었다. 반면 남한군은 한국전쟁 직전까지, 대공포화가 없는 지역의 정찰만을 위해 쓸 수 있는 6대의 항공기 이외에는 더 허용되지 않았으며 탱크와 기갑차량은 전무했고 포병은 탱크를 격파할 수 없는 바주카포와 화포만으로 무장하고 있었다. 또 남한군은 단지 15일 동안만 국방작전을 수행하는 데 필요한 보급품만 가지고 있었다.

한국전쟁 직전 남북 전력비교는 이후 전문연구자들 사이에 논쟁을 낳게 되지만 남쪽이 무방비상태에 놓여 있었다는 것만큼은 분명한 사실이었다. 아니 무방비상태를 넘어서 상식수준으로 도저히 이해할 수 없는 일들이 너무도 많이 벌어졌기에 나중에 '남침유도설'은 말할 것도 없거니와 남한 군부에 북한 프락치들이 대거 침투해 있었다는 주장까지 나오게 되었다.

북한의 남침위협 정보가 있었음에도 불구하고 남한 국군은 한국전쟁 직전인 6월 10일부로 일선 사단장들의 대규모 인사이동을 단행했다. 전쟁기념사업회의 『한국전쟁사』(1992)가 지적했듯이 "이러한 인사이동은 건군 이래 처음 있는 대대적인 것으로서 북한의 남침위협을 정말로 심각하게 판단하고 있었다면 대단히 현명치 못한 처사였다고 할 것이다."

6월 24일 육본 정보국이 북의 대규모병력이 38선에 집결했다는 보고를 했음에도 불구하고 군수뇌부는 바로 그날 비상경계를 해제했다. 마침 주말이라 거의 절반에 해당하는 병력이 외출하고 그날 저녁 육

1950년 6월 전쟁이 일어나기 직전 덜레스 미 대통령 특사(가운데)와 함께 38선을 시찰하고 있는 신성모 국방부장관(덜레스 오른쪽).

군본부 장교클럽 낙성파티엔 전방부대 사단장들까지 초청되어 밤새 술판과 탱고와 블루스 춤판이 벌어졌다. 그 파티는 새벽 2시, 그러니까 남침 2시간 전까지 계속되었다.

오판(誤判)과 오보(誤報)의 연속

서울 시민들은 멀리서 들려오는 포탄소리에 크게 놀라지 않았다. 그전에 38선에서 워낙 소규모 충돌들이 많았기 때문에 대수롭지 않게 생각하는 사람들이 많았다. 군용차가 거리를 질주하고 "3군 장병들은 빨리 원대로 복귀하라"는 마이크 소리가 요란해지면서 조금 동요하기 시작했지만, 무슨 일인지 알 길은 없었다. 오전 7시가 넘어서도 방송은 북한군이 침공해 왔다는 소식만 간단히 전하고 "장병들은 누구를 막론하고 빨리 원대로 복귀하라"는 공지만 반복하고 있었다.

국군수뇌부조차 사태파악을 하지 못하고 있었다. 그날 오후 2시에 열린 국무회의에서 육군참모총장 채병덕(1914~1950)은 "적의 전면공격은 아닌 것 같으며 이주하, 김삼룡을 탈취하기 위한 책략으로 보인다"고 답했다.

6월 26일 낮 12시 30분에 야크기 2대가 서울 상공에 날아와 김포공항을 폭격하자 이때서야 서울 시민들은 전면전쟁이 개시된 줄 알았다. 그래도 6월 25일에 제작된 『조선일보』 26일자 사설은 백범 김구의 1주기를 다루면서 전쟁발발에 대해서는 언급을 하지 않았다.

6월 26일 신문들은 호외로 남침을 알렸지만 오보(誤報)가 난무했다. 김성칠(1993)의 6월 26일자 일기에 따르면 "오늘 하루 호외(號外)가 두 번이나 돌고 신문은 큼직한 활자로 '괴뢰군의 38전선에 긍(亘)한 불법 남침'을 알리었다. 은은히 울려오는 대포소리를 들으면서 괴뢰군에 대한 비방과 욕설로 가득한 지면을 대하니 내일이나 모레쯤은 이 신문의 같은 지면이 괴뢰군에 대한 찬사와 아부로 가득 차지 않을까 하는 생각이 문득 머리를 스치었다. 시시각각으로 더해가는 주위의 혼란과 흥분과는 딴판으로 신문보도는 자못 자신만만하게 '적의 전면적 패주'라느니 '국군의 일부 해주시에 돌입'이라느니 '동해안전선에서 적의 2개 부대가 투항'이라느니 하는 낙관적인 소식들을 전하여 주고 있다."

그런 낙관적인 소식은 바로 국군수뇌부의 대응자세를 말해주는 것이었다. 채병덕은 6월 26일 오후 국무회의에서 서울 사수를 공언했고 명령만 있으면 4일 내로 평양을 점령할 수 있다고 호언장담했다. 그는 그날 국방부회의에서도 "국군 제17연대가 해주로 진격 중이며 곧 반격으로 전환하여 북진할 것"이라고 주장했다. 그때 17연대는 인천으로 철수하고 있었는데도 불구하고 그는 그런 식으로 실제전황과는 동떨어진 발언만 일삼고 있었다. 해주 진격설은 제17연대장인 대령 백인엽의 사기가 해주로 진격할 정도로 높다는 것이었는데, 이것이 잘못 전해지면서 방송으로도 나갔다.

이승만, '미국인 2500명을 우리가 다 죽이겠소'

오히려 사태를 제대로 파악한 건 미국의 워싱턴이었다. 한국 시간으로 6월 26일 오전 4시에 소집된 유엔안전보장이사회는 "북한군의 즉각적인 전투행위중지와 38도선 이북으로의 철수"를 요청하는 미국의 제안을 9대 0으로 가결했다.(유고슬라비아는 기권) 소련 대표는 중공의 유엔 가입에 대한 미국의 반대에 항의해 1950년 1월 13일부터 안보리에 장기결석하고 있었기 때문에 미국안에 거부권을 행사할 수 없었다.

소련은 왜 그 중요한 시점에서 안보리에 결석했던가? 이 의문은 지금까지도 계속되어 많은 해석을 낳고 있다. 그중에는 소련이 북한을 전쟁으로 밀어넣어서 중국과 미국과의 군사적인 적대관계를 유도하고자 했다는 것도 있다. 소련 외무장관을 지낸 안드레이 그로미코(Andrei Gromyko, 1909~1989)의 회고록은 스탈린의 명령 때문이었다고 밝혔다.

이승만이 믿는 건 오직 미국뿐이었다. 경무대 비서 민복기(1913~2007)의 증언에 따르면, 이승만은 26일 밤 10시 반경 도쿄에 있는 미 극동군 사령관 더글러스 맥아더에게 전화를 걸었다.

"맥아더는 잔다고 부관 코트니 휘트니 준장이 전화를 받았나 봐요. 대통령께서는 준엄한 표정으로 이렇게 말하더군요. '맥아더 원수가 깨면 이렇게 전하시오. 당신네들이 빨리 우리를 도와주지 않으면 여기 한국에 있는 미국인 2500명을 우리가 다 죽이겠소.' 바로 옆에서 듣고 있던 프란체스카 부인은 이 박사가 하도 어마어마한 말을 이렇게 하니까 자기 손으로 대통령의 입을 막더군요. 그러나 대통령은 '여하튼 맥아더 원수가 깨면 내 말을 그대로 전하시오' 하면서 끊더군요."

그러나 남한에 있던 미국인들은 한국전 발발 이튿날부터 비행기와 배편을 이용해 서둘러 일본으로 철수해 이틀 동안 2000여 명이 빠져나갔다. 이승만의 허세는 자신의 거취에서도 드러났다. 그는 그렇게 말한 지 채 4시간이 안된 27일 새벽 2시에 대전행 특별열차를 타고 대전으로 내려갔다.

이승만은 서울을 떠나지 않겠다고 버텼지만 아래 사람들의 강권에 따라 서울을 떠났다는 기록들이 많은데 이는 사실과 전혀 다른 것으로 보인다. 이승만은 주한 미국대사 존 무초(John J. Mucho, 1900~1991)의 강력한 반대에도 불구하고 서울을 떠났다. 심지어 이승만은 이미 25일 밤에 서울을 떠날 결심을 하고 있었다.

무초가 반대한 것은 미국인들이 안전하게 철수할 때까지 한국 정부가 버텨줄 것을 원했기 때문이라는 주장도 있지만, 미국의 자국민 철수는 이미 잘 준비되어 있었고 27일까지 거의 완료되었다는 점에 비추어볼 때에 과연 그런 이유 때문이었는지는 의문이다.

6월 30일 트루먼이 맥아더에게 지상군투입과 38선 이북의 군사목표를 폭격할 수 있는 권한을 부여함에 따라 7월 1일 미 육군 제24사단

오산전투(Battle of Osan)에서의 스미스부대 바주카 팀.

21연대가 부산에 상륙했다. 미군은 제21연대 제1대대를 특수임무부대로 지정했다. 그러나 말이 좋아 특수임무부대지 제24사단 자체가 거의 실전경험이 없는 신병들로 구성된데다 장비도 형편없는 낙후사단이었다. 사단장은 미 군정기에 존 하지 밑에서 군정장관을 지낸 윌리엄 딘(William F. Dean, 1899~1981)이었다.

특수임무부대는 대대장인 중령 찰스 스미스의 이름을 따서 '스미스부대(Task Force Smith)'로 알려졌다. 스미스부대는 7월 5일 오산 북쪽 죽미령에서 북한군과 첫 교전을 했다. 미군은 이 최초의 전투에서 540명의 보병과 포병 가운데 150명이 전사하고 장교 5명, 사병 26명이 실종되었으며 105밀리미터 곡사포를 포함한 대부분의 공용화기를 잃는 엄청난 피해를 입었다.

맥아더의 뒤를 이어 1951년에 유엔군을 지휘한 매슈 리지웨이(Matthew B. Ridgway, 1895~1993)는 그의 회고록 『한국전쟁(The Korean War)』(1967)에서 맥아더는 침공군의 세력을 잘못 판단했으며 인민군 10개 정예사단 앞에 1개 대대를 투입한 것은 맥아더의 지나친 오만이라고 지적했다. 그러나 맥아더는 스미스부대의 참패를 성공이라고 자평했다. 미 지상군 참전을 예기치 않던 인민군이 미군 참전을 직접 목격함으로써 소련 전법에 따라 일단 전선을 재정비하여 미군은 귀중한 10일을 벌었다는 것이었다.

7월 1일 영국과 프랑스는 "유엔군 사령부의 설치와 유엔 회원국들의 무력원조를 미국 정부의 단일 지휘 아래 둔다"는 공동결의안을 유엔 안보리에 제출했다. 이 결의안은 7월 7일에 7대 1(기권 3)로 가결되었다. 이에 따라 미국을 비롯하여 오스트레일리아, 벨기에, 캐나다, 콜롬비아, 프랑스, 그리스, 에티오피아, 룩셈부르크, 네덜란드, 뉴질랜드, 필리핀, 태국, 터키, 영국, 남아연방 등 16개국 군대로 유엔군이 편성되었다.

7월 8일부터 도쿄에 있는 미 극동군 사령부는 유엔군 사령부로서의 기능을 동시에 발휘하게 되었고 대구의 미 제8군 사령부는 유엔 지상군의 작전을 직접 담당하는 통합사령부의 기능을 수행하게 되었다. 그러나 말이 좋아 유엔군이지 공군의 98퍼센트, 해군의 83퍼센트, 지상군의 88퍼센트가 미군으로 구성되었다. 7월 9일 맥아더는 미 육군 행정 및 작전참모부장인 중장 매슈 리지웨이에게 "합동참모부는 핵폭탄을 사용할 수 있는지 없는지 검토해달라"고 촉구하는 긴급 메시지를 보냈다.

한국군의 작전지휘권 이양

이승만은 7월 14일 맥아더에게 "한국군도 함께 지휘해주기 바란다"는 서한을 보냈다. 이승만은 신임 육군참모총장 정일권(당시 33세)을 불러 "귀관은 이후 유엔군 사령관의 지휘를 받으라"고 구두로 명령했다. 16일 맥아더의 서신으로 한국군의 작전지휘권은 맥아더에게 이양되었으며 맥아더는 미8군 사령관에게 한국군의 작전지휘권을 행사토록 했다.

이승만은 트루먼에게 보낸 7월 19일자 서신에서 "현상유지 정책은 적에게 재공격의 기회를 주는 어리석은 짓이며 이제 암적 존재인 공산주의를 뿌리 뽑을 때가 되었다"고 말했다. 이는 이승만이 한국전쟁 발발을 통일의 기회로 삼겠다는 야심을 드러낸 것이었지만, 아직 전세가 유엔군에게 불리하게 돌아가고 있는 상황에서 성급한 욕심이었다.

7월 20일 대전이 북한군에게 함락되었다. 미군의 참담한 패배였다. 대전 전투에 참가한 미 제24사단 병력 3933명 중 전사하거나 포로가 된 자는 1150명이었으며 생존한 병사들도 대부분 군장비를 잃었다. 사단장 윌리엄 딘은 대전에서 후퇴할 때 길을 잘못 들어 36일 동안이나 변장을 하고 산속을 헤매다가 8월 25일 북한군의 포로가 되는 수모를 겪어야 했다.

북한군은 7월 20일 대전과 전주 점령에 이어 23일 광주, 26~27일 여수를 점령하는 등 그야말로 파죽지세로 남한 일대를 장악해나갔다. 이어 8월 1일 진주를 점령하고 부산을 코앞에서 위협했다. 김일성은

1950년 8월 19일, 미 해군들이 점령고지에서 낙동강을 바라보며 휴식을 취하고 있다.

임박한 승리를 직접 확인하고 싶어 비밀리에 7월 16일, 8월 1~2일, 8월 9~14일 등 모두 세 번에 걸쳐 남한을 방문했다. 그는 중앙청건물 안을 둘러보는가 하면 수안보까지 내려가 하루를 머물기도 했다. 북한은 7월 말 남한 지역의 대부분을 점령하기에 이르렀다.

8월 1일 저녁, 미8군 사령관 월튼 워커(Walton Harris Walker, 1889

~1950)는 낙동강 방어선을 구축하라는 명령을 하달했다. 이로써 '낙동강 진지' 또는 '부산 교두보'로 불리는 낙동강 방어선이 만들어졌다. 낙동강 방어선은 부산을 기점으로 하여 남북으로 약 135킬로미터, 동서로 약 90킬로미터의 타원형 모양이었다. 낙동강 방어선이 뚫리면 부산은 순식간에 점령될 것이 뻔했다. 따라서 반드시 목숨을 걸고 지켜야만 했다. 낙동강 전투의 치열함은 상상을 초월했다. 고지마다 시체가 쌓여 시체를 방패 삼아 싸울 정도였다. 이중, 다부동(多富洞) 전투를 지휘했던 백선엽은 "나는 지옥의 모습이 어떠한지는 모르나 이보다 더할 수는 없으리라고 생각한다"고 말했다. 전쟁이 계속되면서 '지옥'은 낙동강 전선을 넘어서 한반도 전역으로 확대된다.

참고문헌 Cumings 2001, Cumings & Halliday 1989, Gromyko 1990, Merrill 2004, Oliver 1982, Ridgway 1984, Stueck 2001, 김동춘 2000, 김성칠 1993, 김종오 1989, 김창훈 2002, 김학준 1995a, 노정팔 1995, 박명림 1996a · 2002, 박세길 1988, 서주석 1990, 안용현 1992, 이기택 2000, 이한우 1995, 전쟁기념사업회 1992, 정일화 1990, 조선일보사 1990, 채명신 1994, 홍용표 2000

미군의 인종차별주의
노근리의 비극

미군의 3박 4일 인간사냥

1950년 7월 26일 낮 충북 영동군 황간면 임계리와 주곡리 마을에 미군이 나타나 주민들에게 마을을 떠나라고 명령했다. 그 미군은 제1기갑사단 제7기갑연대 제2대대 H중대(중화기중대) 군인들이었다. 미군의 명령에 500여 명의 피란민이 4번 국도를 따라 인근마을 노근리에 당도했다.

피란민들은 미군의 지시를 받아 경부선열차의 철로로 올라섰다. 그때 미군의 무전연락을 받은 미 전투기 2대가 나타나 주민들을 향해 무차별폭격을 했으며 지상의 미군들도 사격을 가하기 시작했다. 이 철로 위에서만 최소 100여 명이 사망했다.

정구식의 증언에 따르면 "한차례 폭격이 지나가고 정신을 차려 고개를 드는데 내 목덜미 위에 무엇이 얹혀 있는 것 같아 손으로 쥐어봤더니 …… 그게 목 잘린 어린이의 머리더라고. 다시 정신을 차려 둘러보니 철로는 엿가락처럼 휘었고 여기저기서 사람과 소가 쓰러져 아비규환이었죠. 미군 폭격기는 약 20여 분간 폭격을 해댔어요. 나중에는 폭격기에서 기총소사(근접 또는 저공 비행하면서 목표를 난사함)도 했고요."

양해찬의 증언에 따르면 "나는 어머니와 여동생과 함께 있다가 폭격을 당했어요. 어머니가 나를 맨 밑에 엎드리게 하고 그 위에 내 여동생을 얹고 당신 몸으로 우리를 감쌌어요. 폭격 후 일어서니 어머니는 하복부와 발목에 파편을 맞아 피투성이고 여동생은 한쪽 눈이 피범벅이 돼 있어요. 지금 생각해도 끔찍하지만 여동생 눈알이 빠져 대롱대롱 매달려 있더라고요. 동생은 눈이 아파 견딜 수가 없으니까, 안 보이니까 그것이 뭣인지도 모르고 그냥 떼 버렸어요. 어머니와 동생을 껴안고 주변을 보니 우리 집에 피란 와 있다 함께 온 고종사촌 아주머니가 만삭이었는데 즉사해 있더라고요. 할머니, 형님도 거기서 돌아가셨지요."

철로 위에서 간신히 살아남은 사람들은 철로 밑의 굴다리로 숨었다. 그러나 굴다리에 은신한 사람들을 향한 미군의 총질은 4일간이나 계속되었다. 피란민들은 미군의 총질 때문에 밖으로 나갈 수가 없었다. 핏물을 그냥 떠 마시며 버텨야만 했다. 이게 바로 7월 26일부터 3박 4일간 미군의 '인간사냥'으로 300여 명이 죽어간 '노근리 사건'이다.

피란민은 작전에 귀찮은 존재

왜 미군은 그런 '인간사냥'을 했던 걸까? 먼저 이 사건의 배경을 이해하기 위해 페렌바크(T. R. Fehrenbach)의 『실록 한국전쟁(The Kind of War-Korea)』(1964)의 한 대목을 살펴보자.

"7월 20일 아침, 대전 주변방어선이 끊임없이 위축되고 있는 가운데 농부의 흰옷으로 변장한 수백 명의 인민군은 시중으로 침투해 들어왔다. 일단 시중에 들어서면 그들은 농민의 옷을 벗어 던지고 미군에게 총격을 가했다. 얼마 지나지 않아 도처에 저격병이 깔렸다. 미군 장교들은 본부요원과 보조부대 병력을 동원해 그들의 소탕을 시도해 보았지만 성과는 극히 미미했다. 어느덧 긴 하루해도 저물었다. 딘 사단장은 시내에서 철수해야 할 때가 온 것을 알았다. 딘의 지프는 길 위에 멈춰 서서 불을 뿜는 트럭들 사이로 요란한 소리를 내며 달렸다. 운전병은 전속력을 냈고, 한 구역을 다 간 곳에서 교차로 하나를 그냥 지나쳐버렸다. 딘의 부관 클라크 중위가 고함을 질렀다. '지나왔다!' 간신히 대전을 빠져나온 미 제24사단장 딘 소장은 산속에서 길을 잃고 헤매면서 우군진지에 닿으려는 노력을 35일이나 거듭하다 한국인들에 의해 인민군에게 밀고되어 포로가 되었다. 7월 20일 야간에 대전을 철수, 영동을 지키던 미 제24사단의 각 부대는 7월 22일 정오, 진지를 제1기갑사단에게 인계했다. 대전에서 100여 리 떨어진 영동 방어를 미 제24사단으로부터 인수받은 미 제1기갑사단은 방어진지를 구축했다."(정구도 2003)

이런 배경에 주목하여 당시 미군들이 느꼈을 극도의 공포심을 인간사냥의 이유로 지적하는 시각이 있다. 당시 미군들의 북한군에 대한 피해의식과 두려움이 극에 달한데다 미군이 농민으로 위장한 인민군에 의해 습격을 받은 적도 있었기 때문에 겁에 질려 이성을 잃은 나머지 저지른 짓이 아니겠느냐는 것이다. 그러나 정은용(1994)은 그것은 아니었다고 말한다.

"미군들은 노근리 앞 철로 위에다 폭탄을 투하하기 전에 피란민들의 짐에 대해 검색을 실시하고, 또 폭격 후에는 철로 밑 터널 속에 그들의 위생병을 보내 부상자들에게 치료까지 해주면서 피란민들이 변장한 인민군이 아니라는 것을 충분히 확인했었다. 무기라고는 한 점도 갖지 않던 피란민들, 노인과 부녀자, 유아가 절반을 훨씬 넘었던 이들로 인해서 미군들이 겁을 먹을 이유도, 이성을 잃을 까닭도 없었을 것이라는 것이 많은 생각 끝에 도달한 나의 결론이다."

그렇다면 무슨 이유 때문이었을까? 7월 26일 미8군 사령관이 주요 지휘관들에게 보낸 메시지에 주목하는 게 좋을 것 같다. "전선을 통과하려는 피란민들의 어떤 움직임도 허용하지 말라." 그날 밤 10시 미 제25사단 일지엔 "사단장 킨 장군이 전투지역에 있는 민간인들을 '적대시하고 사살해야 한다'는 결정을 내렸다"고 적혀 있다. 노근리 사건 이후에도 피란민에 대한 무조건사격은 많이 일어났다. 제1기갑사단 1950년 8월 29일자 일지엔 사단장이 "모든 피란민들을 향해 사격하라"는 명령을 내린 것으로 되어 있다. 영국 BBC가 2002년 2월 2일에 방영한 〈전원 사살하라(Kill' em All)〉라는 제목의 프로그램은 한국전쟁 초기의 몇 달 동안 미군 고위층에서 남한 민간인을 적으로 취급하여 사살하라는 명령을 내린 사실을 기록한 문서가 적어도 14건이라고 밝혔다.

왜 미군 지휘부는 그런 명령을 내렸을까? 피란민을 작전에 방해되는 귀찮은 존재로만 보았을 가능성이 높다. 노근리 학살은 워낙 계획적이고 조직적인 범죄라 이쪽에 무게가 실린다. 단지 귀찮다고 해서 아무 죄도 없는 민간인을 죽일 수 있는가? 이 물음은 노근리 사건을 넘어서 한국전쟁 전반에 걸쳐 미군이 보인 행태와 직결되는 것이다.

미군의 인종차별주의

괴로운 이야기지만, 남한을 돕기 위해 온 미군은 한국인의 목숨을 하찮게 보는 강한 인종차별주의를 지니고 있었다. 단지 인종차별주의 때문에 한국인을 함부로 죽였다는 의미가 아니다. 어떤 전쟁이건 군인들은 오직 전쟁수행의 효율성만으로 전쟁을 치르진 않는다. 고려해야 할 다른 요소들이 있게 마련이고 그중에서 가장 중요한 건 민간인들의 목숨일 것이다. 전쟁수행에 상충되는 요소들이 나타났을 때 그 요소들의 무게나 가치를 비교적 낮게 평가하는 심리상태에 인종차별주의가 알게 모르게 작용할 수 있다는 건 결코 무리한 추정은 아닐 것이다.

미군 장성 로톤 콜린스는 한국전쟁은 "현대전보다는 우리의 인디언 개척시절 전투와 더 유사한 구식전투로의 회귀"를 보여주었다고 말했다. 이 말에 곧장 인종차별주의의 혐의를 두는 건 부당한 일이겠지만 전쟁의 대상이 어떤 인종인가에 따라 미군의 대응방식이 달라질 수 있다는 점을 상기시키는 의미는 있다고 보아야 할 것이다.

사실 미군이 한국인을 존중하거나 좋아한다는 건 기대하기 어려운 일이었다. 얼마 후 유엔군을 지휘하게 되는 매슈 리지웨이는 회고록에서 "미군들이 한국전에서 기억하는 것은 온 천지에 깔린 똥냄새뿐"이라고 썼다. 똥냄새만 미군을 괴롭힌 건 아니었을 것이다. 손철배 (1999)는 "우선 겉으로 드러난 한국인들의 비참한 생활상은 한국을 보다 깊이 이해하려는 생각을 아예 꺾어버렸다. 당시 2차 세계대전의 전

승국으로서 경제적 풍요의 절정에 달했던 미국과 폐허가 된 한국은 그야말로 하늘과 땅 차이였으므로 한국에 대한 부정적 인식은 더욱 심화될 수밖에 없었다"며 다음과 같이 말한다.

"한국인들은 자부심이 강하고 점잖다는 설명에 미군 병사들은 '우리가 지금까지 본 한국인들은 모두 추한 꼴의 거지거나 짐승들도 살기 어려운 움막에 살고 있는 농민들뿐이다. 그들은 자부심과 예절은 고사하고 문명화되지도 못한 미개인에 불과하다' 라고 반박하기 일쑤였다. 실제로 미군들은 '헤이 싸전(sergeant), 기브 미 초콜릿, 기브 미 캔디' 하면서 달려드는 고아 같은 어린이들과 틈만 나면 뭔가를 훔쳐가는 한국인들을 많이 보아 좋은 인상을 가질 수 없었을 것이다. 특히 한국인들의 좀도둑질은 미국인들의 첫째가는 조롱거리였다. 당시 유명한 코미디언 밥 호프는 한국 아이가 비행기의 랜딩기어를 훔쳐 갔기 때문에 위문공연에 늦었다고 조크하여 청중들의 폭소를 자아내기도 했다. 어느 미국인은 파카 만년필을 일부러 드러내놓고 돌아다니자 하루 동안 네 번이나 소매치기 당할 뻔했다고 주장했다."

물론 이 견해는 이후 한국전쟁이 진전되면서 미군들이 한국인들에 대해 갖게 된 생각까지 포함하고 있지만 이미 3년간의 군정경험이 있는 미군들은 한국전쟁 초기부터 한국인들을 동등한 인간으로 생각하지 않았다. 미군은 한국인의 옷을 '흰 파자마' 라고 불렀는데 이들은 '흰 파자마' 를 입은 사람은 누구나 잠재적인 적으로 간주했다. 영국의 전쟁특파원 레지널드 톰슨(Reginald Thompson)은 『한국의 통곡(Cry Korea)』(1951)이라는 책에서 "미군 헌병들은 적들을 사람처럼 이야기하지 않고 원숭이처럼 취급한다"고 썼다. "그렇지 않으면 이 천성적으로 친절하고 너그러운 미국인들이 그들을 그렇게 무차별적으로 죽이거나 그들의 집과 빈약한 재산을 박살 낼 수는 없었을 것이기 때문"이라는 것이다.

미군의 인종차별주의는 가끔 한국인들에게 기존 좌우(左右) 구분의 의미를 회의하게 만들기도 했다. 윤택림(2004)에 따르면 "미군의 인종차별주의가 한편으로는 지방 좌익뿐만 아니라 우익을 분노하게 했다. …… 우익청년들은 종종 한국 사람을 동물로 생각하고 좌익 색출 시 무차별적으로 총을 쏘아대는 미군과 싸움이 붙었다고 한다. …… 이러한 인종차별적인 과잉반응은 미군 병사와 한국 우익집단 간의 계속적인 분열을 일으켰다."

44년간 '존재하지 않았던 사건'

노근리 사건은 44년간 '잊힌 사건' 아니 아예 '존재하지 않았던 사건'으로 머물러야 했다. 1994년 6월 노근리 사건 대책위원회가 꾸려져 정부 요로에 진정서와 탄원서를 냈지만 모두 답이 없었다. 노근리 사건은 『조선인민보』 1950년 8월 19일자가 6단 크기로 상세히 보도한 이래로 1994년 4월 29일 연합통신에 의해 첫 보도가 이뤄지고 월간 『말』 1994년 7월호에 상세히 다뤄지기까지 44년간 언론매체에서도 단 한 번도 언급되지 않았다.

노근리 사건이 '존재하지 않았던 사건'이 되었던 이면엔 한국전쟁 보도의 어려움이 도사리고 있었다. 정보에 대한 갈증을 낳는 전쟁은 언론에겐 호황기일 수 있지만 한국전쟁은 예외였다. 한반도 전체가 전쟁터였으며 파괴가 워낙 심각했기 때문이다. 한국전쟁 동안 일부

신문들만이 간신히 명맥을 유지했고 정치적으로도 정부의 강력한 통제를 받았다.

전쟁 중 한반도는 국내언론보다는 외국언론의 활동무대였다. 1950년 9월 말경 한국전선에서 취재활동에 임한 세계 각국의 기자수는 총 238명으로 이는 2차 세계대전 종군기자의 2분의 1을 넘는 수였다. 그렇지만 종군기자들의 독자적인 취재에는 엄격한 통제가 가해졌다. 예컨대, 1950년 7월 AP와 UP 통신 기자 2명이 보도한 미국 부상병과의 인터뷰 기사는 미군당국을 분노케 해 이들은 '재교육'을 위해 도쿄로 강제송환 당했다. 12월 말부터는 '완전검열'이 실시되었으며 이는 휴전회담 때까지 계속되었다.

필립 나이틀리에 따르면 "주 유엔 사령부 특파원들은 유엔 대표자들과의 회견을 금지당했다. 기자들은 회담에 제출된 자료에 대한 열람을 금지당했으며 단지 미군홍보부서가 그들에게 특별히 제공하는 지도만 볼 수 있었다. 그들이 이렇게 제공받아서 언론매체에 보도한 그림은 거짓과 반 정도의 진실 그리고 상당한 왜곡이 뒤섞인 그러한 것이었다."

한국전쟁의 종군기자들은 미군의 검열 외에 여러 물리적이고 기술적인 어려움에도 시달려 전쟁보도를 제대로 해낼 수 없었다. 특히 전쟁 초기에 외국기자들은 전화를 이용하기도 어려워 우체국을 이용해야만 했다. 그것마저도 서로 돌려가면서 써야 했기 때문에 기자들에게 할당된 시간은 3분여밖에 되지 않았다. 한국전쟁은 안전한 후방이 존재하지 않은 전쟁이어서 기자들의 위험부담도 그만큼 컸다. 1950년 7월 한 달 동안에만도 6명의 기자들이 사망했으며 1950년 말까지 사

2010년에 개봉한 영화 〈작은 연못〉. 노근리 사건을 배경으로 한 최초의 영화다. ⓒ (유)노근리 프러덕션

망한 기자는 14명, 한국전쟁을 통틀어서는 17명의 외국기자(미국기자 10명)들이 취재 중 사망했다.

1999년 9월 미국 AP통신이 보도해 세계적 이슈가 되고 나서야 한국에서도 노근리 사건이 큰 사건으로 부각되었다. 1999년 10월 초에는 미국 대통령 빌 클린턴과 한국 대통령 김대중(1924~2009)이 진상규명 지시를 내렸다. 2001년 1월 12일 클린턴은 사과성명을 냈다. 유족들은 미국보다는 한국 정부에 맺힌 게 더 많았다. "군사정권 때야 아무 소리도 못하지. 술김에 병긋하기만 해도 바로 경찰서에 데려갔다." 당시 학살현장에 있었던 한 미군 병사는 1999년 CNN 인터뷰를 통해 그때로부터 49년이 지나서도 "아직도 바람 부는 시절이 되면 어린아이들의 울부짖는 소리가 들린다"고 고백했다.

참고문헌 Cumings 2001, Cumings & Halliday 1989, Endicott & Hagerman 2003, Mott 1962, 김삼웅 1996a, 손철배 1999, 오연호 1994, 윤택림 2004, 이동훈 2003, 이만열 · 김윤정 2003, 정구도 2003, 정은용 1994, 정일화 1990

인천 상륙작전
서울 수복과 38선 돌파

인천 상륙작전

1950년 9월 9일 김일성은 공화국수립 2주년을 맞아 자신감에 찬 연설을 했다. 그는 전 지역의 95퍼센트와 총인구의 97퍼센트가 조선민주주의인민공화국의 기치하에 통일됐다고 자랑하면서 "승리는 정당한 투쟁에 궐기한 조선인민의 것"이라고 주장했다. 그러나 그 주장은 성급한 것이었다. 8월 내내 새로운 미군 부대가 부산을 통해 들어왔다. 8월 말경엔 한국군을 포함한 유엔군 병력이 18만여 명, 북한군 병력은 9만 8000여 명, 전차 보유비율도 5대 1로 유엔군 측의 절대우세였다.

유엔군은 9월 9일에서 13일까지 5일간 인천 주변 50킬로미터 내에 대해 집중폭격을 가했다. 9월 14일 밤 10시. 인천 월미도 인근해상에 정박 중이던 기함 마운트 맥킨리(USS Mount McKinley)의 함교에서 맥아더는 "팔미도 등대가 점등되었다. 진격하라"는 명령을 내렸다. 인천 상륙작전의 신호가 된 '팔미도 등대점등'은 켈로(KLO; Korea Liasion

1950년 9월, 인천 상륙작전이 성공한 후 월미도에서 포로로 잡힌 인민군들.

Office; 주한 첩보연락처) 부대의 팔미도 기습작전에 의해 이루어졌다.

B29기 등 각종 폭격기의 지원 아래 함정 261척, 병력 7만 5000명이 인천을 향해 밀려들었다. 인천 상륙작전은 16일 오전 1시30분에 성공적으로 종료되었으며 바로 이날부터 낙동강 전선의 한국군과 유엔군도 총반격작전으로 전환했다. 이승만은 미리 못을 박겠다는 듯 9월 19일 부산에서 열린 인천상륙축하군중집회에서 "유엔이 어떻게 결정하든 우리에겐 북진이 있을 뿐이다"라고 선언했다.

인천 상륙작전은 주변의 부정적인 의견에도 불구하고 맥아더의 결단으로 밀어붙여 얻어낸 군사적 승리였다. 여러 기록엔 인천 상륙작전의 성공확률이 5000분의 1이었는데도 성공했다는 과장된 무용담이 나오기도 하지만 인천 상륙작전은 북한군도 이미 대비하고 있던 널리

알려진 비밀이었다. 그래서 미군은 상륙지점을 헷갈리게 하기 위해 군산 일대에 이른바 '기만폭격'을 하기도 했다.

북한군은 8월 28일부터 상륙작전에 대비했지만, 맹폭격을 동반하는 미군의 물량작전을 막아내는 데엔 근본적으로 한계가 있었다. 제공권(制空權)을 잃은 북한군의 대비는 서울로의 진격을 막는 데에 국한될 수밖에 없었지만 나름대로 대비와 끈질긴 저항을 했음에 틀림없다. 그래서 상륙 이후 인천에서 서울까지의 진격에 13일이 걸렸다. 유엔군이 서울 접경에 도착해 서울 안으로 들어가는 데에도 3일이 걸렸다. 서울 탈환 시 서대문 로터리 등 여러 곳에 설치된 적군의 바리케이드 하나를 점령하는 데만도 50분의 교전시간이 걸리곤 했다.

9월 28일 서울이 수복되었고 29일 정오 중앙청광장에서 '환도식'이 열렸다. 군악대도 의장대도 없어 매우 초라했지만 모두들 뜨거운 감격을 억누르긴 어려웠다. 먼저 연단에 오른 맥아더는 "대통령 각하! 저와 저의 장교 일동은 이 순간부터 군무(軍務)에 전념하고 민사(民事)에 관한 모든 것은 각하와 각하의 정부에 맡깁니다"라고 선언했다. 이승만은 너무 감격해 "우리는 장군을 숭배합니다. 우리 민족의 구원자로서 장군을 사랑합니다"라고 말했다.

9월 29일 유엔군 총사령부는 모든 작전부대에 대해 일단 38선에서 진격을 멈추라는 명령을 내렸다. 그러나 이승만은 육군참모총장 정일권에게 국군단독 북진명령을 내렸다. 정일권은 미8군 사령관 월튼 워커에게 전술적 이유를 들어 38선 이북의 몇몇 고지들을 점령하는 것이 불가피하다고 말하면서 9월 30일 국군에게 38선 돌파 명령을 내렸다. 유엔군은 이를 묵인했다.

국군과 미군의 38선 돌파

국군은 10월 1일 38선을 돌파했다. 한국군 제3사단 23연대가 강원도 동해안의 양양지역에서 최초로 38선을 넘어 북진한 것이다. 이날이 바로 나중에(1956년 이후부터) '국군의 날'이 되었다. 중국 외상 저우언라이(周恩來, 1898~1976)는 10월 1일 "중국 인민은 이웃나라가 제국주의국가로부터 침략을 받을 경우 가만있지 않을 것이다"라고 경고했다. 저우언라이는 10월 2일 밤 늦게 북경 주재 인도대사 파니카(K. M. Panikkar, 1895~1963)를 불러 "만일 미군이 38선을 넘으면 중공은 의용병의 형태로 참전할 것"이라 말하고 "한국군만이 38선을 넘으면 중공은 개입하지 않을 것"이라고 말했다. 이 발언은 미국과 영국에 전달되었지만 무시당했다.

10월 2일 맥아더는 워커에게 38선 돌파 명령을 내렸다. 맥아더는 10월 1일과 9일 북한에 대해 '무조건항복'을 요구했지만 10월 11일 김일성은 방송을 통하여 "조국의 촌토를 피로써 사수하자"며 총력전의 자세를 촉구함으로써 맥아더의 항복요구를 거절했다.

이즈음 북한은 소련과 중국에게 간절히 구원을 요청하고 있었다. 마오쩌둥은 스탈린에게 보낸 10월 2일자 전문에서 미국이 한반도에서 승리할 경우 갓 수립된 중국 정권을 위협하게 될 것이라면서 참전 의사를 밝혔다.

그러나 미국과의 충돌을 두려워한 스탈린은 중국의 참전을 저지하려고 했다. 그래서 저우언라이가 두 번이나 모스크바를 방문했다. 저우언라이는 10월 9일 스탈린을 만나 군사원조를 요청했지만 스탈린은 거절했다. 스탈린은 "굳이 무리해서 김일성 정권을 북한 땅에 유지시키려고 할 필요가 있겠느냐" "김일성으로 하여금 만주에 망명정부를 세우도록 권고하는 것이 어떻겠느냐"는 말만 늘어놓았다.

흐루쇼프의 회고록에 따르면, 스탈린은 전쟁이 시작되기 전 북한의 각 사단으로부터 소련 고문들을 모두 철수시켰다. 소련 장교가 한 명이라도 붙잡히면 미국으로부터 소련이 참전했다는 비난을 받을 것이 두려웠기 때문이다. 이 조처는 북한의 전력을 크게 약화시켰다. 전쟁이 시작돼 전황이 북한에게 불리하게 돌아가자 북한 주재 소련대사는 미군이 북한을 점령하게 될 것이 틀림없으며 김일성 일행은 산속에 들어가 게릴라 활동을 할 수밖에 없을 거라고 보고했다. 스탈린의 반응은 냉정했다. "그게 어쨌다는 거야. 김일성이 실패해도 우리가 군을 움직여서는 안 돼. 이렇게 된 이상 극동에서는 미군을 우리 이웃으로 해둬야 해."

스탈린은 전쟁이 확대돼 소련이 미국과 직접적으로 부딪치는 상황을 두려워하고 있었다. 이에 대해 박명림(2002)은 "결정적 국면에서 그가 취하는 자세에서 느껴지는 것은 차디차고 섬뜩한 현실감과 이기성이 감지되는 '냉혹성과 금속성'이었다"며 다음과 같이 말한다.

"그는 빈말뿐인 국제프롤레타리아주의자가 아니라 철저한 소련 국익우선주의자였다. 그는 또한 보이지 않는 이념을 추구하는 이상주의자가 아니라 확실하게 보이는 이익을 추구하는 현실주의자였다. 공산주의가 이상에 근거한 국제주의적 행동논리이자 철학이라는 것은 스탈린에게는 해당되지 않았다. 민족주의는 '단지 부르주아에게만 발견된다'는 마르크스의 고전적 테제는 스탈린의 사례가 보여주듯 전적으로 틀린 것이다. 스탈린의 행태는 철저하게 국제주의를 넘어 권력현실에 근거한 행동논리였다."

그렇지만 동시에 스탈린의 그런 태도는 한국전쟁이 일어나지 않을 수도 있었던 전쟁이었음을 시사한다. 스탈린이 그토록 '권력현실에 근거한 행동논리'의 소유자였다면, 남한과 미국이 사전에 어떻게 대응했느냐에 따라 역사는 달라질 수도 있었지 않았겠느냐는 것이다. 하나 마나 한 말이긴 하지만 말이다.

트루먼과 맥아더의 회담

10월 15일 트루먼은 서태평양의 웨이크섬에서 맥아더를 만났다. 맥아더는 외국에서만 14년간 근무했기에 두 사람은 첫 대면이었다. 트루먼은 맥아더와의 견해차에 대해 맥아더가 너무 오랫동안 외국에서만 지낸 탓이라 생각하고 그에게 미국 대외정책의 기본을 설명해줄 생각이었다.

그러나 트루먼의 뜻대로 되진 않았다. 이 자리에서 맥아더는 만주 폭격을 요구했고 트루먼은 3차 세계대전의 발발을 염려해 반대했다. 그러나 중국의 참전가능성은 없다는 맥아더의 장담에 트루먼은 유엔군의 북진을 지지했다. 맥아더는 크리스마스까지 전쟁을 종결짓는 게 희망이라고 말했다.

대체적으로 그렇게 알려져 있는데, 맥아더 회고록에 나오는 주장은 좀 다르다. 맥아더 자신은 중국의 참전가능성이 낮다고만 말했을 뿐 단언하진 않았다는 것이다. 한편 정일권의 회고록에 따르면, 맥아더가 이승만과 밀서를 교환해 일단 중국의 참전가능성을 부정해두는 것이 확전에 유리하다는 이승만의 의견에 동의했다는 것이다. 또 맥아더의 부관이었던 휘트니(Courtney Whitney, 1897~1969)의 회고에 따르면, "2주일 후의 중간선거에 대비하여 트루먼 대통령과 민주당은 인천 상륙작전의 성공을 정치적으로 이용하여 맥아더의 영광을 가로채려 하였다"는 것이다.

과연 어떤 게 진실인지는 모르겠지만, 맥아더가 다소 오만하게 굴었다는 건 사실인 것 같다. 훗날 트루먼은 비행기의 트랩을 내려가면서 목격한 맥아더의 모습에 대해 이렇게 썼다.

"그 친구는 거지 같은 모자를 쓰고 넥타이도 매지 않았으며 게다가 셔츠 단추마저 끼우지 않은 채 서 있었다. 그 후 퀀셋(Quonset; 길쭉한 반원형의 간이건물) 안에서 회담하기로 되어 있었는데 나는 회담시간 정각에 회담장소로 갔는데도 맥아더는 나타나지 않았다. 그 친구는 대통령인 나를 40분간이나 기다리게 했다."

일부 책에는 맥아더가 일부러 기다리게 했으며 트루먼은 면전에서 심하게 꾸짖었다고 기록되어 있지만 그건 사실이 아니라는 주장도 있다. 한 가지 분명한 건 트루먼의 기분이 흡족지는 않았을 것이라는 점이고 이는 나중에 맥아더의 해임결정에 영향을 미쳤을 것이다.

참고문헌 강호식 2000, 김영진 1992, 김영호 1998, 김종오 1989, 김창훈 2002, 김학준 1995, 문창재 1991, 박명림 1998 · 2002, 박세길 1988, 안용현 1992, 이달순 2000, 이정훈 2000, 임경석 2004, 전쟁기념사업회 1992, 하리마오 1998

중국의 참전
미국의 원자폭탄 투하 검토

미국의 도취, 중국의 참전

중국은 1950년 10월 8일 참전을 결정했으며 19일에는 4개 군, 12개 사단이 압록강을 넘었다. 북한군은 이미 괴멸상태에 빠져 중국 인민해방총사령관 펑더화이(彭德懷, 1898~1974)가 전권을 행사하게 되었다. 이로서 전쟁은 '미ㆍ중 전쟁으로 전환' 되었다.

미군과 국군은 10월 25일에서야 최초의 중국군 포로를 붙잡았고 10월 31일까지 중국군 포로 25명을 체포했다. 그러나 승리감에 도취된 미국은 이때까지도 패배의 불길한 전조를 보지 않고 전략을 변경하지 않았다. 심지어 중국군의 대규모참전 자체마저 인정하지 않으려 했다.

11월 16일 중국군은 모든 전선에서 총반격을 가하고 있었으며 북한과 중국의 참전요청을 거절하며 사태를 관망하던 소련은 중국군의 승리 가능성이 높아지자 11월 중 2개 항공사단과 2개 고사포사단으로 구성된 제64항공군단을 창설해 중국 동북지방 등에 보내 참전을 시작했다. 소련의 참전은 기회주의적으로 이루어진 것이었으며 그래서 모든 게 비밀이었다. 참전사실이 외부로 드러나는 걸 소련이 원치 않았기 때문이다.

소련 공군조종사들은 모두 계급장이나 휘장이 전혀 없는 지원군 군복을 입었다. 비행 중 소련어 사용은 금지되었으며 한국말로 교신해야 했다. 그래서 각 비행기에는 한국어 사전이 비치돼 있었다. 한 소련 조종사의 증언이다. "처음에는 한국말로 대화를 했지만 너무 불편해 하는 수 없이 소련말을 사용했다. 미군은 우리의 대화를 모두 녹음했지만 미군 지휘부는 소련의 참전사실을 감추고 싶어 했던 것 같다."

실제로 미군도 소련과의 본격적인 충돌을 원치 않았기 때문에 소련군 포로도 인정치 않아 한국군에게 떠넘겼다. 그래서 50명 정도의 포로가 한국군에게 넘겨졌다. 워싱턴의 반응은 "우린 소련과 전쟁을 하는 게 아니다"라는 것이었다. 1950년 11월 말 오스트레일리아 외교관 제임스 플림솔(James Plimsoll, 1917~1987)은 자국 정부에 다음과 같이 보고했다.

"소련이 북한의 침략과 밀접한 관련이 있다는 증거는 없다. ······ 맥아더는 만일 소련이 북한의 침략을 사주했다면 아무런 원조도 하지 않은 채 소련이 그렇게 철저히 북한을 버렸을 리가 없다고 생각했다. '만일 그랬다면 이것은 유다가 은화 30전에 예수를 판 이래 최대의 배반'이었을 것이라고 맥아더는 말했다."

일본도 한국전쟁에 비밀리에 참전했다. 로이터통신은 1950년 7월 27일 "일본군 약 2만 5000명이 한국전선에 참전하고 있다"고 보도했다. 전후 초대 주일미국대사를 지낸 로버트 머피(Robert D. Murphy,

1894~1978)는 1964년에 낸 회고록에서 "일본의 선박·철도 전문가들은 숙련된 부하들을 데리고 한국으로 건너가 미국과 나란히 유엔군 사령부 산하에서 일했다. 그것은 극비였다. 그러나 유엔군은 한국을 누구보다도 잘 알고 있는 이들 수천 명의 일본인 전문가의 도움이 없었다면 한국에 체재하는 것마저도 곤란한 지경에 빠졌을 것이다"라고 말했다. 일본의 참전은 일본 전범들이 면죄부를 얻고 세력을 키우는 결정적 계기가 되었다.

중국군의 '인해전술'?

중국군은 심리전을 구사했다. 중국군의 공격은 천지를 진동시키는 피리와 꽹과리 소리, 함성과 함께 이루어졌다. 이는 산 전체를 울리며 메아리쳐 병력이 엄청나게 많은 것처럼 여겨지는 효과를 냈으며 예기치 않은 시간에 예기치 않은 장소에서 불쑥불쑥 '신출귀몰' 하는 식으로 나타났기 때문에 미군과 국군에게 큰 공포감을 안겨주었다.

미군은 당시 중국 대륙에서 장제스 군대를 물리친 마오쩌둥 전술이 무엇인지 전혀 모르고 있는 상태였다. 총반격 당시 미군과 국군은 42만 명, 북한군과 중국군은 33만 명으로 병력과 화력은 미군과 한국군이 훨씬 우세했지만 중국군의 심리전은 미군과 국군에게 극도의 피로와 불안감을 주어 전투의욕을 상실케 하는 성과를 거두었다. 중국군의 대대적인 반격으로 유엔군은 12월 1일부터 후퇴하기 시작했다. 중국군은 12월 6일 평양을 회복했다.

강정구(1993)는 미군과 국군은 처음에는 중국군이 병력의 머릿수로 밀어붙이는 '인해전술(人海戰術)'을 구사하는 것으로 오인했으며, 아직까지도 그렇게 알려져 있지만 실상은 전혀 다르다고 말한다. 중국 군의 유격전술에 대한 오해였다는 것이다. 미 해병대 소령으로 참전한 앤드류 기어는 "인해전술은 드문 일이고 …… 유엔군이 패배했을 때 일종의 변명으로 인해전술 보도가 자주 나갔다"(1981)고 말한다.

트루먼의 '원자탄 사용 검토'

1950년 11월 30일 트루먼 대통령은 기자회견 석상에서 "원자탄 사용을 적극적으로 검토하고 있다"고 선언했다. 도쿄 맥아더 사령부 정보처 특수계획과장이었던 필립 코르소(Philip J. Corso, 1915~1998)의 증언에 따르면, 한반도엔 이때에 이미 40개의 원자탄이 배치되어 있었다. (김종권 1996)

원자탄 사용 발언에 깜짝 놀란 영국 수상 클레멘트 애틀리(Clement R. Attlee, 1883~1967)는 급히 미국을 방문해 12월 4일부터 8일까지 6차에 걸쳐 정상회담을 가졌다. 트루먼이 유럽제일정책에도 불구하고 아시아에서의 의무를 포기할 수 없다고 하자 애틀리는 "서방에서 공격에 노출될 만큼 우리는 동방에 너무 개입되어서는 안 된다. 결국 공산주의에 대항하는 중요지역은 서방이 될 것이다"라고 말했다. 애틀리는 중국에 '티토주의(Titoism; 소련과 노선을 달리하는 독자적 공산주의)'가 고무될 수 있도록 미국이 중국에 양보하는 태도를 보여야 한다면서 미국의 유연성을 호소했다.

애틀리는 한국에서 원자폭탄을 사용하지 않겠다고 약속하는 문서를 요구했지만 트루먼은 구두로만 다짐했다. 애틀리는 나중에 프랑스 총리에게 미국이 원자폭탄을 사용하겠다고 위협하는 것은 "유럽과

1953년 7월 크로아티아 브리오니섬에서 엘리너 루스벨트(왼쪽)와 함께한 티토(Josip Broz Tito, 1892~1980)
내외. 1956년 유고슬라비아는 인도, 이집트와 함께 비동맹주의를 주창해 미·소 양국에 중립정책을 폈다.

미국이 아시아인의 생명을 경시하고 있음을 암시하며" 그런 무기는
"필사적인 조치들"이 정당화될 때에만 사용돼야 한다고 말했다. "미
국이 한국과 같은 나라를 상대로 싸울 때는 당치 않다"는 것이었다.

한반도 땅덩어리가 좁은 탓이었겠지만 한국전쟁은 전형적인 '톱질
전쟁'이었다. 톱질을 하듯이 왔다 갔다 하면서 점령과 후퇴를 반복했
다는 뜻이다. 그래서 더 비극적이었다. 그 바람에 죽어나는 건 민간인
들이었다. "누구를 지지하는가?" 이들에겐 이런 고문이 강요되었고
그 와중에 수많은 사람들이 학살당했다. 게다가 톱질전쟁은 전선이
따로 없고 전 국토의 전선화를 초래했기 때문에 빨치산투쟁을 야기했

고 이는 민중들 사이에 원한관계를 만들었으며 그 원한이 민간인 상호 간 학살을 낳기도 했다.

1951년 1월 1일 중국군 6개 군단이 38도선을 돌파하여 남하하기 시작했다. 정부는 12월 24일 서울 시민들에게 대피령을 내렸지만 '빽'과 줄이 있는 사람들은 얻어들은 게 있어 이미 12월 초부터 피란길에 나섰다. 12월 말 80만 명이 넘는 서울 시민이 한강을 건너 남행길에 올랐다. 이들은 부교(浮橋)와 얼어붙은 한강을 걸어서 건넜다. 1월 3일 정부는 다시 부산으로 옮겨갔고 남행길은 피란민들로 메워졌다. 지난 여름 서울 잔류로 수복 후 호되게 당했기 때문에 너 나 할 것 없이 피란길에 올라 중국군이 입성하기 하루 전인 1월 3일 서울은 문자 그대로 '무인지경(無人之境)'이었다.

맥아더가 계산해놓은 원자탄 26개

맥아더는 이미 1950년 12월부터 원자폭탄 사용을 계획하고 있었다. 그는 투하할 원자폭탄의 수까지 계산해놓고 있었다. 모두 26개였다. 맥아더는 1950년 12월 30일 중국본토 폭격을 워싱턴의 합참에 요청했다. 맥아더의 기본구상은 중국 공격을 통한 확전이었다.

리지웨이의 회고에 따르면, 맥아더는 인천 상륙작전 성공 이후 자신의 무오류성에 대해 거의 미신적이라고 할 정도의 강한 믿음을 갖고 있었다. "맥아더의 문제점은, 미국이 한국전쟁을 통하여 공산세력을 궤멸시키고 아시아에서 소련과의 냉전대결을 완전히 종결지어야 한다고 믿었던 데 있었다."

맥아더가 1950년 8월 1일 대만에서 가진 장제스와의 회담도 그 점을 시사했다. 1950년 6월 30일 장제스가 3만 3000명의 정예부대를 한국에 파병하겠다는 의사를 미국에 표명했을 때 미국은 중국의 대만 침공과 중국과의 확전을 두려워해 그 지원을 거부했다. 그러나 대만군의 파병에 찬성했던 맥아더는 여전히 그 미련을 버리지 못하고 회담을 가졌던 것이다. 맥아더의 의중을 파악하고자 했던 국무부에 맥아더는 공산주의의 완전제거를 주장했다.

맥아더는 자신의 요청에 대해 화끈한 답을 주지 않는 합참에 짜증이 났다. 그는 1951년 1월 10일 합참에 "현재 여건하에서는 남한에서 전선을 유지하기 힘들다. 유엔군 철수는 불가피하다. 한반도에서 철수할 것인지 아니면 계속 한반도를 지킬 것인지 결정을 내려야 한다"는 내용의 긴급전문을 보냈다. 만주에 원자폭탄을 투하할 것을 재촉한 것이다.

1월 13일 트루먼은 맥아더에게 친서를 보내 전쟁은 한반도 내에 국한시켜야 하며 38도선에서 휴전협의를 시도하고 그것이 불가능하면 미8군을 철수하라는 명령을 내렸다.

이미 극동군 사령부는 한반도에서의 전면철수에 대비한 한국 정부 피란계획을 수립해놓고 있었다. 1월 9일에 작성된 극동군 사령부의 1급비밀보고서는 한반도 철수 및 한국 고위인사를 포함한 요인들의 소개(疏開)계획을 소개 인원수까지 구체적으로 밝혀놓았다. 이 소개 계획에 따르면 한국 정부관료 및 주요인사 100만 명을 제주도로 소개하는 '대규모소개'와, 주요인사 2만 명만 선정해 제주도가 아닌 국외지역으로 소개하는 '제한소개'의 두 방법이 검토되었다. 한국 군병력을 오키나와로 이전시키는 계획이 수립되어 있었고, 200명의 한국 망

명정부 요인을 하와이나 미 영토 내의 기타지역으로 망명시키는 계획
도 입안되어 있었다.

참고문헌 Cumings 2001, Cumings & Halliday 1989, Geer 1981, 강정구 1993, 김계동 2000, 김
석환 1990, 김영호 1998, 김종권 1996, 김철웅 2000, 동아일보사 2000, 류상영 1990, 박건식
2002, 박명림 2002, 박세길 1988, 서동만 2000, 홍인표 2000

맥아더는 '영웅' 인가?
트루먼의 맥아더 해임

'공동묘지'로 변한 서울

다시 한국으로 가보자. 1951년 3월 14일 국군과 미군은 서울을 재탈환해 시가전 한 번 없이 무혈입성했다. 서울이 워낙 파괴되어 있었기 때문에 공산군도 3월 초부터 서울을 비워뒀다. 백선엽(1989)은 "한마디로 공동묘지를 탈환했다고 하는 것이 적합했을 것이다"라고 말했다.

3월 18일 행정건설대 300명이 서울에 들어가 20일부터 행정을 개시했다. 행정선발대가 조사한 잔류 서울 시민은 13만 명이었다. 4월부터 전선은 38도선 근처에서 일진일퇴하는 교착상태를 보이고 있었다. 공산군의 춘계공세로 4월 25일 다시 한 번 철수령이 내려졌다가 서울시 행정팀이 다시 입성한 것은 5월 15일이었다. 서울시 경찰국은 5월 5일부터 서울에 입성했는데 경찰이 제일 먼저 한 일은 시체처리였다. 『동아일보』 5월 7일자에 따르면 1600여 구의 시체를 처리한 것으로 되어 있다. 폭격으로 쓰러진 가로수만도 12만 1200주였다. 부산시청으로 피란 갔던 서울시청의 정식복귀는 7월 1일에 이루어졌다.

이때엔 도강증(渡江證)이 있는 군속이나 공무원만 한강을 건널 수 있었지만 뇌물을 주고 한강을 건너는 이른바 '사바사바'가 통하기도 했다. 또 한강 이남의 각 나루터 근처엔 밤에 몰래 나룻배를 타고 건너려는 피란민들로 북새통을 이뤘다. 서울시 경찰국에 따르면 1951년 3월부터 1952년 2월까지 1년간 한강을 몰래 건너다 빠져 죽은 사람의 수가 60명으로 집계되었다.

미국은 휴전을 생각하고 있었다. 그러나 그걸 용납할 이승만이 아니었다. 이승만은 3월 24일 성명을 발표해 38선을 남겨둔 채 전쟁을 종결하려는 것은 "한국이라는 것이 인위적인 국경선으로 말미암아 북한의 공업지대와 남한의 농업지대가 분리되어 가지고는 경제적으로나 정치적으로나 존속할 수 없다는 것"을 이해하지 못하기 때문이라면서 "유엔군은 반드시 북진하여 압록강과 두만강을 따라 있는 한국과 만주 간의 자연적 국경선까지 진격하여야 한다"고 주장했다.

트루먼에게 도전한 맥아더

북진에 관한 한 이승만과 늘 배짱이 맞는 미국인은 맥아더였다. 미국 정부의 휴전 움직임에 대해 못마땅하게 생각하고 있던 맥아더도 3월 24일 북진명령을 내렸다. 맥아더가 공화당 하원 원내총무 조지프 마틴(Joseph W. Martin, 1884~1968)의 서신에 대해 답변한 3월 20일자 서신이 4월 5일에 공개됨에 따라 트루먼과 맥아더의 관계는 파국으로 치달았다.

맥아더는 그 서신에서 대만군의 투입과 아시아에서의 확전을 주장했다. 맥아더는 미국이 아시아에서 유럽의 전쟁을 치르고 있다고 말하면서, 이길 경우 유럽은 전쟁을 면할 수 있지만 그렇지 않을 경우에는 유럽 역시 전쟁을 면할 수 없을 것이라는 점을 지적하며 "승리에 대신할 것은 아무것도 없다"고 주장했다. 이는 '승리의 대신'을 모색하고 있던 트루먼 행정부의 정책에 정면으로 위배되는 것이었다.

그뿐만이 아니었다. 맥아더는 도쿄에서 다른 서방국가의 외교관들에게 수시로 트루먼의 전쟁정책을 비판하는 말을 해대고 있었다. 사적인 발언이었지만, 이 발언들은 미 국가안보국에 의해 다 도청되어 트루먼에게 보고되고 있었다.

결국 트루먼의 결단이 내려졌다. 트루먼은 4월 11일 맥아더를 극동군 사령관 겸 유엔군 사령관의 직위에서 해임했다. 트루먼은 전 미국 시민에게 보내는 방송에서 "맥아더 장군은 전면전쟁을 개시하지 않을 수 없을 정도로 대단히 중대한 모험을 저질렀다"고 그의 해임사유를 밝혔다. 트루먼으로선 도청을 통해 들은 내용까지 밝히면 더욱 설득력이 있었겠지만 안보와 외교상의 관례 때문에 차마 말을 못하는 게 안타까웠을 것이다.

맥아더의 해임소식에 영국 하원은 환호성을 지르며 열광했다. 전쟁이 확대될 경우 영국에 있는 미국의 전략공군기지가 소련 핵공격의 일차적 목표물이 될 것을 염려했기 때문이었다. 또 홍콩이 중국군에 의해 점령되는 것도 우려했다. 영국의 기쁨에 미치진 못했을망정 유럽은 전반적으로 맥아더의 해임에 대해 안도의 한숨을 내쉬며 환영했다.

그러나 미국의 여론은 그렇지 않았다. 맥아더는 4월 16일 도쿄를 떠나 19일 미 상하양원합동회의에서 가진 고별연설에서, 확전만이 승리의 길이라는 점을 강조하면서 자신을 해임한 트루먼 대통령의 조치를 간접적으로 비판했다. 이때 남긴 "노병은 죽지 않는다. 다만 사라져 갈 뿐이다"라는 말이 이후 인구에 회자되었다.

시카고는 시의회의 결의로 4월 25일을 '맥아더의 날'로 선포했다. 맥아더는 그날 시카고에서 열린 '맥아더의 날' 경축식에 초빙되었다. 시가행진을 포함한 요란한 기념행사가 벌어졌으며 전 과정은 텔레비전으로 중계되었다. 커트 랭을 포함한 시카고대학 사회학 교수들은 이 행사를 미디어·군중 연구의 좋은 기회로 생각하고 맥아더 행렬이 지나가는 길 곳곳에 자리를 잡고 서 있었다. 구경꾼들이 보고 있었거나 또는 보았다고 말하는 것과 다른 대중이 텔레비전에서 보았다고 하는 것과 어떻게 다른지 비교하려는 것이었다.

시가행진을 보려고 갔던 많은 구경꾼들은 몰려온 군중 때문에 도대체 무엇이 어떻게 돌아가는지 보기 어려웠다고 불평했지만, 텔레비전의 장면은 전혀 달랐다. 텔레비전은 현장의 혼란 상태와는 다르게 사건들을 나름대로 체계 있게 구성해서 내보냈다. 시청자들은 군중이 열렬히 환호하고 뜨거운 성원을 보낸다는 인상을 받았다. 그러나 실제로 많은 경우 군중이 환호하고 흔들고 소리 지르는 행위는 맥아더에 대한 반응이라기보다는 카메라가 비치는 데 대한 반응이었을 뿐이다.

원자탄 사용을 원했던 이승만

커트 랭의 연구가 시사하듯, 여론은 일방적으로 맥아더의 편이었다. 의회청문회가 열리고 신문들은 분노에 찬 기사들을 내보냈다. 1951년 5월 합참의장 오마르 브래들리(Omar N. Bradley, 1893~1981)는 상원에 출석해 "잘못된 장소, 잘못된 시기, 잘못된 적을 택한 잘못된 전쟁" 이라는 표현을 쓰면서 확전을 반대한다고 밝혔지만 대세는 한동안 맥아더의 편인 것처럼 보였다. 심지어 트루먼을 탄핵해야 한다는 주장마저 나왔고 국민의 지지도도 최하로 떨어져서 이후 재임기간 내내 20~30퍼센트 수준에 머물렀다.

트루먼은 불평하듯 자신의 참모들에게 이렇게 말했다. "수백만 명의 미국인들이 내가 하는 것처럼 대통령이 될 수 있네. 하지만 나는 대통령이란 말일세. 그리고 나는 대통령의 특권이 한 미국 장성에게 침해당한 채로 이 대통령직을 후계자에게 물려주지 않겠네!" 트루먼은 훗날 자신의 회고록에서 이렇게 말했다. "그 사람은 대통령의 권위를 존중하려 하지 않기 때문에 나는 그를 해임했다. 이것이 그 질문에 대한 답변이다. 나는 그가 멍청이 같은 개자식이라고 해서 파면한 것이 아니다. 그는 사실 그런 멍청이였지만 그런 장군도 법에는 걸리지 않으니 말이다. 그런 게 법에 걸린다면 미국 장군의 반수 내지 3분의 2는 감옥에 있을 것이다."

맥아더가 해임을 일부러 자초했다는 주장도 있다. 해임 전 그가 할 일은 남아 있지 않았기 때문이라는 것이다. 중공군 개입예측 실패 등 실패를 거듭해온 그는 한국을 빠져나가야 한다고 생각했으며 초라하게 귀환하느니 차라리 트루먼에게 해임당함으로써 명분을 얻고자 했다는 해석이다.

맥아더의 해임을 가장 안타깝게 생각한 사람은 이승만이었다. 맥아더의 해임소식에 이승만은 때마침 소장진급 신고를 하러 간 백선엽에게 "맥아더가 나의 심정을 진심으로 알아주는 군인이었다"며 아쉬움

개마고원의 장진호에서 중공군과 벌인 '장진호(Chosin)전투'에서 이름을 따온 미 해군 순양함 초신(Chosin)함. 당시 한국어 지도가 없어 일본어 지도만 사용한 탓에 '초신(ちょうしん)'이라 부르게 되었다.

과 앞으로의 전황에 대해 우려를 표했다.

정일권은 한국전쟁 때 이승만이 맥아더 비판론자들을 겨냥하여 분통을 터뜨리며 "미국만이 갖고 있는 원자탄을 왜 사용하지 않으려는 가. 악독한 일본군벌도 원자탄 두 발로 깨끗이 끝장나지 않았던가"라고 말한 것으로 회고했다.

비단 이승만뿐 아니라 한국의 많은 반공주의자들이 맥아더를 떠받들면서 미국이 원자폭탄을 투하하지 않은 걸 안타깝게 생각했다. 그러나 한홍구(2003)는 원자폭탄의 사용을 전제로 한 맥아더의 만주폭격 구상이 실현되었다면 이는 한반도의 통일이 아니라 즉각 3차 세계대전으로 이어질 일이었다며 다음과 같이 말한다.

"더구나 맥아더는 합동참모본부에 원자폭탄을 투하해야 할 목표지점으로 한두 곳이 아니라 무려 26곳을 선정하여 보고하면서 즉각적인 원자폭탄 투하를 승인해줄 것을 요청했다. 그것도 1차로! 이런 위험한 발상을 한 맥아더를 해임한 것은 한반도를 위해서나 세계평화를 위해서나 천만다행인 조치였다. 맥아더가 이렇게 강력한 주장을 한 것은 전쟁수행 과정에서의 자신의 판단착오를 감추기 위해서였다. 그는 끊임없는 정보보고에도 불구하고 북한군의 공격가능성을 무시했으며, 중국군의 개입가능성을 묵살하고 38도선 이북으로의 북진을 단행했다. 더구나 그의 호언장담과는 달리 중국군이 개입하자 미군은 미군 역사상 최대의 치욕으로 기억되는 장진호(長津湖) 패배를 당하는 등 중국군에 크게 밀렸다. 맥아더는 1960년 자신이 원자폭탄의 사용을 주장했다는 트루먼의 주장은 완전한 거짓이라고 말했지만, 뒤에 간행된 회고록에는 30~50발의 원자탄을 투하할 것을 계획했다고 쓰여 있다."

맥아더는 '영웅'인가?

미 극동군 총사령관이자 유엔군 총사령관이었던 더글러스 맥아더는 도대체 어떤 인물인가? 타고난 군인이었던 그는 1880년 아칸소주 리틀록에 있는 병영에서 태어났다. 그의 아버지 아서 맥아더(Arthur MacArthur, 1845~1912)도 유명한 장군이었다. 어머니 핑키(Mary Pinkney)는 남편의 진급을 위해 뛰었을 뿐만 아니라 자식교육에도 극성스러울 정도로 열성적인 여인이었다.

맥아더는 셋째 아들이었다. 큰형은 해군대령으로 죽었고 작은형은 유년기에 죽었다. 더글러스는 가장 탁월한 아들이었다. 그는 미 육사에 수석합격했고 미 육사 역사상 최초로 '올A(최우등)'로 졸업했다. 또한 1차 세계대전에 참전한 14개월 동안 13개의 훈장을 받을 정도로 혁혁한 무공을 세웠다.

맥아더는 1919년에 귀국해 미 육군 역사상 최연소(39세) 육사교장이 되었고 이듬해에 또 최연소로 '정규준장'으로 진급했다.(그 전엔 임시 준장) 그 후 그는 미국의 식민지인 필리핀 주둔 부대로 전출됐다. 그는 필리핀 근무 중인 1922년 42세의 나이에 결혼을 했으나 신문들이 아내의 염문스캔들에 대해 써대자 8년 후 이혼했다.

맥아더는 그의 나이 50세인 1930년에 육군참모총장이 되었다. 이때에 아이젠하워와 조지 패튼이 소령계급을 달고 그의 참모로 근무했다. 맥아더는 1935년에 퇴역해 필리핀으로 가서 사실상의 '군사총독' 노릇을 했다. 2개월 후 어머니 핑키가 사망했다. 맥아더는 어머니의 사망 직후인 1937년 57세의 나이로 19세 연하인 진 페어크로스(Jean M. Faircloth, 1898~2000)와 재혼했다. 결혼생활은 원만했다. 그는 애처가를 넘어선 공처가였다.

1940년부터 일본이 전쟁을 준비하고 있다는 사실을 눈치챈 미군은 퇴역한 맥아더를 다시 현역대장으로 복귀시켜 필리핀에 미 극동지상군을 창설했다. 맥아더는 그 사령관 자격으로 일본에 승리했고 이어 한국전쟁을 맞이한 것이다.

맥아더는 1948년 공화당 대통령후보 지명전에 부재자로 출마해 1차 투표에서 탈락한 적이 있었다. 같은 공화당원임에도 불구하고 나중에 아이젠하워 행정부의 국무장관이 된 존 포스터 덜레스는 한국전 초기 도쿄에서 맥아더를 만나고 온 뒤 트루먼을 만나 맥아더의 판단력에 문제가 있다고 말하면서 그의 소환을 건의했다고 한다.

결국 맥아더는 1951년 4월 11일 트루먼에 의해 해임됐다. 맥아더는 별 다섯 개의 종신원수로서 전역을 신청하지 않는 한 원수계급을 계속 유지할 수 있었지만 해임 즉시 전역을 신청했다. 맥아더는 리지웨이에게 트루먼이 아마 정신질환 때문에 자신을 해임했을 거라고 털어놓았다지만, 나중에 리지웨이는 맥아더에게 정신질환이 있는 게 아닌가 의심했다고 한다.

지나칠 정도로 화려한 경력 때문이었을까? 맥아더의 보좌관이었던 제퍼슨 데이비스(Thomas Jefferson Davis, 1893~1964)는 맥아더가 언제나 성공에 대한 강박관념에 사로잡혀 있는 다분히 과대망상적인 기질의 소유자라고 말했다. 실패의 위협에 직면할 때마다 번번이 권총으로 자살해버리겠다는 위협을 주위에 가하곤 했다는 것이다. 맥아더가 여러 차례 잠자는 자신을 깨워서 자살하겠다고 위협하는 바람에 한번은 '제발 잠 좀 자자'고 화를 냈더니 맥아더는 그다음 날 사과했다고 한다.

트루먼은 70대의 5성 장군이 19살 소위같이 하고 다닌다고 못마땅해했다. 선글라스, 옥수수 파이프, 팽팽한 모자, 잘 다린 바지 등으로 상징되는 맥아더 특유의 옷차림이 마음에 안 들었던 것이다. 맥아더 전기를 쓴 마이클 샬러(Michael Schaller)는 인간적으로 볼 때 맥아더는 독선적이며 이기적이고 기회주의적이자 자아도취적 소아병 환자였다고 혹평했다.

그러나 맥아더는 한국에선 영웅이었다. 1964년 4월 6일 맥아더가 84세로 사망하자 『조선일보』는 "한국전쟁의 영웅이며 또한 비율빈(필리핀)해방의 은인이었던 맥아더 원수의 서거를 못내 슬퍼한다"는

1950년 11월, 압록강 위를 날고 있는 비행기에서 파이프에 불을 붙이는 맥아더

애도의 사설을 실었다. 이 사설은 한국통일의 절호의 찬스가 맥아더의 해임으로 유실되었다면서 그의 주장이 수포로 돌아간 것을 애달프게 생각한다고 말했다. "미국만이 독점한 원폭으로서 기선을 제하지 않았다는 사실은 끝내 만성적인 비운의 결과를 가져오고 말았다"는 말도 덧붙였다.

한국인의 맥아더 숭배는 『조선일보』에만 국한된 것이 아니었다. 한 유명 재야인사는 4·19혁명 당시 이승만이 하야하자 시위대 중에서 누군가가 "맥아더 장군께 가자"라고 외쳐 인천까지 가서 맥아더 동상에 헌화했다고 한다. 맥아더 숭배는 1990년대까지 계속되었다. 맥아더를 무속신으로 모신 무당도 많았다. 1996년에는 대통령 김영삼이 전방부대를 방문한 자리에서 『조선일보』 1964년 사설내용과 똑같은 취지의 발언을 해서 논란이 벌어지기도 했다. 1998년 인하대학 정치외교학과 교수 서규환이 인천 지역 청소년 1170명을 대상으로 인천을 대표하는 역사인물을 조사했는데 여기서 맥아더는 20.3퍼센트를 얻어 1위를 차지했다.

2003년 7월 27일 정전 50주년을 맞이해 7월 24일 UPI통신이 내놓은 「한국전의 잊힌 교훈」이라는 제목의 논평기사는 트루먼과 맥아더 등 한국전을 주도한 전쟁수뇌부는 당시의 커다란 실책에도 불구하고 한국을 공산화 위기에서 구해낸 영웅으로 잘못 평가되는 결과를 낳게 됐다고 말했다. 맥아더는 휘하 병력훈련에 만전을 기하지 않아 전쟁 초기 부산을 제외한 남한의 거의 전부를 북한군에 내줬고 중공군의 대규모진격을 예상하지 못하는 큰 실수를 저질렀음에도 높게 평가된 반면, 그의 후임 유엔군 사령관 리지웨이는 전공에 걸맞은 합당한 평가를 받지 못했다는 것이다.

기업의 세기

맥아더는 '영웅' 인가? 실은 우문(愚問)이다. 트루먼의 맥아더 해임은 미국은 이제 더 이상 확전 없이 한국전쟁을 봉합하고 평화와 풍요를 만끽하는 시대로 가겠다는 것을 뜻했지만, 그 역사적 의미는 군부보다는 문민 우위를 드라마틱하게 확인했다는 점이다. 그러나 한번 더 생각해보면 그 역시 피상적인 것일 수 있다. 문민 영역에도 공적 영역과 사적 영역이 있다. 미국적 시스템의 특성은 사적 영역을 더 중시한다는 데 있다. 미국의 건국 자체가 그런 필요로 이루어졌다는 사실을 상기할 필요가 있다.

언젠가 트루먼은 "나는 신이 우리 미국인들을 만들었으며, 어떤 위대한 목적을 달성하기 위해 우리에게 이처럼 힘을 주었다는 느낌이 든다"고 말했다. 그렇게 생각할 법도 하다. 역사의 가정법은 어리석긴 하지만 늘 그 유혹을 피하긴 어려운 법이다. 서로우(Thurow 2005)는 "미국은 운이 좋은 편에 속했다. 대공황은 자본주의의 종말을 가져올 수도 있는 사건이었다. 대공황의 끝이 보이지 않자 1930년대 후반, 미국은 자본주의에 대한 신뢰를 상실하고 지방정부지도자로 공산주의자들을 선택하기 시작했다" 며 다음과 같이 말한다.

"당시 나치가 국가사회주의를 대표했다는 사실 그리고 2차 세계대전 말미 미국을 제외하고 유일하게 자본주의국가로 남아 있던 영국이 1945년 사회주의정책을 내세운 노동당을 선택했다는 사실은 매우 의미심장한 일이다. 만일 독일이 서유럽을 장악한 후 영국과 평화협정을 맺었더라면, 또는 독일이 소련을 침략하지 않았더라면 혹은 일본이 미국의 진주만을 공격하지 않았더라면 자본주의는 60년 전에 이미 무너졌을지도 모른다."

자본주의와 더불어 제국도 무너졌을 것이다. 대표적인 냉전역사가인 존 루이스 개디스(John Lewis Gaddis)는 '제국' 을 "협박, 종속, 유인심지어 감화 등을 동원한 노골적인 힘으로 어느 한 국가가 직접적이든 간접적이든 그리고 부분적으로나 전적으로, 다른 국가들의 태도를 형성하게 만드는 상태"로 정의한다. 이 정의에 따르자면, 미국이 1940년대를 거치며 제국으로 우뚝 섰다는 건 그 누구도 부인하기 어려우리라. 미국은 두 번의 세계대전을 주도했으면서도 진주만을 제외하곤 자국영토에선 피 한 방울 흘리지 않은 행운을 누리면서 제국을 더욱 튼튼하게 만들었다. 유일한 라이벌인 유럽은 전쟁으로 인해 폐허가 되었지만 미국은 전쟁특수에 힘입어 1941년부터 1945년 동안 생산량이 두 배로 뛰었으니, 이는 마치 미국이 20세기를 주도해야 한다고 등을 떠미는 꼴이 아니고 무엇이랴.

미국이 누린 역사적 우연들의 행운을 제외하고 말한다면, 제국을 만든 힘의 근원은 무엇인가? 물론 답은 군사력과 경제력이지만 그런 힘을 누릴 수 있게 된 배경이 무엇이냐를 먼저 따져야 한다. 폴 케네디(Kennedy 1993)는 '미국의 세기'라는 표현이 "미국민에게는 감정적인 활력을 가져다주는 거대한 심리적 · 문화적 힘을 지녀왔다"며 "그 표현은 미국민에게 뭔가 '특별'한, 심지어 우월한 감정을 갖게 만들었으며 한번 그런 감정을 갖게 되자 버리기 어려워졌다"고 말한다.

미국이 유럽과 근본적으로 다른 점은 무엇인가? 모든 걸 사적 영역에 맡기고자 하는 충동, 즉 '기업의, 기업에 의한, 기업을 위한' 기업국가에 대한 믿음이라고 볼 수 있다. 사실상 '기업의 세기'가 도래한 것이다. 전후 사적 영역이 더욱 강화되고 비대해진 건 당연한 일이었다. 유럽에서 벌어진 국가권력의 일탈과 그로 인한 참상을 목격한 뒤 기업을 중심으로 한 '미국적 제도'에 대한 신뢰가 강화되었거나 적어도 불가피한 '차악'으로 간주했기 때문에 빚어진 일이었다.

좀 더 구체적으로 보자면, 전쟁 덕분에 타국의 추종을 불허하는 미국 연구개발체제의 굳건한 토대가 마련되었다. 전쟁은 그 토대에서 큰 역할을 맡은 대학을 살찌웠다. 2차 세계대전 중 대학들이 받은 연구비는 MIT 1억 1000만 달러, 하버드 3000만 달러 등 예전에는 상상도 할 수 없을 정도의 액수였다. 사회과학도 엄청난 연구 프로젝트 지원금을 받으면서 냉전세계관이 사회과학을 이끌었다. 참전군인에 대한 교육지원효과로 대학생 인구도 급증했다. 예컨대, 전쟁 이전 학생 수가 1만 명 정도에 불과했던 미시건대학은 1948년에 3만 명 이상으로 늘어났다. 이제 대학은 미국의 세계패권을 지속시키는 '소프트 파워'로 작동한다. '미국의 세기'가 내실화하면서 무르익는 세기 후반의 역사현장을 찾아 산책을 계속해보자. 우선 미국인의 풍요와 고독이 눈에 들어올 것이다.

참고문헌 Boorstin 1991, Chomsky 외 2001, Dole 2007, Donaldson 2007, Goulden 1982, Greenstein 2000, Herman 2004, Kennedy 1993, MacArthur 1993, McConnell 1966, Needell 2004, Rusk 1991, Simpson 2004, Stueck 2001, Taylor 2005, Thurow 2005, 강준만 2002-2006, 김동춘 2004, 김봉중 2006, 김성진 1999, 김세균 1989, 박세길 1988, 백선엽 1989, 백승욱 2005, 서중석 1999, 손세호 2007, 손정목 2003, 온창일 2000, 이관수 2003, 이정훈 2000, 전지현 2003, 최진섭 2000, 한국미국사학회 2006, 한국정치연구회 1990, 한홍구 2003, 홍용표 2000

참고
문헌

베빈 알렉산더(Bevin Alexander), 함규진 옮김, 「히틀러는 왜 세계정복에 실패했는가: 히틀러의 전쟁, 마지막 1000일의 기록」, 홍익출판사, 2001.

F. L. 알렌(Frederick Lewis Allen), 박진빈 옮김, 「빅 체인지」, 앨피, 2008.

William R. Allen, 「The International Trade Philosophy of Cordell Hull, 1907~1933」, 「American Economic Review」, 43(1953), pp.101~116.

Andan Almaney, 「Goverments' Resistance to the Free Flow of International Communication」, 「Jourmal of Communication」, 22(March 1972).

J. Herbert Altschull, 「Agents of Power: The Role of the News Media in Human Affairs」, New York: Longman, 1984.

허버트 알철(J. Herbert Altschull), 강상현 · 윤영철 공역, 「지배권력과 제도언론: 언론의 이데올로기적 역할과 쟁점」, 나남, 1991.

허버트 알철(J. Herbert Altschull), 양승목 옮김, 「현대언론사상사: 밀턴에서 맥루한까지」, 나남, 1993.

이언 앵겔(Ian Angell), 장은수 옮김, 「지식노동자 선언」, 롱셀러, 2001.

James Aronson, 「The Press and the Cold War」, Boston, Mass.: Beacon Press, 1970.

스티브 M. 바킨(Steve M. Barkin), 김응숙 옮김, 「미국 텔레비전 뉴스」, 커뮤니케이션북스, 2004.

Barnet Baskerville, 「Joe McCarthy, Brief-Case Demagogue」, 「Today's Speech」, 2(September 1954).

Anantha Sudhaker Battili, 「International News Flow and the Non-Aligned Nations : The Predicament of Imbalance and the Right to Communicate」, Ph. D. Diss., University of Iowa, 1981.

시몬 드 보부아르(Simone de Beauvoir), 백선희 옮김, 「미국여행기」, 열림원, 2000.

에드워드 베르(Edward Behr), 유경찬 옮김, 「히로히토: 신화의 뒤편」, 을유문화사, 2002.

피터 벤더(Peter Bender), 김미선 옮김, 『제국의 부활: 비교역사학으로 보는 미국과 로마』, 이 끌리오, 2006.

루스 베네딕트(Ruth Fulton Benedict), 김윤식 · 오인석 옮김, 『국화와 칼: 일본문화의 틀』, 을 유문화사, 1995.

루스 베네딕트(Ruth Fulton Benedict), 서정완 옮김, 『일본인의 행동패턴』, 소화, 2000.

발터 벤야민(Walter Benjamin), 반성완 편역, 『발터 벤야민의 문예이론』, 민음사, 1983.

Willam Benton, 『Freedom of the Press: World-Wide』, 『U. S. Department of State Bulletin』, 14(3 February 1946).

William Benton, 『My World, My Human Race: Report on UNESCO』, 『Vital Speeches of the Day』, 13:9(15 February 1947), p.282.

William Benton, 『Freedom of Information Throughout World Insurance Peace』, 『U. S. Department of State Bulletin』, 18(19 April 1948), p.80.

바턴 J. 번스타인(Barton J. Bernstein), 『"일본 대도시 초토화하라": 원폭투하, 그 숨겨졌던 비밀』, 『신동아』, 1995년 6월, 572~585쪽.

데이비드 베레비(David Berreby), 정준형 옮김, 『우리와 그들, 무리짓기에 대한 착각』, 애코리 브르, 2007.

Carrol Binder, 『Freedom of Information and the United Nations』, 『International Organization』, 6(1952), pp.210~226.

앤더슨 블랙 · 매쥐 가랜드(J. Anderson Black & Madge Garland), 윤길순 옮김, 『세계 패션 사(전2권)』, 자작아카데미, 1997.

Margaret A. Blanchard, 『The Hutchins Commission, the Press and the Responsibility Concept』, 『Journalism Monographs』, 49(May 1977), pp.1~59.

Margaret A. Blanchard, 『Exporting the First Amendment: The Press-Government Crusade of 1945-1952』, New York: Longman, 1986.

마크 블로그(Mark Blaug), 연태훈 · 옥우석 옮김, 『위대한 경제학자들』, 동인, 1994.

장 클로드 볼로뉴(Jean Claude Bologne), 권지현 옮김, 『독신의 수난사』, 이마고, 2006.

대니얼 J. 부어스틴(Daniel J. Boorstin), 이보형 외 옮김, 『미국사의 숨은 이야기』, 범양사출판 부, 1991.

Oliver Boyd-Barrett, 『The International News Agencies』, London: Constable, 1980.

마이클 브린(Michael Breen), 김기만 옮김, 『한국인을 말한다』, 홍익출판사, 1999.

윌리엄 브레이트(William Breit) & 배리 허쉬(Barry T. Hirsch) 편, 김민주 옮김, 『경제학의 제 국을 건설한 사람들』, 미래의창, 2004.

앨런 브링클리(Alan Brinkley), 황혜성 외 공역, 『미국인의 역사(전3권)』, 비봉출판사, 1998.

Robert U. Brown, 『ASNE Reports Progress on Free Press Pledges』, 『Editor & Publisher』, 16 June, 1945, p.64.

Herbert Brucker, 『Freedom of Information』, New York: Macmillan, 1949.

빌 브라이슨(Bill Bryson), 정경옥 옮김, 『빌 브라이슨 발칙한 영어산책: 엉뚱하고 발랄한 미국 의 거의 모든 역사』, 살림, 2009.

Stuart James Bullion, 「The New World Information Order Debate, How New?」, 『Gazette』, 30(1982), pp.155~165.

Stuart James Bullion, 「Old Vinegar in New Bottles: An Historical View of the NWIO Debate」, 『Nieman Reports』, 37:4(Winter 1983), pp.39~40.

H. H. Krill de Capello, 「The Creation of the United Nations Educational, Scientific and Cultural Organization」, 『International Organization』, 24(1970), pp.1~30.

Christian Caryl, 「절대권력 굳히는 '푸틴 황제'」, 『뉴스위크 한국판』, 2001년 2월 7일, 34면.

Harry Castleman & Walter J. Podrazik, 『Watching TV: Four Decades of American Television』, New York: McGraw-Hill, 1982.

CCTV 다큐멘터리 대국굴기 제작진, 소준섭 옮김, 『강대국의 조건: 미국』, 안그라픽스, 2007.

William H. Chafe, 『The Unfinished Journey: America Since World War II』, New York: Oxford University Press, 1986.

노엄 촘스키(Noam Chomsky), 김보경 옮김, 『미국이 진정으로 원하는 것』, 한울, 1996.

노엄 촘스키(Noam Chomsky), 박수철 옮김, 『노엄 촘스키의 미디어 컨트롤』, 모색, 2003a.

노엄 촘스키(Noam Chomsky), 황의방·오성환 옮김, 『패권인가 생존인가: 미국은 지금 어디로 가는가』, 까치, 2004.

노엄 촘스키(Noam Chomsky) 외, 『냉전과 대학: 냉전의 서막과 미국의 지식인들』, 당대, 2001.

Benjamin V. Cohen, 「The Impact of the United Nations on United States Foreign Policy」, 『International Organization』, 5(1951), pp.274~281.

Kent Cooper, 『Barriers Down: The Story of the News Agency Epoch』, New York: Farrar and Rinehart, 1942.

Kent Cooper, 『The Right to Know: An Exposition of the Evils of News Suppression and Propaganda』, New York: Farrar, Straus and Cudahy, 1956.

Kent Cooper, 『Kent Cooper and the Associated Press: An Autobiography』, New York: Random House, 1959.

스탠리 코렌(Stanley Coren), 안인희 옮김, 『잠 도둑들: 누가 우리의 잠을 훔쳐갔나?』, 황금가지, 1997.

타일러 코웬(Tyler Cowen), 임재서·이은주 옮김, 『상업문화예찬』, 나누리, 2003.

브루스 커밍스(Bruce Cumings), 김자동 옮김, 『한국전쟁의 기원』, 일월서각, 1986.

브루스 커밍스(Bruce Cumings), 김동노 외 옮김, 『브루스 커밍스의 한국현대사』, 창작과비평사, 2001.

브루스 커밍스(Bruce Cumings) & 존 할리데이(Jon Halliday), 양동주 옮김, 『한국전쟁의 전개과정』, 태암, 1989.

브루스 커밍스(Bruce Cumings) & 해리 하루투니안(Harry Harootunian), 「대담/브루스 커밍스와 해리 하루투니안: 미국 아시아학의 비판적 검토」, 『역사비평』, 제54호(2001년 봄), 126~171쪽.

엘리자베스 커리드(Elizabeth Currid), 최지아 옮김, 『세계의 크리에이티브 공장 뉴욕』, 쌤앤파

커스, 2009.

Daniel J. Czitrom, 「Media and the American Mind: From Morse to McLuhan」, Chapel Hill: University of North Carolina Press, 1982.

케네스 데이비스(Kenneth C. Davis), 이순호 옮김, 「미국에 대해 알아야 할 모든 것, 미국사」, 책과함께, 2004.

해리 S. 덴트(Harry S. Dent), 최태희 옮김, 「버블 붐: 세계경제 대예측 2005-2009」, 청림출판, 2005.

Byron Dexter, 「UNESCO Faces Two Worlds」, 「Foreign Affairs」, 25(April 1947).

Byron Dexter, 「Yardstick for UNESCO」, 「Foreign Affairs」, 28:1(October 1949).

밥 돌(Bob Dole), 김병찬 옮김, 「대통령의 위트: 조지 워싱턴에서 부시까지」, 아테네, 2007.

Gary Donaldson, ed., 「Modern America: A Documentary History of the Nation Since 1945」, Armonk, NY: M.E.Sharpe, 2007.

John Foster Dulles, 「The United Nations: A Prospectus—The General Assembly」, 「Foreign Affairs」, 24:1(October 1945), pp.1~11.

Roger Eatwell, 「Fascism: A History」, New York: Penguin Books, 1995.

마크 엘리어트(Marc Eliot), 원재길 옮김, 「월트 디즈니: 할리우드의 디즈니 신화」, 우리문학사, 1993.

스티븐 엔디콧(Stephen Endicott) & 에드워드 해거먼(Edward Hagerman), 안치용 · 박성휴 옮김, 「한국전쟁과 미국의 세균전」, 중심, 2003.

질비아 엥글레르트(Sylvia Englert), 장혜경 옮김, 「상식과 교양으로 읽는 미국의 역사」, 웅진 지식하우스, 2006.

사라 에번스(Sara M. Evans), 조지형 옮김, 「자유를 위한 탄생: 미국 여성의 역사」, 이화여자 대학교 출판부, 1998.

스튜어트 유웬(Stuart Ewen), 백지숙 옮김, 「이미지는 모든 것을 삼킨다: 소비사회와 스타일의 문화정치학」, 시각과 언어, 1996.

James J. Farrell, 「The Crossroads of Bikini」, 「Journal of American Culture」, 10:2(Summer 1987), pp.55~66.

Jonathan Fenby, 「The International News Services: A Twentieth Century Fund Report」, New York: Schocken Books, 1986.

요아힘 C. 페스트(Joachim C. Fest), 안인희 옮김, 「히틀러 평전(전2권)」, 푸른숲, 1998.

요아힘 C. 페스트(Joachim C. Fest), 안인희 옮김, 「히틀러 최후의 14일」, 교양인, 2005.

노르만 핀켈슈타인(Norman Finkelstein), 신현승 옮김, 「홀로코스트 산업: 홀로코스트를 초대형 돈벌이로 만든 자들은 누구인가?」, 한겨레신문사, 2004.

토비 피셔 미르킨(Toby Fischer-Mirkin), 허준 · 안종설 옮김, 「패션속으로」, 새로운 사람들, 1996.

애리 플라이셔(Ari Fleischer), 이승봉 옮김, 「대변인: 대통령과 언론, 그리고 나의 백악관 시절」, 커뮤니케이션북스, 2006.

Jean Folkerts & Dwight L. Teeter, Jr., 「Voices of a Nation: A History of Mass Media in the United States」, 3rd ed., Boston, Mass.: Allyn and Bacon, 1998.

존 벨라미 포스터(John Bellamy Foster), 박종일 · 박선영 옮김, 『벌거벗은 제국주의: 전 지구 적 지배를 추구하는 미국의 정책』, 인간사랑, 2008.

William T. R. Fox, 『The United Nations in the Era of Total Diplomacy」, 『International Organization」, 5(1951), pp.265~273.

에릭 프라이(Eric Frey), 추기옥 옮김, 『정복의 역사, USA』, 들녘, 2004.

Thomas L. Friedman, 『The Lexus and the Olive Tree」, New York: Anchor Books, 2000.

John Kenneth Galbraith, 『Economics and the Art of Controversy」, New York: Vintage Books, 1959.

John Kenneth Galbraith, 『Money: Whence It Came, Where It Went」, Boston, Mass.: Houghton Mifflin, 1973.

존 케네스 갤브레이스(John Kenneth Galbraith), 조규하 옮김, 『경제사 여행』, 고려원, 1994.

하워드 가드너(Howard Gardner), 이종인 옮김, 『20세기를 움직인 11인의 휴먼 파워』, 살림, 1997.

David Gates, 「하면 할수록 어려운 히틀러 연구」, 『뉴스위크 한국판」, 1998년 7월 15일, 56면.

David Gates, 「독일인과 유대인 악연(惡緣)의 뿌리」, 『뉴스위크 한국판」, 2000년 3월 15일, 74면.

앤드류 기어(Andrew C. Geer), 홍동선 옮김, 『피의 낙동강 얼어붙은 장진호: 한국전쟁과 미 해 병대』, 정우사, 1981.

Louis D. Giannetti, 『Understanding Movies」 2nd ed., Englewood Cliffs, N.J.: Prentice-Hall, 1976.

D. M. 고든(David M. Gordon) 외, 고병웅 옮김, 『분절된 노동 분할된 노동자: 미국노동의 역 사적 변형』, 신서원, 1998.

존 스틸 고든(John Steele Gordon), 안진환 · 황수민 옮김, 『부의 제국: 미국은 어떻게 세계 최 강대국이 되었나』, 황금가지, 2007.

조지프 굴든(Joseph C. Goulden), 김쾌상 옮김, 『한국전쟁: 알려지지 않은 이야기』, 일월서각, 1982.

William Graebner, 『The Unstable World of Benjamin Spock: Social Engineering in a Democratic Culture, 1917-1950」, 『The Journal of American History」, 67:3(December 1980), pp.612~659.

프레드 그린슈타인(Fred I. Greenstein), 김기휘 옮김, 『위대한 대통령은 무엇이 다른가』, 위즈 덤하우스, 2000.

로버트 그리피스(Robert Griffith), 하재룡 옮김, 『마녀사냥: 매카시/매카시즘』, 백산서당, 1997.

Gerald Gross, ed., 『The Responsibility of the Press」, New York: Clarion Book, 1966.

Thomas H. Guback, 『The International Film Industry」, Bloomington: Indiana University Press, 1969.

데이비드 핼버스탬(David Halberstam), 김지원 옮김, 『데이비드 핼버스탬의 1950년대 아메리카의 꿈』, 세종연구원, 1996.

빅터 데이비스 핸슨(Victor Davis Hanson), 남경태 옮김, 『살육과 문명: 서구의 세계 제패에 기여한 9개의 전투』, 푸른숲, 2002.

Phil Harris, 『Reporting Southern Africa: Western News Agencies Reporting from Southern Africa』, Paris: UNESCO, 1981.

데이비드 하비(David Harvey), 구동회 · 박영민 옮김, 『포스트모더니티의 조건』, 한울, 1994.

스티븐 F. 헤이워드(Steven F. Hayward), 김장권 옮김, 『지금 왜 처칠인가』, 중앙M&B, 1998.

로버트 L. 하일브로너(Robert L. Heilbroner), 장상환 옮김, 『세속의 철학자들: 위대한 경제사 상가들의 생애, 시대와 아이디어』, 이마고, 2005.

Joseph Heller, 『Catch-22』, New York: Dell, 1979.

그레고리 헨더슨(Gregory Henderson), 박행웅 · 이종삼 옮김, 『소용돌이의 한국정치』, 한울아 카데미, 2000.

John W. Henderson, 『The United States Informational Agency』, New York : Frederick A. Praeger, 1969.

엘렌 허만(Ellen Herman), 「카멜롯 프로젝트와 냉전시대 심리학의 행보」, 브루스 커밍스 (Bruce Cumings) 외, 『대학과 제국: 학문과 돈, 권력의 은밀한 거래』, 당대, 2004), 153~198쪽.

William Ernest Hocking, 『Freedom of the Press: A Framework of Principle』, Chicago: University of Chicago Press, 1947.

Linus A. Hoskins, 「The New International Economic Order: A Bibliographic Essay」, 『Third World Quarterly』, 3:3(July 1981), pp.506~527.

Michael Hudson, 「Epitaph for Bretton Woods」, 『Journal of Internal Affairs』, 23(1969), pp.266~301.

Cordell Hull, 『The Memoirs of Cordell Hull(2 Vols.)』, New York: Macmillan, 1948.

마이클 헌트(Michael H. Hunt), 권용립 · 이현휘 옮김, 『이데올로기와 미국외교』, 산지니, 2007.

새뮤얼 헌팅턴(Samuel P. Huntington), 형선호 옮김, 『새뮤얼 헌팅턴의 미국』, 김영사, 2004.

베른하르트 엔드리케(Bernhard Jendricke), 홍준기 옮김, 『앨프레드 히치콕』, 한길사, 1997.

폴 존슨(Paul Johnson), 이희구 외 옮김, 『세계현대사(전3권)』, 한마음사, 1993.

Joon-Mann Kang, 「Franklin D. Roosevelt and James L. Fly: The Politics of Broadcast Regulation, 1941-1944」, 『Journal of American Culture』, 10:2(Summer 1987), pp.23~33.

존 키건(John Keegan), 정병선 옮김, 『전쟁과 우리가 사는 세상』, 지호, 2004.

George F. Kennan, 「The Sources of Soviet Conduct」, Richard N. Current & John A. Garraty, eds., 『Words That Made American History: The 1870's to the Present』, Boston, Mass.: Little, Brown and Co., 1962, pp.472~488.

폴 케네디(Paul Kennedy), 변도은 · 이일수 옮김, 『21세기 준비』, 한국경제신문사, 1993.

폴 케네디(Paul Kennedy), 이일수 외 옮김, 『강대국의 흥망』, 한국경제신문사, 1996.

알렉스 커(Alex Kerr), 이나경 옮김, 「치명적인 일본」, 홍익출판사, 2002.

이언 커쇼(Ian Kershaw), 이희재 옮김, 「히틀러(전2권)」, 교양인, 2010.

로널드 케슬러(Ronald Kessler), 임흥빈 옮김, 「벌거벗은 대통령 각하」, 문학사상사, 1997.

Charles P. Kindleberger, 「Bretton Woods Reappraised」, 「International Organization」, 5(1951), pp.32~47.

John S. Knight, 「World Freedom of Information: Press Associations Must Not Be Adjuncts of Diplomacy of National Policy」, 「Vital Speeches of the Day」, 12:15(15 May 1946), pp.472~473.

귀도 크놉(Guido Knopp), 이동준 옮김, 「광기와 우연의 역사 2」, 자작나무, 1996.

Klaus Knorr, 「The Bretton Woods Institutions in Transition」, 「International Organizaetion」, 2(1948), pp.19~38.

데이비드 코에닉(David Koenig), 서민수 옮김, 「애니메이션의 천재 디즈니의 비밀」, 현대미디어, 1999.

Donald P. Kommers and Gilburt D. Loescher, eds., 「Human Rights and American Foreign Policy」, Notre Dame, Indiana: University of Notre Dame Press, 1979.

Karen D. Kraemer, 「Freer Expression or Greater Repression?: UNESCO and the Licensing of Journalists」, 「Communication and Entertainment Law Journal」, 7:1(Fall 1984).

Jessica Kuper ed., 「Key Thinkers, Past and Present」, New York: RKP, 1987.

Stanley I. Kutler, 「The American Inquisition: Justice and Injustice in the Cold War」, New York: Hill and Wang, 1982.

Walter Laqueur, 「Fascism: Past Present Future」, New York: Oxford University Press, 1997.

로렌스 리머(Laurence Leamer), 정영문 옮김, 「케네디가의 신화(전3권)」, 창작시대, 1995.

노르베르트 레버르트(Norbert Lebert) & 슈테판 레버르트(Stephan Lebert), 이영희 옮김, 「나치의 자식들」, 사람과사람, 2001.

Robert D. Leigh, 「Freedom of Communication Across National Boundaries」, 「Educational Record」, 29(October 1948), pp.388~399.

William E. Leuchtenburg, 「The Perils of Prosperity, 1914-1932」, Chicago: The University of Chicago Press, 1958.

William E. Leuchtenburg, 「Franklin D. Roosevelt and the New Deal, 1932-1940」, New York: Harper & Row, 1963.

마이클 린드(Michael Lind), 문정인 감수, 임종태 옮김, 「부시 메이드 인 텍사스: 신보수주의자와 남부 세력의 미국 정계 접수」, 동아일보사, 2003.

스벤 린드크비스트(Sven Lindqvist), 김남섭 옮김, 「야만의 역사」, 한겨레신문사, 2003.

Kenneth Lindsay, 「The Future of UNESCO」, 「Spectator」, 177(13 December 1946), p.634.

진 립먼-블루먼(Jean Lipman-Blumen), 정명진 옮김, 「부도덕한 카리스마의 매혹」, 부글북스, 2005.

루터 S. 루드케(Luther S. Luedtke), 「미국 국민성의 탐색」, 루터 S. 루드케(Luther S. Luedtke) 편, 고대 영미문학연구소 옮김, 「미국의 사회와 문화」, 탐구당, 1989), 13~45쪽.

존 루카치(John Lukacs), 「세계의 운명을 바꾼 1940년 5월 런던의 5일」, 중심, 2000.

D. 맥아더(Douglas MacArthur), 반광식 옮김, 「맥아더 회고록(전2권)」, 일신서적, 1993.

Curtis D. MacDougall, 『Understanding Public Opinion: A Guide for Newspapermen and Newspaper Readers』, New York: Macmillan, 1952.

Curtis D. MacDougall, 『The Press and Its Problems』, Dubuque, Iowa: William C. Brown, 1964.

케이티 마튼(Kati Marton), 이창식 옮김, 「숨은 권력자, 퍼스트 레이디」, 이마고, 2002.

Ernest R. May, 「An American Tradition in Foreign Policy: The Role of Public Opinion」, William H. Nelson, ed., 『Theory and Practice in American Politics』, Chicago: The University of Chicago Press, 1964, pp.101~122.

알리 마즈루이(Ali Mazrui), 「인종과 수행능력」, 이석호 엮음, 『아프리카 탈식민주의 문화론과 근대성』, 동인, 2001.

조셉 맥브라이드(Joseph McBride), 박선희·임혜련 옮김, 『C 학점의 천재 스티븐 스필버그 (전2권)』, 자연사랑, 1997.

Grant McConnell, 『Private Power and American Democracy』, New York: Vintage Book, 1966.

데이비드 매컬러(David McCullough), 「해리 S. 트루먼: 평범속에서 비범 창출─도전의 지도력」, 로버트 A. 윌슨(Robert A. Wilson) 외, 형선호 옮김, 『국민을 살리는 대통령 죽이는 대통령』, 중앙M&B, 1997, 49~78쪽.

앵거스 맥래런(Angus McLaren), 임진영 옮김, 『20세기 성의 역사』, 현실문화연구, 2003.

하워드 민즈(Howard Means), 황진우 옮김, 「머니 & 파워: 지난 천년을 지배한 비즈니스의 역사」, 경영정신, 2002.

Joseph A. Mehan, 「Unesco and the U. S.: Action and Reaction」, 『Journal of Communication』, 31:4(Autumn 1981).

Achal Mehra, 「Free Flow of Information and the New International Information Order: Towards a Doctrinal Reconciliation」, Ph. D. Diss., Southern Illinois Unibersity─Carbondale, 1985.

밸러리 멘데스(Valerie Mendes) & 에미이 드 라 헤이(Amy de la Haye), 김정은 옮김, 「20세기 패션」, 시공사, 2003.

존 메릴(John Merrill), 이종찬·김충남 옮김, 「새롭게 밝혀낸 한국전쟁의 기원과 진실」, 두산 동아, 2004.

Raymond F. Mikesell, 「United States International Financial Policy」, 『Canadian Journal of Economics and Political Science』, 12(1946), pp.313~321.

Tom Morganthau, 「영광과 오욕…칠전팔기 일생: 타계한 닉슨 전 미대통령에 찬사와 비난 엇갈려」, 『뉴스위크 한국판』, 1994년 5월 4일, 26~31쪽.

Frank Luther Mott, 「American Journalism: A History 1690-1960」, 3rd ed., New York: Macmillan, 1962.

David Murray, 「Fortress Island」, 「The New York Times Book Review」, June 18, 2000, p.17.

토니 마이어스(Tony Myers), 박정수 옮김, 「누가 슬라보예 지젝을 미워하는가」, 앨피, 2005.

조너선 닐(Jonathan Neale), 정병선 옮김, 「미국의 베트남 전쟁: 미국은 어떻게 베트남에서 패배했는가」, 책갈피, 2004.

앨런 A. 니들(Allan A. Needell), 「트로이 프로젝트와 냉전이 사회과학에 미친 영향」, 브루스 커밍스(Bruce Cumings) 외, 「대학과 제국: 학문과 돈, 권력의 은밀한 거래」, 당대, 2004, 41~83쪽.

마크 네오클레우스(Mark Neocleous), 정준영 옮김, 「파시즘」, 이후 2002.

조지프 나이(Joseph S. Nye), 양준희 옮김, 「국제분쟁의 이해: 이론과 역사」, 한울아카데미, 2000.

돈 오버도퍼(Don Oberdorfer), 이종길 옮김, 「두 개의 한국」, 길산, 2002.

로버트 T. 올리버(Robert T. Oliver), 박일영 옮김, 「이승만 비록(秘錄)」, 한국문화출판사, 1982.

로버트 T. 올리버(Robert T. Oliver), 박일영 옮김, 「대한민국 건국의 비화: 이승만과 한미관계」, 계명사, 1990.

Chris Osakwe, 「The Participation of the Soviet Union in Universal International Organizations」, Netherlands: A. W. Sijthoff Leiden, 1972.

리처드 오버리(Richard J. Overy), 류한수 옮김, 「스탈린과 히틀러의 전쟁」, 지식의풍경, 2003.

리처드 오버리(Richard J. Overy), 조행복 옮김, 「독재자들: 히틀러 대 스탈린, 권력작동의 비밀」, 교양인, 2008.

찰스 패너티(Charles Panati), 이용웅 옮김, 「문화와 유행상품의 역사(전2권)」, 자작나무, 1997.

웨인 패터슨(Wayne Patterson), 정대화 옮김, 「하와이 한인 이민 1세: 그들 삶의 애환과 승리(1903~1973)」, 들녘, 2003.

마리 프랑스 포크나(Marie-France Pochna), 허준 옮김, 「크리스찬 디오르」, 명진출판, 1995.

Marie-France Pochna, 「Christian Dior: The Man Who Made the World Look New」, New York: Arcade Publishing, 1996.

Glenn Porter, 손영호 · 연동원 편역, 「미국 기업사: 거대 주식회사의 등장과 그 영향」, 학문사, 1998.

Kirk H. Porter and Donald Bruce Johnson, 「National Party Platforms, 1840-1964」, Urbana : University of Illinois Press, 1966.

Dave Renton, 「Fascism: Theory and Practice」, London: Pluto Press, 1999.

랄프 게오르크 로이트(Ralf Georg Reuth), 김태희 옮김, 「괴벨스, 대중 선동의 심리학」, 교양인, 2006.

매듀 B. 리지웨이(Matthew B. Ridgway), 김재관 옮김, 『한국전쟁』, 정우사, 1984.

윌리엄 라이딩스 2세(William J. Ridings, Jr.) & 스튜어트 매기버(Stuart B. McIver), 김형곤 옮김, 『위대한 대통령 끔찍한 대통령』, 한·언, 2000.

제레미 리프킨(Jeremy Rifkin), 이정배 옮김, 『생명권 정치학』, 대화출판사, 1996a.

William L. Rivers and Wilbur Schramm, 『Responsibility in Mass Communications』, New York: Harper and Row, 1969.

윌리엄 D. 로마노프스키(William D. Romanowski), 신국원 옮김, 『대중문화전쟁: 미국문화속의 종교와 연예의 역할』, 예영커뮤니케이션, 2001.

에밀리 로젠버그(Emily S. Rosenberg), 양홍석 옮김, 『미국의 팽창: 미국 자유주의 정책의 역사적인 전개』, 동과서, 2003.

딘 러스크(Dean Rusk), 「미국 전 국무장관 딘 러스크의 증언」, 『옵서버』, 1991년 11월호.

W. M. Scammell, 『The International Monetary Fund: An Interim Judgment』, 『World Affairs』, 5(1951), pp.467~478.

Herbert I. Schiller, 『The Electronic Invaders』, 『Progressive』, August 1973a.

Herbert I. Schiller, 『Genesis of the Free Flow of Information Principles: The Imposition of Communications Domination』, 『Instant Research on Peace and Violence』, 2:2(1975).

Herbert I. Schiller, 『Communication and Cultural Domination』, White Plains, N.Y.: M.E. Sharpe, 1976.

Herbert I. Schiller, 『The Diplomacy of Cultural Domination and the Free Flow of Information』, 『Freedomways』, 22:3(1982).

David Schoenbrun, 『America Inside Out: At Home and Abroad from Roosevelt to Reagan』, New York: McGraw-Hill, 1984.

커스틴 셀라스(Kirsten Sellars), 오승훈 옮김, 『인권, 그 위선의 역사』, 은행나무, 2003.

로버트 서비스(Robert Service), 윤길순 옮김, 『스탈린, 강철 권력』, 교양인, 2007.

Eli Shapiro and Ezra Solomon, 「International Monetary Relations」, 『Southern Economic Journal』, 16:3(January 1950), pp.310~325.

나탄 샤란스키(Natan Sharansky) 외, 김원호 옮김, 『민주주의를 말한다』, 북@북스, 2005.

리처드 셍크먼(Richard Shenkman), 이종인 옮김, 『미국사의 전설, 거짓말, 날조된 신화들』, 미래M&B, 2003.

Robert Sherrill, 『The Trajectory of a Bumbler』, 『New York Times Book Review』, June 5, 1983, p.30.

랄프 쇤만(Ralph Shoenman), 이광조 옮김, 『잔인한 이스라엘』, 미세기, 2003.

Fred S. Siebert, Theodore Peterson, Wilbur Schramm, 『Four Theories of the Press』, Urbana: University of Illinois Press, 1956.

크리스토퍼 심슨(Christopher Simpson), 「대학, 제국 그리고 지식생산」, 브루스 커밍스(Bruce Cumings) 외, 『대학과 제국: 학문과 돈, 권력의 은밀한 거래』, 당대, 2004, 9~36쪽.

업튼 싱클레어(Upton Sinclair), 채광석 옮김, 『정글』, 페이퍼로드, 2009.

윈턴 U. 솔버그(Winton U. Solberg), 조지형 옮김, 『미국인의 사상과 문화』, 이화여자대학교 출판부, 1996.

John Spanier, 『Games Nations Play: Analyzing International Politics』, New York: Praeger, 1972.

로날드 스틸(Ronald Steel), 장성민 옮김, 『강대국의 유혹: 냉전 이후의 미국외교정책』, 한울, 1996.

글로리아 스타이넘(Gloria Steinem), 양이현정 옮김, 『일상의 반란』, 현실문화연구, 2002.

미첼 스티븐스(Mitchell Stephens), 이광재 · 이인희 옮김, 『뉴스의 역사』, 황금가지, 1999.

윌리엄 스툭(William Stueck), 김형인 외 옮김, 『한국전쟁의 국제사』, 푸른역사, 2001.

앤터니 서머스(Anthony Summers), 정형근 옮김, 『조작된 신화: 존 에드거 후버(전2권)』, 고려원, 1995.

Robert E. Summers & Harrison B. Summers, 『Broadcasting and the Public』, Belmont, Ca.: Wadsworth Publishing Co., 1966.

피터 J. 테일러(Peter J. Taylor), 「헤게모니 순환으로서의 '미국의 세기'」, 백승욱 편저, 『'미국의 세기'는 끝났는가?: 세계 체계 분석으로 본 미국 헤게모니의 역사』, 그린비, 2005, 52~82쪽.

The Commission on Freedom of the Press, 『A Free and Responsible Press—A General Report on Mass Communication : Newspapers, Radio, Motion Pictures, Magazines, and Books』, Chicago: University of Chicago Press, 1947.

Richard Thurlow, 『Fascism』, Cambridge: Cambridge University Press, 1999.

레스터 C. 서로우(Lester C. Thurow), 유재훈 옮김, 『자본주의의 미래』, 고려원, 1997.

레스터 C. 서로우(Lester C. Thurow), 현대경제연구원 옮김, 『세계화 이후의 부의 지배』, 청림출판, 2005.

제임스 M. 바더맨(James M. Vardaman), 이규성 옮김, 『두개의 미국사: 남부인이 말하는 미국의 진실』, 심산, 2004.

Oswald Garrison Villard, 「The AP Fight for Independence」, 『Saturday Review of Literature』, 19 December 1942, p.10.

폴 비릴리오(Paul Virilio), 이재원 옮김, 『속도와 정치: 공간의 정치학에서 시간의 정치학으로』, 그린비, 2004.

드미트리 안토노비치 볼코고노프(D. Volkogonov), 김일환 외 옮김, 『크렘린의 수령들: 레닌에서 고르바초프까지(전2권)』, 한송, 1996.

Jerry Walker, 「$1,000,000 a Year Voted for Cooper's Global AP Aim」, 『Editor & Publisher』, 21 April 1945, pp.15, 70.

이매뉴얼 월러스틴(Immanuel Wallerstein), 성백용 옮김, 『사회과학으로부터의 탈피: 19세기 패러다임의 한계』, 창작과비평사, 1994.

Graham J. White, 『FDR and the Press』, Chicago: University of Chicago Press, 1979.

Stephen J. Whitfield, 「From Publick Occurrences to Pseudo-Events: Journalists and

Their Critics」, 「American Jewish History」, 72:1(September 1982), pp.52~81.

John B. Whitton, 「The United Nations Conference on Freedom of Information and the Movement against International Propaganda」, 「American Journal of International Law」, 43(1949), pp.73~87.

Osmo A. Wiio, 「Open and Closed Mass Media Systems and Problems of International Communication Policy」, 「Studies of Broadcasting」, 1977.

Tennessee Williams, 「A Streetcar Named Desire」, New York: New American Library, 1947.

하워드 진(Howard Zinn), 조선혜 옮김, 「미국민중저항사(전2권)」, 일월서각, 1986.

하워드 진(Howard Zinn), 이아정 옮김, 「오만한 제국: 미국의 이데올로기로터 독립」, 당대, 2001a.

하워드 진(Howard Zinn), 유강은 옮김, 「전쟁에 반대한다」, 이후, 2003a.

하워드 진(Howard Zinn), 문강형준 옮김, 「권력을 이긴 사람들」, 난장, 2008.

하워드 진(Howard Zinn) · 레베카 스테포프(Rebecca Stefoff), 김영진 옮김, 「하워드 진 살아 있는 미국역사」, 추수밭, 2008.

강기석, 「'히로시마 원폭' 필요없었다/ABC TV 역사학자 좌담 방영」, 「경향신문」, 1995년 7월 29일, 6면.

강여규, 「유태인 콤플렉스 이젠 잊고싶다?」, 「뉴스플러스」, 1998년 12월 3일, 58~59면.

강정구, 「미국과 한국전쟁」, 「역사비평」, 제21호(1993년 여름).

강준만, 「정보제국주의: 제3세계의 도전과 미국의 대응」, 한울아카데미, 1989.

강준만, 「세계문화사전」, 인물과사상사, 2005a.

강준만, 「한국현대사 산책(전18권)」, 인물과사상사, 2002~2006.

강준만, 「한국근대사 산책(전10권)」, 인물과사상사, 2007~2008.

강준만 외, 「권력과 리더십(전6권)」, 인물과사상사, 1999~2000.

강준만 외, 「시사인물사전(전20권)」, 인물과사상사, 1999~2003.

강호식, 「한국전쟁 50년/남측 첩보전의 비밀: '얼굴없는 부대' 8,000여명 전천후 활약」, 「경향신문」, 2000년 7월 5일, 13면.

고정휴, 「8 · 15 전후 국제정세와 정치세력의 동향」, 강만길 외, 「통일지향 우리 민족해방운동사」, 역사비평사, 2000.

고종석, 「도시의 기억」, 개마고원, 2008.

공종식, 「유대인 똑똑한 것은 유전병 덕분」, 「동아일보」, 2005년 6월 4일, A13면.

곽귀훈, 「[광복 48주년 특별기고] 한국인 피폭자 보상 길 연 곽귀훈씨의 40년 투쟁기: "단돈 1원이라도 일본의 전쟁 책임 묻고 싶었다"」, 「신동아」, 2003년 8월, 118~131쪽.

구정은, 「어제의 오늘」, 「경향신문」, 2009년 6월 24일~10월 28일자.

권혁남, 「매스미디어의 기능과 효과」, 권혁남 외, 「대중매체와 사회」, 세계사, 1998.

권홍우, 「99%의 롤모델: 오늘의 부족한 1%를 채우는 역사」, 인물과사상사, 2010.

금태섭, 「반역자 아들의 진실 추적기: '로젠버그 사건' 다룬 닥터로의 '다니엘서'」, 「한겨레 21」, 제797호(2010년 2월 5일).

김계동, 「한국전쟁 기간 영·미간의 갈등: 유화론과 강경론의 대립」, 한국전쟁연구회 편, 『탈냉전시대 한국전쟁의 재조명』, 백산서당, 2000.

김기철, 「'일제의 하이난섬 학살' 추적 김정미·사토 씨」, 『조선일보』, 2003년 4월 29일자.

김덕호·원용진, 「미국화, 어떻게 볼 것인가」, 김덕호·원용진 엮음, 『아메리카나이제이션』, 푸른역사, 2008, 10~45쪽.

김도형, 「1945년 오키나와 집단자살 진실은」, 『한겨레』, 2007년 5월 7일, 13면.

김동춘, 『전쟁과 사회: 우리에게 한국전쟁은 무엇이었나?』, 돌베개, 2000.

김동춘, 『미국의 엔진, 전쟁과 시장』, 창비, 2004.

김민웅, 『밀실의 제국: 전쟁국가 미국의 제국 수호 메커니즘』, 한겨레신문사, 2003.

김범수, 「태평양전쟁 말기 오키나와 주민 집단자살: 법원 "일본군 깊이 관여" 판결」, 『한국일보』, 2008년 3월 30일자.

김병걸, 『실패한 인생 실패한 문학: 김병걸 자서전』, 창작과비평사, 1994.

김봉중, 『카우보이들의 외교사: 먼로주의에서 부시 독트린까지 미국의 외교전략』, 푸른역사, 2006.

김삼웅, 「일제의 만행과 잔학상」, 김삼웅·이헌종·정운현 공편, 『친일파 그 인간과 논리』, 학민사, 1990.

김삼웅, 『한국현대사 뒷얘기』, 가람기획, 1995a.

김삼웅, 『역사를 움직인 위선자들』, 사람과사람, 1996.

김삼웅, 『해방후 양민학살사』, 가람기획, 1996a.

김삼웅, 『사료로 보는 20세기 한국사』, 가람기획, 1997.

김삼웅, 『일제는 조선을 얼마나 망쳤을까』, 사람과사람, 1998.

김석환, 「"중공군 위장…한국어로 교신했다": 한국전 참전 소공군지휘관 오시긴씨 인터뷰」, 『중앙일보』, 1990년 6월 25일, 5면.

김성진, 『한국정치 100년을 말한다』, 두산동아, 1999.

김성칠, 『역사 앞에서: 한 사학자의 6·25 일기』, 창작과비평사, 1993.

김세균, 「한국전쟁과 미국의 외교·군사정책」, 백낙청·정창렬 편, 『한국민족민중운동연구: 리영희선생 화갑기념문집』, 두레, 1989.

김승웅, 「원자폭탄 투하에 숨겨진 비밀」, 『시사저널』, 1995년 5월 4일, 74면.

김영명, 『한국현대정치사: 정치변동의 역학』, 을유문화사, 1992.

김영번, 「美정부 지난 50년 최대업적, 유럽 복구 '마셜플랜'」, 『문화일보』, 2000년 12월 22일, 9면.

김영진, 「"미국이 이기면 중공 망해 두려워 6.25 참전했다": 모택동 스탈린 전문서 비화 밝혀져」, 『국민일보』, 1992년 2월 27일, 5면.

김영호, 『한국전쟁의 기원과 전개과정』, 두레, 1998.

김재중, 「우리는 노르망디서 싸우다 죽어갔건만…美 언론들도 '佛 때리기'」, 『경향신문』, 2003년 2월 12일, 10면.

김정배, 『미국과 냉전의 기원: 공존과 지배의 전략』, 혜안, 2001.

김정환, 『20세기를 만든 사람들』, 푸른숲, 1995.

김종권, 「"6 · 25 당시 한반도에 원자탄 40개 배치했다": 필립 코르소 한국전 당시 맥아더 사령부 정보처 특수계획과장의 충격 증언」, 『월간조선』, 1996년 11월호.

김종오, 『변질되어가는 한국현대사의 실상 상(上)』, 종소리, 1989.

김진우, 「어제의 오늘」, 『경향신문』, 2009년 6월 11일~2009년 10월 22일자.

김진웅, 「유태 인종 말살, 히틀러 공범 수십만」, 『시사저널』, 1996년 8월 29일, 53면.

김진웅, 『냉전의 역사, 1945~1991』, 비봉출판사, 1999.

김창훈, 『한국외교 어제와 오늘』, 다락원, 2002.

김철, 『국문학을 넘어서』, 국학자료원, 2000.

김철범, 『한국전쟁과 미국』, 평민사, 1995.

김철웅, 「"미 전투기 1,309대 격추시켰다": 소련 조종사로 참전 크라마렌코 예비역 소장」, 『경향신문』, 2000년 8월 23일, 13면.

김철훈, 「"역사 왜곡 못 참는다" 성난 오키나와: 종전 직전 일본군 집단자결 강요 사실 교과서 삭제」, 『한국일보』, 2007년 10월 1일자.

김학준, 「분단의 배경과 고정화 과정」, 송건호 외, 『해방전후사의 인식 1』, 한길사, 1995.

김학준, 『북한 50년사: 우리가 떠안아야 할 반쪽의 우리 역사』, 동아출판사, 1995a.

김학준, 「해방공간의 주역: 미 점령군 사령관 하지」, 『동아일보』, 1995b년 9월 5일, 7면.

김학준, 「해방과 분단」, 이우진 · 김성주 공편, 『현대한국정치론』, 사회비평사, 1996.

김학준, 『해방공간의 주역들』, 동아일보사, 1996a.

김헌식, 『색깔논쟁: 한국사회 색깔론의 생산 구조와 탈주』, 새로운사람들, 2003.

김혜경, 『식민지하 근대가족의 형성과 젠더』, 창비, 2006.

김호경, 「광복절 특집 시사다큐…日 심장부에 살아있는 731부대」, 『국민일보』, 2002년 8월 14일, 18면.

나윤도, 「미국의 대통령 문화(21회 연재)」, 『서울신문』, 1997년 11월 22일~1998년 5월 7일자.

남성준, 「유대인과 교황 '껄끄러운 인연'」, 『주간동아』, 2005년 5월 17일, 58~59면.

남종영, 「1411년 코끼리의 귀양, 1945년 창경원 대학살」, 『한겨레』, 2007년 10월 19일자.

남종호, 「모택동 자서전의 시대배경」, 해방군문예출판사 편, 남종호 옮김, 『모택동 자서전』, 다락원, 2002.

노순동, 「할리우드를 어찌하랴」, 『시사저널』, 1999년 5월 27일, 109면.

노정팔, 『한국방송과 50년』, 나남, 1995.

다카하시 데쓰야, 「8월의 원폭 투하와 오늘의 일본」, 『한겨레』, 2007년 8월 13일자.

도진순, 『한국민족주의와 남북관계: 이승만 · 김구 시대의 정치사』, 서울대학교출판부, 1997.

동아일보사, 『민족과 더불어 80년: 동아일보 1920-2000』, 동아일보사, 2000.

류상영, 「현대사 발굴: 한국전쟁에 참전한 일본군」, 월간 『말』, 1990년 6월, 163~164쪽.

리콴유, 류지호 옮김, 『리콴유 자서전』, 문학사상사, 1999.

마루야마 마사오, 김석근 옮김, 『현대정치의 사상과 행동』, 한길사, 1997.

문창재, 「"소는 미 두려워 참전 꺼렸다": 흐루시초프 한국전 회고록 일서 불티」, 『한국일보』, 1991년 4월 25일, 18면.

민병두, 「워싱턴통신」, 『문화일보』, 2001년 11월 10일~2001년 11월 30일자.

민융기, 『그래도 20세기는 좋았다 1901-2000』, 오늘, 1999.

박건식, 「우리는 6·25때 일본이 한 일을 알고 있다」, 한국언론정보학회 편, 『이제는 말할 수 있다』, 커뮤니케이션북스, 2002, 258~282쪽.

박경재, 『미국 대통령 이야기(전2권)』, 이가책, 1995.

박기상, 『멍청한 유대인 똑똑한 이스라엘』, 인물과사상사, 2001.

박노자, 「추천의 글/서구적 야만의 어두움 한가운데」, 스벤 린드크비스트(Sven Lindqvist), 김남섭 옮김, 『야만의 역사』, 한겨레신문사, 2003a, 7~21쪽.

박명림, 「근대화 프로젝트와 한국 민족주의」, 역사문제연구소 편, 『한국의 '근대'와 '근대성' 비판』, 역사비평사, 1996.

박명림, 『한국전쟁의 발발과 기원: 기원과 원인(전2권)』, 나남, 1996a.

박명림, 「북한의 붕괴와 남한의 통치, 1950년 가을」, 한국정치외교사학회 편, 『한국전쟁과 휴전체제』, 집문당, 1998.

박명림, 『한국 1950 전쟁과 평화』, 나남, 2002.

박상익, 「그때 오늘」, 『중앙일보』, 2009년 7월 2일~9월 22일자.

박석원, 「"히틀러 자살전 이미 심신 망가져"」, 『한국일보』, 2000년 4월 21일, 14면.

박세길, 『다시 쓰는 한국현대사 1』, 돌베개, 1988.

박영수, 『운명의 순간들: 다큐멘터리 한국근현대사』, 바다출판사, 1998.

박용채, 「日법원 '731부대 세균전' 첫 인정 – 도쿄지법, 中유족 손배소송은 기각」, 『경향신문』, 2002년 8월 28일, 10면.

박윤형, 『러시아 정치사상사』, 문예림, 2000.

박재선, 『제2의 가나안 유태인의 미국』, 해누리, 2002.

박제균, 「이라크戰싸고 美-佛언론 '펜의 전쟁'」, 『동아일보』, 2003년 2월 13일, 12면.

박중현, 「오키나와 주민의 피맺힌 깨달음」, 『한겨레』, 2005년 4월 20일, 8면.

박찬표, 『한국의 국가형성과 민주주의: 미군정기 자유민주주의의 초기 제도화』, 고려대학교 출판부, 1997.

박해현, 「미국의 대일핵무기사용 열띤 논란」, 『조선일보』, 1995년 7월 30일자.

백선엽, 『군과 나: 백선엽 회고록』, 대륙연구소 출판부, 1989.

백승욱, 「역사적 자본주의와 자본주의의 역사: 세계체제분석을 중심으로」, 백승욱 편저, 『'미국의 세기'는 끝났는가?: 세계 체계 분석으로 본 미국 헤게모니의 역사』, 그린비, 2005, 13~51쪽.

백승찬, 「어제의 오늘」, 『경향신문』, 2009년 5월 1일~2009년 11월 13일자.

변은진, 「전시파시즘하 국내 민족해방운동의 변화」, 강만길 외, 『통일지향 우리민족해방운동사』, 역사비평사, 2000.

사루야 가나메, 남혜림 옮김, 『검증, 미국사 500년의 이야기』, 행담출판, 2007.

서동만, 「한국전쟁과 김일성」, 『역사비평』, 제51호(2000년 여름).

서주석, 「한국전쟁과 이승만정권의 권력강화」, 『역사비평』, 제9호(1990년 여름).

서중석, 『한국현대민족운동연구: 해방후 민족국가 건설운동과 통일전선』, 역사비평사, 1991.

서중석, 「이승만과 북진통일: 1950년대 극우반공독재의 해부」, 『역사비평』, 제29호(1995년 여름).

서중석, 『조봉암과 1950년대 (상): 조봉암의 사회민주주의와 평화통일론』, 역사비평사, 1999.

서중석 · 우사연구회 엮음, 『우사 김규식 생애와 사상 2: 남 · 북협상-김규식의 길, 김구의 길』, 한울, 2000.

서중석, 「우익의 반탁주장과 좌익의 '모스크바 삼상회의 결정' 지지」, 『논쟁으로 본 한국사회 100년』, 역사비평사, 2000a.

성일권, 「스필버그에 '미 최고시민' 훈장」, 『문화일보』, 1999년 8월 12일, 23면.

세계일보, 「히틀러, 우수인종 양육 지시」, 『세계일보』, 1999년 11월 19일, 12면.

소정현, 『격동의 이스라엘 50년』, 신아출판사, 2000.

손세호, 『하룻밤에 읽는 미국사』, 랜덤하우스, 2007.

손정목, 『서울 도시계획 이야기: 서울 격동의 50년과 나의 증언 ①』, 한울, 2003.

손철배, 「서양인이 본 한국과 한국인」, 한국역사연구회, 『우리는 지난 100년 동안 어떻게 살았 을까 3: 정치와 경제 이야기』, 역사비평사, 1999.

손혜신, 『유태인 & 이스라엘 있는 그대로 보기』, 선미디어, 2001.

송건호, 「미군정하의 언론」, 송건호 외, 『한국언론 바로보기』, 다섯수레, 2000.

송건호, 『송건호 전집(전10권)』, 한길사, 2002.

송광성, 『미군점령 4년사: 우리나라의 자주 · 민주 · 통일과 미국』, 한울, 1995.

신동준, 『근대일본론: 군국 일본의 국가제도와 그 운용자들』, 지식산업사, 2004.

신복룡, 『한국정치사』, 박영사, 1991.

신복룡, 『한국사 새로 보기: 아무도 의심하지 않았던 역사의 진실』, 풀빛, 2001.

안수찬, 「한.중.일 함께 쓰는 역사 함께 여는 미래」, 『한겨레』, 2005년 3월 9일~2005년 4월 20일자.

안용현, 『한국전쟁비사』, 경인문화사, 1992.

안정애, 「붉은 군대는 조선에서 우리의 질서를 강요하지 않을 것이다……」, 이재범 외, 『한반도 의 외국군 주둔사』, 중심, 2001.

안정효, 「미칠 수도 정상일 수도 없어」, 『경향신문』, 2008년 9월 25일자.

안진, 「미국과 한국의 정치변동: 분단국가 형성과 정권변화에 미친 미국의 영향」, 한국사회학 회 · 한국정치학회 편, 『한국의 국가와 시민사회』, 한울, 1992.

양승목, 「여론조사와 제3자 효과: 여론조사의 영향에 대한 국회의원의 지각적 편향을 중심으 로」, 『언론과 사회』, 제18호(1997년 겨울).

엄창현, 「'환상의 콤비' : 무솔리니와 히틀러」, 『사회평론 길』, 1996년 4월호.

연동원, 『영화 대 역사: 영화로 본 미국의 역사』, 학문사, 2001.

예영준, 「60년간 필리핀 정글서 은신 생활 일본군 패잔병 두 명 찾았다」, 『중앙일보』, 2005년 5월 28일, 14면.

오연호, 「6 · 25 참전 미군의 충북 영동 양민 3백여명 학살사건」, 월간 『말』, 1994년 7월호.

오치 미치오, 곽해선 옮김, 『와스프: 미국의 엘리트는 어떻게 만들어지는가』, 살림, 1999.

오치 미치오 외, 김영철 편역, 『마이너리티의 헐리웃: 영화로 읽는 미국사회사』, 한울, 1993.

온창일, 「한국전쟁과 한미상호방위조약」, 한국전쟁연구회 편, 『탈냉전시대 한국전쟁의 재조 명』, 백산서당, 2000.

요미우리 신문사 엮음, 이종주 옮김, 『20세기의 드라마(전3권)』, 새로운 사람들, 1996.

요시다 도시히로, 김해경 · 안해룡 옮김, 『공습』, 휴머니스트, 2008.

우쓰미 아이코, 이호경 옮김, 『조선인 BC급 전범, 해방되지 못한 영혼』, 동아시아, 2007.

우에노 이타루 외, 『세계사를 지배한 경제학자 이야기』, 국일증권경제연구소, 2003.

유권하, 「폴란드 아우슈비츠 해방 60년: 희생자 머리털 7t…담요도 만들어」, 『중앙일보』, 2005년 1월 27일, 18면.

유권하, 「교황 새 저서 논란 확산: 낙태를 유대인 학살에 비유」, 『중앙일보』, 2005a년 2월 24일, 20면.

유신모, 「어제의 오늘」, 『경향신문』, 2009년 1월 2일~2009년 8월 29일자.

유영익, 「이승만과 대한민국 탄생: 주변의 여인들」, 『중앙일보』, 1995년 8월 3일, 10면.

윤건차, 「반성하지 않는 폭주기관차 일본」, 『황해문화』, 제48호(2005년 가을).

윤택림, 『인류학자의 과거여행: 한 빨갱이 마을의 역사를 찾아서』, 역사비평사, 2004.

윤희영, 「뉴욕타임스 100주년: 타이태닉호 침몰 1시간만에 15개면 특집기사」, 『조선일보』, 1996년 9월 19일, 8면.

이강수, 『매스커뮤니케이션 사회학』, 나남, 1987.

이강수, 「삼상회의 결정안에 대한 좌파3당의 대응」, 한국근현대사연구회 편, 『한국근현대사연구』, 1995년 제3집.

이건욱, 「푸틴의 '언론 길들이기' 육탄전」, 『시사저널』, 2000년 12월 14일, 63면.

이관수, 「미국 연구개발체제의 발달과 군사화: 더 크고 더 강하게」, 『역사비평』, 통권64호 (2003년 가을), 109~128쪽.

이구한, 『이야기 미국사: 태초의 아메리카로부터 21세기의 미국까지』, 청아출판사, 2006.

이기택, 『국제정치사(제2개정판)』, 일신사, 2000.

이달순, 『이승만 정치 연구』, 수원대학교 출판부, 2000.

이덕주, 『식민지 조선은 어떻게 해방되었는가』, 에디터, 2003.

이도영, 「발굴 특종: 김구 암살의 비밀-이승만, 한국전 1년 전 중도파 숙청 위해 계엄령 모의」, 『월간 말』, 2003년 6월, 90~95쪽.

이동훈, 「53주기 추모행사 앞둔 노근리: "아직 추모비도 없어…정부는 왜 침묵하나"」, 『한국일보』, 2003년 7월 8일, A17면.

이만열 · 김윤정, 「'노근리사건'의 진상과 그 성격」, 정구도 편저, 『노근리사건의 진상과 교훈』, 두남, 2003.

이범진, 「"한국인 이중징용, 고이소 총리가 지시": 1944년 일본 각료회의 극비문서 발견」, 『주간조선』, 2004년 9월 30일자.

이삼성, 『20세기의 문명과 야만: 전쟁과 평화, 인간의 비극에 관한 정치적 성찰』, 한길사, 1998.

이삼성, 『세계와 미국: 20세기의 반성과 21세기의 전망』, 한길사, 2001.

이상원 편저, 『나폴레옹에서 빌 게이츠까지 리더십』, 거송미디어, 2000.

이상원, 『라인홀드 니버: 정의를 추구한 현실주의 윤리학자』, 살림, 2006.

이영돈, 『미국 환상깨기』, 지상사, 2002.

이영훈, 『대한민국 이야기: '해방전후사의 재인식' 강의』, 기파랑, 2007.

이완범, 『한국전쟁: 국제전적 조망』, 백산서당, 2000.

이완범, 『삼팔선 획정의 진실』, 지식산업사, 2001.

이왕구, 「"전범자 낙인 찍힌채…조국도, 일본도 우릴 외면했다"」, 『한국일보』, 2007년 8월 11일자.

이용관 · 김지석, 『할리우드: 할리우드영화의 산업과 이데올로기』, 제3문학사, 1992.

이우진, 「미국의 한국 점령정책」, 이우진 · 김성주 공편, 『현대한국정치론』, 사회비평사, 1996.

이우진, 「미국의 대한반도 정책(1945-1948)」, 한국정신문화연구원 현대사연구소 편, 『한국현
대사의 재인식 1: 해방정국과 미소군정』, 오름, 1998.

이유식, 「The Buck Stops Here」, 『한국일보』, 2009년 1월 14일자.

이정식, 「역사 재발굴: 한국, 미국의 '반공보루' 아니었다」, 『신동아』, 1995년 1월호.

이종호, 『세기의 악당: 악인은 왜 매력적일까』, 북카라반, 2010.

이정훈, 「중공군 참전 경고한 주은래 자만에 빠진 도쿄의 맥아더」, 『신동아』, 2000년 6월,
400~432쪽

이주천, 「제8장 1930년대의 외교(1930~1939)」, 차상철 외, 『미국 외교사: 워싱턴 시대부터 루
즈벨트 시대까지(1774~1939)』, 비봉출판사, 1999.

이진경, 『근대적 시 · 공간의 탄생』, 푸른숲, 2002.

이진준, 「'묘지 침입자' : 흑백의 공존을 위한 탐색」, 『안과밖(영미문학연구)』, 제4호(1998년 상
반기), 157~183쪽.

이창위, 「패전 60년, 다시 불거진 일왕 전쟁책임론: 히로히토, 독가스 사용 · 731 부대 마루타
실험 허가했다」, 『신동아』, 2005년 8월호.

이철민, 「'D-13'에 가려진 당시 쿠바와 소련의 상황」, 『씨네 21』, 2001년 6월 12일, 106~107면.

이철호, 「"원폭은 일본이 받아야 할 천벌": 피폭 53주년 모토지마 전 나가사키 시장 인터뷰」,
『중앙일보』, 1998년 8월 6일, 9면.

이철희, 「책갈피 속의 오늘」, 『동아일보』, 2008년 9월 30일~2009년 3월 19일자.

이태규, 「중 · 동유럽 유대인 천재, 왜?」, 『한국일보』, 2005년 6월 4일, 12면.

이한우, 『거대한 생애 이승만 90년(전2권)』, 조선일보사, 1995.

이헌재, 「[책갈피 속의 오늘]1945년 거대전함 야마토 침몰」, 『동아일보』, 2008년 4월 8일자.

이현희, 『우리나라 현대사의 인식방법: 도전과 선택』, 삼광출판사, 1998.

이형식, 『테네시 윌리엄즈: 삶과 작품세계』, 건국대학교출판부, 1994.

이호재, 『한국외교정책의 이상과 현실: 이승만외교와 미국정책의 반성』, 법문사, 2000.

일본경제신문사 엮음, 『경제학의 선구자들 20』, 새길, 1995.

임경석, 『이정 박헌영 일대기』, 역사비평사, 2004.

임귀열, 「The buck stops here」, 『한국일보』, 2009년 12월 30일자.

장수한, 『그래도, 희망의 역사: 나와 세상을 바꾸는 역사 읽기』, 동녘, 2009.

전상인, 『고개숙인 수정주의: 한국현대사의 역사사회학』, 전통과현대, 2001.

전쟁기념사업회, 『한국전쟁사(전6권)』, 행림출판, 1992.

전지현, 「맥아더의 정치적 야망」, 『매일경제』, 2003년 5월 17일, 27면.

정구도, 『노근리는 살아있다: 50년간 미국과 당당히 맞선 이야기』, 백산서당, 2003.

정병욱, 「해방 직후 일본인 잔류자들: 식민지배의 연속과 단절」, 『역사비평』, 제64호(2003년

가을).

정병준, 『우남 이승만연구: 한국 근대국가의 형성과 우파의 길』, 역사비평사, 2005.

정연주, 「미 언론 '일 과거' 비판」, 『한겨레신문』, 1995년 3월 21일, 7면.

정용석, 『분단과 통일: 통일을 향한 접근 논리』, 단국대학교출판부, 1999.

정용욱, 「미군정기 이승만의 '방미외교'와 미국의 대응」, 『역사비평』, 제30호(1995년 가을).

정용욱, 『미군정 자료연구』, 선인, 2003.

정용욱, 『존 하지와 미군 점령통치 3년』, 중심, 2003a.

정우량, 「팍스 아메리카를 꿈꾸는 민주적 제국주의자: 아메리카의 전사 네오콘의 정체」, 『월간
중앙』, 2003년 11월, 326~335쪽.

정은용, 『그대, 우리의 아픔을 아는가: 정은용 실화 소설』, 다리미디어, 1994.

정인환, 「'흑인 유대인' 차별 고통」, 『한겨레』, 2005년 3월 18일, 11면.

정일성, 『황국사관의 실체: 일본 군국주의는 되살아나는가』, 지식산업사, 2000.

정일화, 「40년만에 다시 풀어보는 6·25의 수수께끼」, 『한국일보』, 1990년 6월 17일~6월 20일자.

정해구, 「분단과 이승만: 1945~1948」, 『역사비평』, 제32호(1996년 봄).

조선일보 문화부 편, 『아듀 20세기(전2권)』, 조선일보사, 1999.

조선일보사, 『조선일보 칠십년사 제1권』, 조선일보사, 1990.

조순경·이숙진, 『냉전체제와 생산의 정치: 미군정기의 노동정책과 노동운동』, 이화여자대학
교 출판부, 1995.

조용만, 「경성야화: 항복방송」, 『중앙일보』, 1991년 11월 4일, 9면.

조용중, 『미군정하의 한국정치현장』, 나남, 1990.

조정래, 『아리랑(전12권)』, 해냄, 2001.

진덕규, 『한국 현대정치사 사설』, 지식산업사, 2000.

진인숙, 『영어 단어와 숙어에 담겨진 이야기』, 건국대학교 출판부, 1997.

차기벽, 「제2장 일제의 식민통치와 한국민족주의사상」, 안청시 편, 『현대한국정치론』, 법문사,
1998.

차상철, 「트루먼과 아시아에서의 냉전(1945-1950)」, 최영보 외, 『미국현대외교사: 루즈벨트 시
대에서 클린턴 시대까지』, 비봉출판사, 1998, 155~190쪽.

차현진, 「IMF 설립을 둘러싼 스파이 논쟁」, 월간 『인물과 사상』, 제142호(2010년 2월),
106~122쪽.

채명석, 「태평양 넘나드는 원폭 입씨름」, 『시사저널』, 1995년 5월 4일, 70~71면.

채명신, 『사선을 넘고 넘어: 채명신 회고록』, 매일경제신문사, 1994.

채지은, 「'이오지마서 온 편지' 60년만에 딸 품으로」, 『한국일보』, 2009년 9월 23일자.

최보윤, 「얼굴은 없다 이름만 있다 인기는 많다」, 『조선일보』, 2007년 4월 6일, A23면.

최성희, 「미국 연극의 수용과 전후 한국 여성의 정체성: '욕망이라는 이름의 전차'의 한국 초연
을 중심으로」, 김덕호·원용진 엮음, 『아메리카나이제이션: 해방 이후 한국에서의 미국
화』, 푸른역사, 2008, 85~120쪽.

최재봉, 「종전 50주년 맞아 미국서 견해 다른 책 2권 나와 눈길」, 『한겨레』, 1995년 8월 14일,
15면.

최정호, 『우리가 살아온 20세기(전3권)』, 미래M&B, 1999.

최정호, 「히로시마 나가사키와 '역사의 망각'」, 『동아일보』, 2007년 8월 9일자.

최정호 · 강현두 · 오택섭, 『매스미디어와 사회』, 나남, 1990.

최진섭, 『한국언론의 미국관』, 살림터, 2000.

출판저널 편집부, 「'히틀러와 스탈린', 두 가지 인생」, 『출판저널』, 1992년 7월 5일, 22면.

하리마오, 『38선도 6 · 25한국전쟁도 미국의 작품이었다!』, 새로운사람들, 1998.

하종문, 「군국주의 일본의 전시동원」, 『역사비평』, 통권 62호(2003년 봄).

한겨레신문 문화부 편, 『20세기 사람들(전2권)』, 한겨레신문사, 1995.

한국미국사학회 엮음, 『사료로 읽는 미국사』, 궁리, 2006.

한국정신문화연구원 현대사연구소 편, 『격동기 지식인의 세 가지 삶의 모습』, 한국정신문화연
　　　구원 현대사연구소, 1999.

한국정치연구회, 『한국정치사』, 백산서당, 1990.

한시준, 「조소앙의 민족문제에 대한 인식」, 한국근현대사연구회 편, 『한국근현대사연구』, 제5
　　　집(1996).

한중일3국공동역사편찬위원회, 『미래를 여는 역사: 한중일이 함께 만든 동아시아 3국의 근현
　　　대사』, 한겨레출판, 2005.

한표욱, 『이승만과 한미외교』, 중앙일보사, 1996.

한홍구, 『대한민국사: 단군에서 김두한까지』, 한겨레신문사, 2003.

허광, 「나치의 또 다른 만행 '동성애자 학살'」, 『시사저널』, 2000년 11월 2일, 64면.

허동현, 「그때 오늘」, 『중앙일보』, 2010년 1월 11일자.

홍사중, 『히틀러』, 한길사, 1997a.

홍용표, 「한국전쟁이 남북한관계에 미친 영향: 김일성의 반미의식과 이승만의 반공의식 변화를
　　　중심으로」, 한국전쟁연구회 편, 『탈냉전시대 한국전쟁의 재조명』, 백산서당, 2000.

홍윤서, 『전쟁과 학살, 부끄러운 미국』, 말, 2003.

홍인표, 「한국전쟁 50년/소련의 개입: 소, 조종사 등 7만2천명 극비참전」, 『경향신문』, 2000년
　　　8월 23일, 13면.

황성환, 『미 정부 비밀 해제 문건으로 본 미국의 실체』, 소나무, 2006.

히라야마 타쯔미, 이성환 옮김, 『한반도 냉전의 기원』, 중문, 1999.

찾아
보기